U0616544

国家社会科学基金教育学重大（点）课题
"我国基础教育未来发展新特征研究"成果

"十三五"国家重点图书出版规划项目

"我国基础教育未来发展新特征研究"系列
之一"基础教育区域性主体功能区发展战略研究"系列论丛

裴娣娜　主编

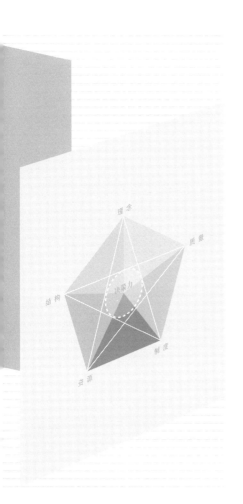

城镇化背景下区域基础教育高位均衡发展研究

——郑州市二七区的实践探索及模式构建

刘志军　刘子科　等◎著

教育科学出版社

·北京·

出 版 人　所广一
责任编辑　何　艺　薛　莉
版式设计　宗沅雅轩　杨玲玲
责任校对　贾静芳
责任印制　叶小峰

图书在版编目（CIP）数据

城镇化背景下区域基础教育高位均衡发展研究：郑
州市二七区的实践探索及模式构建／刘志军等著. —北
京：教育科学出版社，2015. 12（2016. 12 重印）
　　（"基础教育区域性主体功能区发展战略研究"系列
论丛／裴娣娜主编）
　　ISBN 978 - 7 - 5191 - 0326 - 2

　　Ⅰ. ①城…　Ⅱ. ①刘…　Ⅲ. ①基础教育—教育研究—
郑州市　Ⅳ. ①G639. 2

　　中国版本图书馆 CIP 数据核字（2015）第 322556 号

城镇化背景下区域基础教育高位均衡发展研究——郑州市二七区的实践探索及模式
构建
CHENGZHENHUA BEIJING XIA QUYU JICHU JIAOYU GAOWEI JUNHENG FAZHAN YANJIU——
ZHENGZHOUSHI ERQIQU DE SHIJIAN TANSUO JI MOSHI GOUJIAN

出版发行	**教育科学出版社**			
社　　址	北京·朝阳区安慧北里安园甲 9 号	市场部电话	010 - 64989009
邮　　编	100101	编辑部电话	010 - 64989421
传　　真	010 - 64891796	网　　址	http://www.esph.com.cn
经　　销	各地新华书店		
制　　作	北京博祥图文设计中心		
印　　刷	保定市中画美凯印刷有限公司		
开　　本	169 毫米×239 毫米　16 开	版　　次	2015 年 12 月第 1 版
印　　张	18. 25	印　　次	2016 年 12 月第 2 次印刷
字　　数	275 千	定　　价	49. 00 元

如有印装质量问题，请到所购图书销售部门联系调换。

论 丛 总 序

战略转型期的思考

——基础教育区域性发展的实践探索及模式构建

一个具有强大生命力的思想和理论的孕育形成和发展，关键在于它对所处时代改革中重大的理论和实践问题的回答。始于 20 世纪末中国的社会转型，使现代化、市场化、社会主义改革三重重大的社会变革涌现在同一时空中，构成了一场既特殊复杂又波澜壮阔的社会变迁。中国基础教育改革需要与时俱进，适应社会变革并回答由此带来的教育问题，建构有中国气派的基础教育未来发展的实践形态，实现理论创新和方法创新。

"基础教育区域性主体功能区发展战略研究"系列论丛是国家社会科学基金教育学重大（点）课题"我国基础教育未来发展新特征研究"系列的成果之一。该课题研究成果共包括三个系列的研究论著，其他两个系列分别是："追梦者的探索：读懂学校的变革性实践"系列论丛和"学习力与学科课程建设研究"系列论丛。在课题研究过程中，15 所高等师范院校、16 个区域性教育行政部门、100 所中小学（见附件），组成了跨学科、跨学校、理论工作者与实践工作者相结合、优势互补的科研群体。 为揭示我国基础教育改革与发展的内在机制及其当代形态，经过近五年的艰苦探索，我们构建了中国基础教育发展的"三力模型"。这三个系列正是依据"三力模型"中的决策力、领导力和学习力分专题开展研究的成果集结，是教育工作者对基础教育未来发展所做的理性思考。

决策力在"三力模型"中处于首要地位。本论丛作为课题研究的第一个系列成果，以决策力与基础教育区域性推进实施状态及模式构建为中心议题，以专题研究的问题为主线构建论丛的内核。从历史、现实和未来三个视角把握总体，本论丛的专题研究报告内容框架由以下几个要点组成。

（1）地域特点分析及基础教育发展历史的审视及反思。这一点涉及转型时期基础教育发展面临的问题与挑战，对区域性基础教育发展的历史与现实的把握，这是区域性教育主体功能区构建的背景及基础分析。

（2）城市未来发展战略定位及对教育发展的要求。对城市化发展呈现出的基本趋势的把握是构建基础教育主体功能区的基础和前提，所以应在更大的城市群中对该地域的城市空间结构、经济转型、文化发展及其对教育的需求进行分析，对区域教育需求现状进行描述，并对该地区的教育竞争力水平进行估计。

（3）基础教育区域性发展模型的构建。这是研究报告的核心部分，是对本地区教育主体功能区的顶层设计，对其形成的整体结构体系进行描述说明。基础教育区域性发展作为一个复杂的有机系统，其生成发展受到内外两方面因素的制约。外在因素是我国基础教育发展与地区政治、经济、文化发展的关系，内在因素则是教育系统基本要素的优化与构建。正是内外两方面因素的交织促成了不同地域基础教育未来发展新特征的孕育形成。

（4）基础教育区域推进多样化存在形态的实践探索。这一点涉及各地区根据城市功能区定位的不同，构建不同的基础教育区域性推进实施模式及特色路径，诸如首都的四大功能区，绍兴市区域性推进的四种不同模式，展现基础教育区域推进多样化的存在形态，以适应现代社会不同地域发展需求和人民群众多元、多样的要求。

（5）区域性基础教育未来发展的风险规避与政策保障机制。这里要特别注意基础教育区域性功能区的构建不聚焦的问题。应坚持差别对待、分类调控的原则，按照教育资源环境承载能力引导资源、要素流动和重组，研究中国基础教育在现代化进程中的基本问题。

我们的研究目标是在中国基础教育改革发展重要战略机遇期内，构建"内涵发展、均衡发展、特色发展、生态发展"的基础教育当代形态及不同区域基础教育特色发展的模式系统，建立具有中国气派、中国特色且达到世界一流水平的现代教育体系。

五年来，在理论探讨和分地区、分类型进行实践探索的基础上，研究取得了诸多新的认识，其创新点集中表现在以下几方面。

第一，对决策力这一核心概念进行了界定。决策力是指区域性战略规划与推进的能力。区域性战略决策制定与实施的实践探索，是对我国社会转型时期政治、经济、文化变革所引发教育诉求的回应。决策力概念的提出将教育主体功能区的构建、基础教育区域性推进战略决策的制定纳入基础教育未来发展的研究视野，作为研究的重要议题。通过整体的辩证思考，有利于实现基础教育不同层次、不同要素之间的关联、协调与互动，有利于解决不同社会人群之间的利益冲突以及体制创新涉及的诸多问题，实现我国基础教育的个性化、多样化发展。

第二，提出了进行基础教育区域性策划的基本依据。我们从结构与功能两个维度剖析了制约和影响基础教育区域性策划推进的基本因素。（1）城市空间布局、经济转型结构；（2）城市人口结构的变化、社会分层导致的不同人群的教育发展需求，这是教育承载力要素。统筹两个因素，探讨区域性基础教育未来发展的主体、发展方向、发展方式（模式、途径）及发展动力。

第三，构建了三类地区各有特色的教育主体功能区的实践模型。基于在经济、文化及社会发展上处于不同水平的三类地区，基于教育系统的六要素结构，构建各有特色的教育主体功能区的实践模型。教育系统的六个核心要素是：教育环境、教育目标、教育结构、教育资源、教育质量和教育管理。

第四，形成了基础教育区域性推进的战略举措。打造高品质教育是战略性谋划的核心。目前，我国区域间的不平衡或空间的不平衡主要是城乡的不平衡，教育谋划需要在非均衡差异发展中达到均衡发展。当前教育已由"机会需求型"向"质量需求型"转变，为适应社会和民众对优质教育的需求，各地区从实际出发采取了多种措施，加快改进教育治理方式。这些举措的共同点是：在社会大系统中将教育放在优先发展的地位，加大教育投入总量；提升教育资源的丰富性和优质化程度，进行学校课程整体谋划和路径设计，形成办学特色；关注系统的生态集成机制，关注主体功能区战略的实施和管理，改革人才培养模式和考试评价制度，关注学校教师队伍专业发展，形成办学活力，提升教育影响力和竞争力。

总之，极为丰富的改革经验，不仅为我们提供了战略规划的思想资源，同时也提供了一种观察未来基础教育的视角和思考的方向。

第五，研究方法上的理论创新、实践创新和服务创新。由于基础教育区域性推进研究定位于教育主体功能区的构建，定位于宏观决策层面，因此有独特的研究对象。经与项目单位协商，我们在 2011 年初正式启动了这一难度极大的合作研究。这几个项目单位是：北京市、浙江省绍兴市、四川省成都市锦江区、河南省郑州市二七区、四川省阿坝藏族羌族自治州理县。这几个地区具有研究的典型意义，既有经济、社会、文化高度发展的大城市，也有二元化经济结构突出的地级市、县级市，以及城镇和农村地区；既有发达的都市地区，也有欠发达的少数民族地区。经过近十五年的发展，这些教育主体功能区从本地区实际出发，研究中国问题，用中国的话语建构中国的教育形态，不拘泥于基础教育理论体系的构建，而是在面对一系列重大挑战时把握机遇，通过实践探索孕育形成了独特的基础教育区域性推进模式，积累了可圈可点的丰富经验，从中总结梳理了若干规律性认识，对深化研究起到了重要的引领作用。

是他们，适应国际、国内区域性竞争由经济竞争向城市综合品质竞争转变这一重要趋势，调动各方资源，着力解决基础教育改革与创新发展的内在机制问题，在教育与人口分布、经济发展、资源环境的协调中，在满足人们物质需要的同时满足人们对环境、生态、健康的需要，进而充分体现教育"以人为本"这一本质内涵。

是他们，主动作为而不是被动应付，主动调整改革思路及策略重点，着力解决本地区城乡、区域、校际的发展差距问题，主动引导本地区基础教育，在几十年的发展长河中，经历不同发展阶段，形成不同的发展主题，从而构建了基于城市功能定位转型的市级统筹、一体多元的基础教育区域性推进模式，走过了从普及义务教育到基础教育均衡优质发展的创新之路。

我们深知，教育区域性主体功能区的探索具有开拓性和前瞻性，目前还处于实践探索阶段，许多问题还有待深入研究，任重而道远！

在艰难的项目进程中，顾明远先生领衔的专家团队陪伴我们走过了五年的风雨，倾全力给予我们关心、指导和帮助，对此我们将永远铭记。同时，本论丛作为国家社会科学基金教育学重大（点）课题研究成果推出，在此，我们也对全国教育科学规划领导小组批准立项和给予的指导表示衷心感谢。

系列论丛的出版还得到了教育科学出版社李东总编辑的真切关注和大力支持，孙袁华、刘灿、刘明堂三位主任付出了巨大的辛劳，各册责任编辑尽心尽力，谨在此致以诚挚的敬意和谢意！

项目首席　裴娣娜
2015 年 10 月 10 日于求是书屋

前　言

　　2010 年，由裴娣娜教授担任首席专家的国家社会科学基金教育学重大（点）课题"我国基础教育未来发展新特征研究"获批后，在全国范围内选择了一些典型区域进行研究探索。由于河南是人口大省、教育大省，GDP 在全国多年来排名第五，可以说，河南省在经济社会文化教育等方面是中国的一个缩影，在河南省开展基础教育未来发展新特征研究，具有特殊的意义。郑州市二七区作为一个既有发达城区，又有农村地区的区域，其最为突出的特点是城乡二元结构，这一特点不仅体现在经济社会发展方面，也体现在教育方面。在这一区域进行教育发展的探索，对于中国未来教育发展的研究具有典型意义。郑州市二七区在基础教育改革与发展过程中投入了很大的人力、物力和财力，取得了很好的成绩，二七教育人很有一股进一步改革探索的热情。正是在这一背景下，课题组选择了郑州市二七区作为课题研究的样本区域，试图通过二七区教育改革发展的探索，找到一条城镇化背景下未来基础教育改革发展之路。为了进一步把区域教育发展探索具体化，课题组在二七区选择了 7 所中小学作为项目实验学校，这 7 所中小学兼顾了城区与农村社区学校，小学、初中与高中学段。课题组开展了为期 4 年多的探索，确立了子课题"基础教育未来发展新特征存在形态"，本书就是该子课题的最终成果之一。本书的形成既是总课题基本精神和核心理念的体现与内化，也是二七区及项目校多年变革性实践探索的凝练与提升，更是理论指导实践，实践滋养理论，理论与实践相互融通、同生共长的结果。

　　本书基于全息视角，立足区域社会经济文化发展的大背景，从地理、历史、文化、生态、社会资源等多个角度对郑州市二七区的地域状况与特点进行了全方位解读，详尽分析了二七区的社会、经济、人口等整体发展状况，深度揭示了城乡二元体制下二七区在社会、经济、人口等方面存在的问题，在此基础上，明晰了二七区在河南省以及郑州都市区建设中的功能定位，着重阐述了二七区经济社会发展战略及其主体功能区的划分与定位。通过全方位、多层面分析区域社会经济文化发展的形势与定位，深化对区域基础教育发展的全程把握和全面理解。

本书将区域基础教育发展放在社会经济文化发展的大背景下，基于二七区近20年来基础教育发展历史，系统总结了二七区基础教育在过去改革与探索中取得的成绩，从教育投入、教育二元结构、农村师资建设、学校常态化改革、社会资源利用率、招生考试制度改革等多个方面反思了二七区基础教育存在的主要问题，进而结合二七区经济社会发展状况对教育的影响及需求分析，深刻揭示了二七区各主体功能区的教育需求。

本书围绕二七区高位均衡发展这一关键问题，通过澄清教育高位均衡发展的理念、原则、路径等，整体设计区域基础教育高位均衡发展的蓝图式景象。推进区域基础教育高位均衡发展的理念包括以人为本、文化关怀、彰显特色、生态共荣，原则包括优先发展、优质均衡、文化引领、活力创新。在此基础上，本书系统论述了二七区"一主三区"内涵发展、整体提升的区域教育高位均衡发展模式，重点分析了二七区以"三力模型"推进区域教育高位均衡发展的路径、改革举措等总体思路。

根据总课题组构建的决策力、领导力和学习力"三力模型"，二七区分别从三个层面在区域和学校进行了持续的探索。首先，以教育决策力提升探索区域基础教育均衡发展。依托教育决策力的基本组成要素（理念、结构、资源、制度、质量），对"多彩教育"理念、教育共同体结构、全方位资源共建共享平台、多样化区域均衡发展机制建设、促进师生共同发展等几个方面进行了系统梳理和总结凝练，再现并反思了以教育决策力提升推进区域基础教育均衡发展的实践探索。其次，以校长领导力提升探索学校特色发展。围绕校长领导力在学校层面的内在构成要素，以典型学校为例，详尽解读了区域引导下的学校目标与价值系统，以课程建设为载体的育人模式系统，校本化制度与管理系统，以及多渠道、多样化资源系统，呈现并分析了以校长领导力提升促进学校特色发展的实践样态和内在逻辑，并反思了存在的问题与不足。再次，以学生学习力提升探索学生个性化发展。 从系统构建不同学科学习力模型出发,深入调查二七区学生在小学数学、小学语文、中学物理等学科上的学习力现状,进而依托学科课程纲要,深度聚焦学科课程重构,切实打造"多彩课堂"教学形态,积极探索个性化评价改革,持续加强教师梯队建设,系统梳理以学生学习力提升探索学生个性化发展的实践举措,并反思了存在的问题与不足。

基于以上对城镇化背景下区域推进基础教育高位均衡发展的理论认识和实践探索,我们从学理思考的角度,对二七区基础教育改革发展之路进行了深刻的理性反思,详尽剖析了以"三力模型"推进区域教育高位均衡发展的方法论、条件机制建设以及各系统协调关系等值得思考的理论问题,进而展望了基础教育高位均衡发展的趋势与前景,为未来城镇化背景下区域基础教育高位均衡发展提供了一种深度理论思路。

刘志军
2015 年 12 月 10 日于河南大学

目　　录

Contents

［导　论］

一、问题的提出

（一）新时期区域基础教育多元化发展的新要求

新时代背景下，促进教育公平、提升教育质量不仅是国际教育界同时也是我国基础教育改革发展的两大核心主题，进入 21 世纪以来，我国基础教育改革与发展的重心逐渐由外延发展转向内涵发展，由规模发展转向质量发展，着力解决的问题也主要围绕教育公平和教育质量展开，如教育资源和办学质量水平差异、片面追求升学率、城市中心化倾向、农民工随迁子女与留守儿童教育、教师队伍建设与管理等问题。2010 年《国家中长期教育改革和发展规划纲要（2010—2020 年）》（以下简称《教育规划纲要》）明确提出，"把促进公平作为国家基本教育政策""把提高质量作为教育改革发展的核心任务"。在我国，尤其是基础教育领域，解决公平问题是现阶段面临的一项重要任务，《教育规划纲要》指出，在义务教育阶段要"切实缩小校际差距""加快缩小城乡差距""努力缩小区域差距"，2014 年《中共中央关于全面深化改革若干重大问题的决定》（以下简称《决定》）把解决教育公平问题作为深化教育领域综合改革的一项重要举措，指出要大力促进教育公平，逐步缩小区域、城乡、校际差距。受我国特有教育管理体制的直接影响，基础教育尤其是义务教育更多地是以区域为单位开展改革的。如在教育公平问题上，《教育规划纲要》明确提出，要率先在县（区）域内实现城乡均衡发展，进而逐步在更大范围内推进。可以预见，在这一新的发展过程中，基础教育发展的区域差异将是一个不可忽视的问题，也将是基础教育未来发展多元化和多样化的新形态、新常态。因此，基于不同区域的特征，探索不同地区基础教育区域发展的类型特征、推进模式、路径机制等，是一个兼具理论价值和实践价值的议题。河南作为典型的中部农业省份，深受中原文化、农业文化的熏陶与影响，并且，伴随着新时期城镇化发展的洗礼和冲击，在社会经济文化、教育发展等方面与东西部地区有着明显的不同，中部地区基础教育未来发展在区域、学校两个层面上的存在形态，也有着诸多不同于东西部的区域特点和城乡差异，对这一典型地区基础教育改革与发展的深入研究，是探究我国基础教育未来发展新特征的应有之义。

（二）城镇化过程中区域基础教育发展面临新任务

当今中国，城镇化与工业化、信息化和农业现代化同步发展，城镇化作为重要的载体和平台之一，承载着工业化和信息化发展的空间，带动了农业现代化加快发展，发挥着不可替代的融合作用。经过传统的高投入、高消耗、高排放的工业化城镇化发展阶段，我国城镇化发展正处于深入发展时期，面对着由速度型向质量型转变的内在需求。作为国家未来人才培养奠基工程的基础教育既深处这一变革过程中，本身就是变革的组成部分之一，同时也深受这一变革过程的巨大影响。

郑州市二七区是城镇社会经济发展的典型代表，在前期城镇化发展阶段，主要任务是容纳农村剩余劳动力及流动人口、劳动力结构转移、劳动力跨行业流动性增加等。这个阶段教育所承担的责任是：解决进城务工农民子女的教育、人口流出地政府和流入地政府职责的划分问题，解决城乡不同身份的人群所代表的不同文化间的理解和融合问题，消除部分人群被边缘化问题等。经历了城镇化初期发展，目前二七区正进入新型城镇化发展阶段。新型城镇化是以人为核心的城镇化，它以提高人口和产业的集聚规模为主旨调整空间布局和功能定位，展开为一个区域性城乡人口、产业、资金服务、设施等多种要素有序集聚和科学配置的过程。在这一新形势下，教育所承担的主要责任是：解决长期以来形成的空间形态离散、片区功能类同、要素投入分散、资源配置失调的城乡发展不均衡问题，通过政府主导下区域内各类教育体制结构的合理调整以及优质教育的打造，为地域经济社会发展提供高素质人才。而原有的区域教育空间布局、目标任务、功能定位等一方面已远远落后于经济社会的发展，另一方面也无法满足人民对优质教育资源的需求（正逐渐从满足于"有学上"到要求"上好学"，再到希望"按需上学"）。区域基础教育发展面临着时代新要求和新任务。

（三）二七区基础教育均衡发展的实践探索需要取得新突破

城乡二元体制在教育中的直接体现就是城乡教育发展的不均衡问题。二七区作为城镇经济社会发展的典型代表，其独特的城乡二元结构及社会经济特征在教育领域有着深刻的影响和体现，教育发展不均衡也是二七区面临的一个现实难题。进入 21 世纪以来，二七区教育改革与发展的历程几乎就是解决教育均衡发展问题的过程。

1995—2000 年的普及小学义务教育阶段，也叫起步阶段。在这一阶段，教育经费得到基本解决，中小学教育基础设施得到进一步完善，民办教师逐渐减少，教师专业素质明显提高，基本解决了学生"上学难"的问题。2000—2008 年的"普九"成果巩固提高阶段，又称"后普九"阶段。在这一阶段，以建设教育强区为目标，开始重视学校品牌建设，提出优质教育发展思想，基本解决了学生"有学上"的问题。2008—2010 年是区域教育均衡发展尝试阶段。在这一阶段，以建设教育名区为目标，突出质量、品牌、服务三大主题，致力于促进学校均衡优质发展，以满足学生"上好学"的需求。可以看出，在解决教育均衡问题上，二七区初期的着力点主要放在资源均衡配置方面，尤其在辖区基础教育经费投入、教师工资待遇、学校硬件设施等办学条件方面取得了显著成效，逐步确定了基础教育由"外延式均衡"转向"内涵式均衡"的发展思路。

社会、经济的转型发展对区域基础教育提出了新的需求，也使得二七区基础教育面临一系列机遇与挑战。其中最大问题之一就是城乡二元发展体制制约了区域基础教育内涵式均衡发展。尽管近年来通过大力提高区财政投入力度，使城乡学校在校园设施建设、教育信息化等硬件方面基本实现了低位均衡，城乡教育体系在社区环境、办学资源、师资水平、课程教学、学校管理、教育质量等多个方面还存在不小的差距，城乡教育发展仍然面临着不均衡问题，突出表现为：（1）教育资源和办学质量水平的差异，不能满足人民群众对优质教育资源的需求；（2）"城市中心化"倾向；（3）教师队伍稳定性差，流动性强；（4）城乡教育质量差距明显。在区域推进基础教育均衡发展的过程中，经过了初期低位均衡发展阶段后，如何实现从"外延式均衡"转向"内涵式均衡"，是目前二七区遭遇的瓶颈问题之一，急需理论研究和实践探索的专业支持。

二、相关文献综述

随着义务教育基础性、先导性、全局性地位的不断凸显，基础教育均衡发展问题日益受到各界的广泛关注，基础教育均衡发展成为我国当前教育改革与研究的高频词。为更好认识和推进基础教育均衡发展，本书对相关研究文献进行了梳理与分析，以便更好地把握当前基础教育均衡发展研究的现状，提出后续研究应注意的问题。

20 世纪 90 年代，以谈松华在《教育研究》（1994 年第 6 期）上发表论文《论我国现阶段的教育公平问题》和曾昭宁出版专著《公平与教育》（中国石油大学出版社，1994）为契机，我国新时期对教育公平问题的研究开始兴起。同年，安体富、苌景州等人从基础教育的财政投入体制角度论述了教育的均衡稳定发展，主张在基础教育投入上采取相对集中的财政资金保障体系模式，将集权主体集中到中央和省级政府。他们是较早关注教育均衡发展问题的国内学者，之后，学界对教育均衡发展问题进行了广泛而深入的研究。

（一）研究阶段

从总体上看，基础教育均衡发展的研究文献随时间推移呈现逐步增长趋势，并呈现出阶段性特征。从时间上划分，对区域基础教育均衡发展的研究可分为三个阶段。

第一阶段：区域内基础教育均衡发展理论初探阶段（2002—2005 年）。

在 2002 年之前的很长时间内，学者们主要把研究焦点放在区域之间的均衡发展上。2002 年《中国教育报》发表了一篇题为"努力实现区域内基础教育均衡发展"的评论员文章，并对在区域内实现基础教育均衡发展的可能性进行了阐述。此后学者们纷纷从教育公平、政策选择等方面对区域内基础教育均衡发展的可能性及必要性进行了论述。这一阶段的研究基本上是提出问题，阐述必要性和可能性，涉及问题实质的研究并不多，因此属于初探阶段。

第二阶段：区域内基础教育均衡发展问题分析阶段（2006—2010 年）。

自 2006 年新修订的《义务教育法》颁布实施后，区域内基础教育均衡发展就成了学者们研究的热点，针对区域内基础教育发展存在的诸多问题，如资源配置不均、财政投入不足、城乡教育差距大、择校等，学者们纷纷从各自的领域来寻求解决方案。

第三阶段：区域内基础教育均衡发展实证研究阶段（2011 年至今）。

2011 年 3 月 9 日，教育部和 15 个省（自治区、直辖市）签署了基础教育均衡发展备忘录。在备忘录中，各省份结合本地实际，绘制了基础教育基本实现均衡发展的蓝图，承诺在教育部的支持下，按年度逐步实现县域基础教育基本均衡发展。此后学术界掀起了一阵以市域或县域为单位的基础教育均衡发展实证研究热潮。学者们试图基于对一个城市的实证研究，来探索区域基础教育均衡发展的途径。

（二）研究内容

学者们从不同的研究视角对区域内基础教育均衡发展的内涵进行界定。总体来看，对于区域内基础教育均衡发展的内涵，多数学者认同其就是资源配置的均衡，即区域内基础教育阶段的各级学校在办学经费投入、硬件设施、师资调配、办学水平和教育质量等方面大体处于一个比较均衡的状态，与基础教育的公共性、普及性和基础性相适应，为人人享有公平、公正地接受基础教育的权利提供充足的保证（张德祥，2002）。有的学者则认为区域内基础教育均衡发展内涵丰富，不仅包括资源配置的均衡，还包括各个层次的均衡，具体表现为入学权利和入学机会的均等、城乡间的均衡发展和校际均衡发展（谢红超，2010）。还有学者独辟蹊径，从文化角度提出区域内基础教育均衡发展是"硬实力"与"软实力"的基本均衡，即区域内基础教育均衡发展不仅需要在硬件建设、师资力量、财政拨款上大致趋于均衡，还需要依据不同区域内学校的文化现状，增进课程公平，让学生在相对均衡的"软实力"条件下，公平地接受教育，让更多的学生切实享受到课程改革的成果（熊和平，2011）。

从上述界定中可以看出，在对区域内基础教育均衡发展的内涵理解上，无论从经济、政策还是文化角度，学者们达成的基本共识就是教育均衡发展须实现教育公平，在公平的原则下尽力使区域内基础教育阶段的学校大体处于一个相对均衡的状态，使受教育者享受相对平等的教育机会和条件。借用罗尔斯提出的公平三原则——自由原则、机会平等原则和差别原则，本书将教育均衡划分为三个层次：机会均衡、条件均衡和效果均衡。区域内基础教育均衡发展就是使每所学校的学生享有平等受教育的机会，尽量平等地分享教育资源和教育条件，并最终努力使每个学生的能力得到相应的均衡发展。

（三）区域内基础教育均衡发展的范围研究

关于义务教育均衡发展的范围，不同的学者提出了不同的观点。概括起来，主要有县域与省域两种观点。

第一，县域义务教育均衡发展。杨令平认为"县"是我国具有相对稳定人口、土地和资源的区划单位，在整体上推进县域义务教育均衡发展具有现实可能性和可行性（杨令平，2012）。于发友选择以县市区作为义务教育均衡发展研究的基本单位，其原因有三：一是县区一级在人、财、事权等方面具有一定的相对独立性，同时地域相对较小，便于操作；二是县域内经济发展相对比较均衡，较容易实现义务教育的均衡发展；三是国家已确立了"以县为主"的教育管理体制，比较适于统筹规划和推行教育综合改革（于发友，2005）。

第二，省域义务教育均衡发展。尽管国家政策文本中所指的义务教育均衡发展范围是县域，但是，仍然有研究者认为义务教育均衡发展后期应该以省域均衡为主。刘宝生认为，以县（区）为主的义务教育均衡发展推进机制，在解决小的区域内的均衡问题的同时，却无法解决更大范围的均衡问题。尤其是在义务教育县（区）域内均衡发展的后期，省域内县（区）之间的发展不均衡矛盾会突出地暴露出来，成为制约省域义务教育均衡发展的最大障碍。因此，在实施以县（区）为主体推进义务教育均衡发展的同时，在以省为单位的中层层面，也要积极探索缩小各市、各县（区）之间差距的有效策略（刘宝生，2008）。

（四）区域内基础教育发展失衡的表现维度及归因研究

1. 区域内城乡教育差距大

受我国城乡二元结构的影响，某一区域内的学校，包括城市学校、城镇学校和农村学校，在发展中存在着明显的差距（谢红超，2010）。张乐天针对教育起点问题，指出入学机会在城乡学校之间存在差距，这些差距在小学与初中阶段均有表现（张乐天，2004）。与城市基础教育相比，低入学率、低升学率、高辍学率是农村基础教育的显著特点（李振国，2006）。另一方面，在教育投入方面，城乡分配极不均衡，中小学生均教育经费、生均预算内教育经费和生均预算内公用经费的配置存在明显的城乡偏差。这种投入上的差距也间接地导致了教师在学历、专业素养、综合素质上的差距（鲍传友，2005）。这些都成为提高农村教育质量的瓶颈。还有学者认为，教育的失衡不仅体现在教育起点和过程上，在教育结果上也存在着不平衡的现象。这种失衡表现为城乡学生受教育后获得的学业上和发展上的差距，这与他们在校时享有的教育资源密不可分。可以说，教育起点和过程的不公平必然导致或决定结果的不公平。总之，城乡教育的失衡不仅表现在办学条件、经费投入、师资水平和教育质量方面，还表现在课程、管理、辍学率、均衡发展观、保障均衡的机制等方面（曾天山，邓友超，杨润勇 等，2007）。

2. 区域内校际差距明显

不同学校在自身的历史文化积淀、管理水平等方面存在诸多差异，这就造成了区域内校际教育发展不均衡。再加上部分政策对少数优质学校的倾斜，使得优质学校在资金、设备、师资等条件上比一般学校优越，拉大了区域内校际发展差距，造成强校更强，弱校更弱。这种情况直接导致了"择校"问题的产生。由此引发的"多收费""乱收费"等问题也接踵而至。

3. 区域内不同人群间的不均衡

这种不均衡主要表现在弱势群体的受教育状况上。弱势群体的教育包括贫困家庭子女的教育、残疾儿童的特殊教育、学困生的教育、流动人口子女的教育等。城市儿童与农村儿童、家庭条件好的儿童与家庭条件差的儿童、健康儿童与残障儿童、城市户籍儿童与外来务工人员子女，他们的受教育状况都存在着较为明显的差距（谢红超，2010）。目前来看，有效解决弱势群体的教育问题是实现区域内基础教育均衡发展的关键环节，同时也是难点问题。在同一个区域内出现不同人群间受教育状况的差距，不仅有制度、经济等因素的影响，同时一些人为的因素也不可忽略。综观研究者们的论述，可以将这些因素概括为如下三个层面。宏观层面：社会生产力发展水平、城乡经济社会发展水平、文化思想观念、人口地域分布等都是导致区域内基础教育发展不平衡的重要因素。有学者分析了城乡社会的文化资本、社会资本、经济资本的差异及其对城乡教育的影响，认为文化资本的城乡差异使城乡之间在教师水平、家庭教育和社会教育上存在较大差异，这直接关系到城乡学生的文化水平；社会资本的城乡差异使城乡学生接受教育的积极性存在差异，而经济资本的城乡差异使城乡教育资源配置不均衡，最终导致发展不均衡（盛连喜，2008）。而在众多因素中教育财政资金不足是导致教育发展不均衡的根本原因（任会兵，2009）。中观层面：相关的教育制度与政策的不同是造成失衡的主要原因（张兆猛，刘保卫，2010）。例如，在同一个区域内由于城市户籍制度、农村土地制度、重点学校政策、城乡基础教育阶段的教师政策、分级办学体制下的教育投资政策等的不同，使得城乡间、学校间的不平衡不可避免（刘远碧，邓泽军，2013）。除了教育政策的不同选择外，教育管理体制、升学考试制度等也是影响区域内基础教育均衡发展的重要因素（张东娇，2008）。微观层面：教育政策执行不力、教师流动不畅、应试教育阻力、流动儿童入学壁垒、教育资源闲置浪费等也是阻碍区域内基础教育均衡发展的不可忽视的因素（陈京军，李三福，2012）。

（五）区域内基础教育均衡发展指标体系研究

区域内基础教育均衡发展指标体系的构建，有利于描述和监测各省份基础教育发展进程，更好地促进基础教育的均衡发展。对于该指标体系，学者们主要从两个方面来研究：一是对教育资源投入的监控，二是对教育质量差异的检测。其中，杜育红提出了区县内基础教育均衡发展监测的三个方面：一是教育资源投入规则的改变，包括教师与校长、生源、经费、学校办学条件的配置规则等；二是学校教育资源投入差异的监测；三是学校教育质量差异的监测（杜育红，2000）。薛二勇将区域内基础教育均衡发展的假设指标分为两类：一类是体现政府职责的基础教育资源配置均衡指标，主要有教育经费、教育设施、教师队伍；另一类是体现教育发展水平的基础教育质量均衡发展指标，主要有学校管理、教育效果（薛二勇，2013）。在校际均衡评价指标体系的构建上，王善迈提出了三类指标：一为入学机会均衡指标，二为教育投入中资源配置均衡指标，三为教育质量或教育结果指标（王善迈，董俊燕，赵佳音，2013）。

（六）区域内基础教育均衡发展策略研究

针对如何解决区域内基础教育发展不均衡的问题，学者们分别从政策、经济、学校等各个维度提出了对策与建议。

1. 规范基础教育办学标准

要想解决区域内的基础教育发展不均衡问题，首先要建立统一的基础教育办学标准，通过制定并颁布相应的法律法规制度，来促使政府合理分配教育资源。同时对原来基础较好学校的硬件建设也应设置上限，以遏制少数学校在办学条件上高投资的攀比现象（江维民，2004）。有研究提出建立义务教育财政投入标准，实施义务教育学校标准化建设。国家要重点支持西部地区实现义务教育全面普及，鼓励和支持各地因地制宜提出义务教育巩固和提高的目标与措施。重点提高残疾儿童义务教育普及水平，完善保障进城务工人员随迁子女接受义务教育的体制。建立健全农村留守儿童的关爱机制和服务体系。设立专门学校，解决一些特殊儿童接受义务教育问题，建立和完善针对家庭经济困难学生及学习困难学生的帮扶制度（第三战略专题调研组，2010）。

2. 统筹教师资源，创建高素质管理队伍

长期以来，贫困地区教师队伍整体素质偏低已成为制约基础教育均衡发展的一个关键因素。开展有效的教师培训，是促进农村学校、薄弱学校教师专业化发展，缩小城乡师资水平差距的有效措施（谢小波，2007）。同时，还应建立人才培养与流动的优化机制，促进教师流动，实现人力资源的合理配置（于建福，2002）。还有学者建议深化升学制度改革，以此来实现生源质量的均衡化（于月萍，2003）。

3. 改造薄弱学校，缩小校际差距

要想缩小学校间的差距，首先，在教育投入上要向贫困地区、薄弱学校、弱势群体倾斜，保证薄弱学校的学生享受到同等条件、同等质量的教育（梁华和，2007）。其次，要以优质学校来带动帮助薄弱学校发展，以组建学校集团的方式来实现教育资源整合，从而带动落后地区的教育发展（谢铭德，周昕，2006）。

4. 实现城乡一体化和区域一体化

众多学者都提出要推进城乡一体化和区域一体化，从而确保经费投入保障机制的创新完善和调控优质教育资源向薄弱学校的有序流动（张放平，2011）。

5. 以制度创新带动基础教育均衡发展

有学者提出，促进省域基础教育均衡发展的关键是进行制度创新，包括建立梯度均衡的全面发展制度、省级基础教育均衡调控制度、科学的财政转移支付制度、基础教育均衡评价制度、地方政府基础教育均衡问责制度等（曾鹏飞，2007）。柯春晖认为，要以体制重构和制度创新为核心，逐步纠正或改进造成教育城乡差距的体制和政策，以城乡教育协调发展和一体化为目标，建立健全义务教育均衡发展保障机制（柯春晖，2011）。李明华认为，制度政策是影响义务教育均衡发展的一个重要因素。一个能够保障义务教育可持续地均衡发展的制度框架应该包含以下关键性的制度安排：投资保障制度、绩效管理制度和资源共享制度（李明华，2008）。

6. 推进现代远程教育，以信息化带动教育跨越式发展

要想在学校间实现教育均衡，办学条件与资源配置的均衡是前提。要加快教育信息化的发展步伐，用信息化技术带动基础教育均衡发展（刘宝生，2008）。

总的来看，已有研究缺乏对社会变革的深度分析，没有从整体上充分把握基础教育在区域性宏观层面、学校发展中观层面以及学生发展微观层面所面对的矛盾和困惑，在研究方法上存在功利主义倾向，"质性"分析与"量化"分析失衡。而对于如何构建多元、开放、和谐、创生的区域基础教育高位均衡发展新体制，至今未形成明晰的思路和举措。

三、概念界定

本课题探讨的问题是城镇化背景下区域基础教育高位均衡发展，着眼于以河南为代表的中部欠发达地区，重点针对城镇化背景下区域基础教育高位均衡发展问题进行研究。准确把握这一研究问题需要澄清以下几个核心概念。

（一）城镇化

城镇化是伴随工业化发展，非农产业在城镇集聚、农村人口向城镇集中的自然历史过程，是人类社会发展的客观趋势，是国家现代化的重要标志。城镇化的重要意义之一就是随着城乡二元体制的逐步破除，城市内部二元结构矛盾逐步化解，全体人民共享现代文明成果。本课题要探讨的区域基础教育高位均衡发展问题正是在城镇化背景下发生的。

第一，城乡二元体制结构是二七区社会经济发展的突出特点。如前所述，在区域层面上，二七区有着独特的城乡二元生态结构：在人口结构上既有城市人口，也有农村人口；在经济类型上既有商业高度发达的商贸圈，也有以传统种植业为主的农村乡镇；在学校类型上既有城市学校，也有农村学校。区域社会经济典型的城乡二元体制结构，影响并直接体现在基础教育领域，如生源、师资、学校设施、学校管理、校园文化、社区资源等方面都存在诸多城乡差异。二七区的这种独特区情，可以看作是河南省省情的缩影，在更大意义上，也可以看作是中国国情的缩影。因此，二七区在区域基础教育均衡发展问题上的破解之道，也可能预示了更大区域范围内基础教育均衡发展的方向，是城镇化发展过程中必须研究的问题。

第二，新型城镇化发展对二七区教育发展与改革提出新要求。中国城市化发展走的是一条"城镇化"立体网络型道路，是一个需要城乡结构、就业结构、消费结构、社会阶层结构和谐共存的过程。随着城镇化进程的不断推进，新的社会分层不断涌现、变动、重组，不同新型社会阶层的分化，带来不同社会人群的新的发展需求，也对教育不断提出新的要求。如前所述，二七区深处这一变革过程中，不仅需要在经济上从县域经济向都市经济转型，也在教育上较早地面临这一变革过程所带来的新挑战，即着力解决城乡不均衡问题，为区域经济社会发展培养高素质创新型人才。这既是城镇化发展的时代要求，也是二七区教育发展的内在诉求。

第三，实现教育均衡是二七区未来基础教育发展亟待破解的难题之一。二七区独特的城乡二元体制结构，使得城乡学校在区域层面上以共时态的形式共存共生，城乡教育在各个方面的差异更多地是城乡差距的体现，其实质是教育不均衡问题。这本身就是城乡二元体制的社会经济发展模式造成的直接后果，也是城乡二元体制下基础教育需要冷静面对的现实状态，更是城镇化背景下需要积极破解的问题之一。因此，探讨城乡教育均衡发展问题，不能忽视城乡二元体制的历史与现实，更无法无视城镇化发展的时代新趋势。

（二）基础教育改革

关于基础教育的界定，不同的人有着不同的理解。一种是基于基础教育基本功能及所处学段的界定。如《中国大百科全书·教育》中指出：初等教育，即小学教育，或称基础教育，是使受教育者打下文化知识基础和做好初步生活准备的教育。通常指一个国家学制中的第一个阶段的教育。《教育大辞典》中指出：基础教育亦称"国民基础教育"，是对国民实施基本的普通文化知识的教育，是培养公民基本素质的教育，也是为继续升学或就业培训打好基础的教育。一般指小学教育，有的包括初中教育。学习年限为5—6年或9年（顾明远，1989）。另一种是基于基础教育本质内涵的界定。如1977年，联合国教科文组织在肯尼亚首都内罗毕召开的高级教育计划官员讨论会上提出："基础教育是向每个人提供的并为一切人所共有的最低限度的知识、观点、社会准则和经验，它的目的是使每个人发挥自己的潜力、创造性和批判精神，以实现自己的抱负和获得幸福，并成为一个有益的公民和生产者，对所属的社会发展贡献力量。"（赫梅尔，1983）简言之，相对于专业教育，基础教育应是为人的终身发展、未来发展奠定基础的教育。"基础教育的价值主要表现在两个方面：第一，基础教育的基本目标在于提高整个中华民族的素质，它的对象和着眼点是全体人民，而不是一部分人，更不是少数人；第二，基础教育的功能是为提高全民族的素质奠定基础，它强调的是基本素质的培养，而不是专业或某些专门人才的培养。"（陶西平，2012）

正如裴娣娜教授所言："基础教育"对个体而言，是实现人的生命自觉的起点、生长点，奠定了人的全面发展的基础、人生的基础；对社会而言，它奠定了社会发展的基础。

如果按照哈维洛克和C. V. 古德对教育变革推行方式的划分，改革更多地可以被理解为有计划的教育变革（planned change of education）。本书所讨论的基础教育改革就属于"有计划的教育变革"，是在基础教育领域中发生并进行的一种有计划、有目的、有组织的改革过程。由于我国独有的教育管理体制，基础教育尤其是义务教育多是区县统筹，因此这种改革应首先从区域层面开始，通过顶层设计、制度创新与机制建设等多种途径，促进学校内外系统不断变革与更新，形成区域内基础教育改革与发展的全系统与大生态，最终落脚于人尤其是学生的成长与发展。在这里，区域的选择和定位就显得尤为重要。

区域是个相对意义上的空间概念，大到一个国家群落，如亚洲、欧洲、美洲等，中到某个国家内的地理位置，如我国的东中西部、城市和农村等，小到一个基层行政单位，如区县等，都可以看作是一个区域。裴娣娜教授基于不同地域经济、社会和文化多样化发展的不同需求，将我国基础教育区域推进分为三种类型，即现代大都市经济社会区域推进、城镇经济社会区域推进和农村地区经济社会区域推进。本研究中的区域特指郑州市二七区，它属于省会城市的一个区级行政单位，是城镇经济社会发展区域的典型代表。该地区在城镇化进程中有着特定的时空条件，既不同于城市也不同于传统乡村，是具有动态过渡性和相对稳定性的地理单元，也是城乡统筹发展的主要地区。在经济方面，二七区拥有城市经济的某些特征，但又没有脱离农村经济的范畴，而是兼有农业和非农产业，并面临着从县域经济向都市经济转型的问题；在社会发展走向方面，二七区致力于推进三次产业互动发展，调整优化城郊经济结构，发展集优质农产品生产和观光休闲、文化旅游为一体的都市农业。二七区是城乡二元体制在区级层面的集中体现，在城镇化背景下研究探讨区域基础教育高位均衡发展问题，该地区具有一定的典型性和代表性。

需要说明的是，区域基础教育改革与发展有其特殊性。

首先，区域基础教育阶段的中小学具有共生性。在区域内部，虽然各个学校是一个个相对独立的小生态系统，但在区域层面，绝大多数中小学在发展环境、政策导向、隶属关系等方面同属于一个大的教育生态系统，在总体发展目标、路径选择、改革机制等方面具有天然的共生性。这对于教育改革的区域推进以及区域教育质量的整体提高有着至关重要的作用。

其次，区域推进的基础教育改革具有协同性。区域推进的教育改革中，辖区内绝大部分学校都是改革的参与者，也更容易积极投身其中。而单个学校或单个教师的改革行为多数时候都像是在单打独斗，影响其持续性的干扰因素可能会更多。区域推进的基础教育改革则类似一种集团军作战，学校与学校、学校与上级以及学校与其他社会教育机构之间的协同性更强，更能保证改革的有效性。

最后，好的区域基础教育生态具有持续性。在我国，基础教育发展状态更多地是通过某种区域生态呈现出来的，而越是好的区域教育生态越具有强的持续性，其改革精神、发展方向、重大举措等更具有稳定性。这是因为，好的区域教育生态必然是符合区域发展需求、遵循教育规律、获得师生认同并内化于学校教育教学工作中的，其持续性和稳定性不会轻易因一人一事一物的变动而改变，这对区域教育生态的持续和良性发展大有裨益。

（三）高位均衡发展

在哲学社会科学领域，"均衡"是对事物发展状态的一种描述，它主要是影响事物发展的诸要素之间的一种稳定、协调、有序的关系。"均衡发展"是一种发展状态，即事物总是以一种稳定、协调、有序的状态在发展。"这种发展一般表现为两种形式，一是要求事物在空间上的均衡发展；二是要求事物在时间上的均衡发展。哲学社会科学领域中均衡发展的内涵是我们理解教育均衡发展的理论基础。"（金东海，师玉生，2009）。关于教育均衡问题，有着多种多样的解读，如：责任观认为教育均衡发展的主要责任在政府；过程观认为教育均衡是一种发展目标，更是一种教育发展过程；公平观认为教育均衡发展是一种新型教育理念；人本观认为教育均衡发展必须坚持以人为本；等等。

教育均衡发展分为"外延式均衡发展"与"内涵式均衡发展"两类。外延式均衡发展主要是靠追加教育投资来实现学校在办学条件等硬件方面的均衡。内涵式均衡发展是指在各个学校办学条件达到省定标准的基础上，地方教育行政部门和学校充分挖掘自身潜力，进行人事、财务、课程、教学、评价等方面的创新，通过"自组织"系统，在推进均衡发展、教育公平过程中求优质，在高水平、高层次的优质发展中求均衡，追求均衡与优质的和谐统一，获得最大限度的公平、民主与平等。

基础教育均衡发展是公民平等地享有教育权的体现，其实质是区域内受教育者享有均衡的教育资源。同时，这种均衡不应是低质教育资源的平均，而是优质教育资源的共享，也就是义务教育的"高位均衡"。区域基础教育高位均衡发展，是指在一定区域内，实现教育资源合理配置，使办学条件均衡、师资结构和水平均衡，使区域内的每一所学校得到良性发展，使每一个受教育者享受到均衡的优质教育。高位均衡的核心内涵是"优质""公平"。高位均衡是一种理念，更是一个行动、一项工程，既要在均衡程度上努力追求高水平，又要在均衡途径上坚持提"谷"扬

"峰"。区域教育高位均衡发展，首先要追求整体的高位，其次不否定个别学校的"拔尖"。这种高位不是"削峰填谷"式的，而是"提谷扬峰"型的（孟晓冬，2011）。因此，以"三力模型"推进区域基础教育高位均衡发展应注意以下问题。

1. 高位均衡不是静态的， 而是发展中的动态均衡

以"三力模型"推进区域基础教育高位均衡发展，追求的不应是静态的、暂时的、短期的均衡，而应该是发展中的均衡。也就是说优质学校要在创新中发展，达到新的高度；薄弱学校要在跨越式发展中实现优质，从而形成与优质学校相协调、比肩的特色。这种发展中的动态均衡是一个比学赶超、共同发展的过程，也是区域教育改革成功与否的重要标志。

2. 高位均衡不是平均， 而是高质量的均衡

均衡不是平均，均衡是平等地对待相同的、有差别地对待不同的以及对弱势进行补偿。均衡发展不是平均发展，而是在基础条件基本均衡的条件下多元优质、和而不同的和谐发展。以"三力模型"推进区域基础教育高位均衡发展，要着眼于高质量的均衡，即在区域行政决策力提升的推动下，各校注重内部改革、文化建设，学校之间注重优势互补、资源共享，从而全面促进学生个性发展、特色发展，实现全区教育峥嵘并进、可持续协调发展。

3. 高位均衡不是整齐划一， 而是特色发展

均衡发展是一种发展目标，更是一种发展过程；教育高位均衡发展是教育发展的目的，更是一种促进教育发展的途径。高位均衡发展本身不是目的，其本质目标是追求一种理想、公平、高效、优质的教育状态。教育高位均衡发展是一个长期的、动态的、辩证的历史发展过程，是在基础条件基本均衡的前提下多元优质、和而不同的和谐发展。

学校是区域推进教育高位均衡发展的主阵地。《教育规划纲要》指出："树立以提高质量为核心的教育发展观，注重教育内涵发展，鼓励学校办出特色、办出水平，出名师，育英才。"在推进区域基础教育高位均衡发展的过程中，要以学校特色发展为根基。学校的特色发展与区域基础教育高位均衡发展不是矛盾的，而是相互促进的。以"三力模型"推进区域基础教育高位均衡发展，就是要倡导和促进各元素、各主体结合自身实际，扬长避短、原生原创，为自己量身定制一套发展方案，创出特色，满足不同人群的发展需求。通过学校教育教学理念、模式、制度的革新，从根本上解决"千校一面"的学校"同质化"问题，积极引导和鼓励学校特色化办学，实现校校有特色、校校有品牌。只有各学校各具特色、各具精彩，全区教育才会成为一个千姿百态、姹紫嫣红的百花园，才能让每一个身在其中的孩子摘得他最喜欢、最需要的花朵，真正形成"学校有特色、教师有风格、学生有特长"的局面。

区域基础教育高位均衡对于二七区有着非比寻常的意义与价值，它既是当前二七区教育发展在新阶段面临的新要求，也是二七区教育改革与发展的新方向。在 15 年的发展过程中，区域社会经济的城乡二元结构正不断被淡化、消解，人口的、经济的、文化的等方方面面的社会转型性变革不断冲击着区域教育并推动其不断变革更新。在变革初期，二七区投入了大量的精力用于解决教育均衡问题，尤其是城乡教育硬件资源均衡问题。经过了初期低位均衡阶段，区域教育硬件建设取得显著成效，基本解决了"有学上"的问题。但随着人们对优质教育资源的需求不断增加，"有学上"已远远不能满足大众需求，"上好学"成为人们新的期望，并很快催生了"择校热"，产生了"大班额"现象，出现了城乡教育内在差距扩大化趋势。这些都是二七区教育发展在新阶段面临的新问题，其解决有待于区域教育从低位均衡向高位均衡提升。新问题的提出和解决，意味新的改革，改革本身就是在不断解决新问题的过程中不断推进事物的发展。随着城镇化的推进，教育均衡也表现出不同的特征，从低到高，从无到有再到好，继而到响应需要。新问题的不断提出，也恰恰伴随着新的解决办法的不断出现。高位均衡发展是新问题，其本身就是新办法，内涵、特色、生态一方面是高位均衡的应有之意，另一方面也是解决高位均衡问题的新思路和新方法，是二七区教育发展顺应时代要求和自身诉求的新回应，更是未来区域教育改革与发展的新方向。

四、研究设计与思路

（一）研究目标

1. 理清概念，准确定位

梳理城镇化、区域高位均衡发展等核心概念，促进区域基础教育观念的反思与创新，从而准确定位研究问题域。

2. 把握现实，放眼未来

在城镇化背景下，基于区域社会经济文化发展新形势和新定位，分析区域基础教育改革发展新需求，揭示区域基础教育未来发展新方向。

3. 基于区域特点，建构特有模型，探索区域教育发展新形态

探索城镇化背景下区域基础教育高位均衡发展的实施状态、类型、模式和机制，呈现代表性地域教育发展需求及发展模型。

4. 回应社会诉求，建构高品质教育

牢牢把握社会经济发展脉搏，基于教育发展内在需求，实现区域教育个性化、多样化发展，学校教育优质化、特色化发展，形成学校品牌文化及提升学校竞争力，培养主动、健康、个性化发展的学生。

（二）研究内容

在城镇化背景下对区域基础教育高位均衡发展进行深度研究，需要回答以下几个方面的问题。

1. 二七区区位特点是什么？

主要包括：二七区区位特点的表现是什么？为什么会形成这样的区位特点？各个主体功能区的区情及存在的主要问题是什么？如何定位二七区在河南省及郑州都市区建设中的功能与作用等？

2. 新型城镇化发展过程中，二七区基础教育面临的机遇与挑战是什么？

主要包括：二七区基础教育发展现状及存在的主要问题是什么？区域经济社会发展对教育的影响及需求是什么？为什么会产生这一需求？这一需求又给区域基础教育带来了哪些机遇和挑战？

3. 城镇化背景下二七区区域基础教育高位均衡发展的总体设计思路是什么？

主要包括：要解决什么关键问题？解决问题的基本思路是什么？做出了哪些有效的战略决策？形成了什么样的新模式新形态？

4. 二七区以"三力模型"推进区域基础教育高位均衡发展的实践探索之路是什么？

主要包括：教育决策力、校长领导力、学生学习力分别要解决什么问题？为什么？在理念上是如何设计的？都有哪些实践举措？还存在哪些未解决的问题？

此外，还要回答这样几个问题：在二七区推进区域基础教育高位均衡发展的理论研究和实践探索中，有哪些需要思考的深层问题，如何来认识这些问题？如何展望区域基础教育高位均衡发展的未来前景？

（三）研究思路

本课题基于区域经济体制的深刻变革、社会结构的深层变动和多元文化的深度整合，准确把握区域社会经济文化发展形势与定位，深度分析区域教育面临的机遇与挑战，以高位设计二七区教育主体功能区为重心，围绕理念系统、实践路径、运行机制三大板块，系统构建以"三力模型"推进区域基础教育高位均衡发展的战略与举措（见图1）。

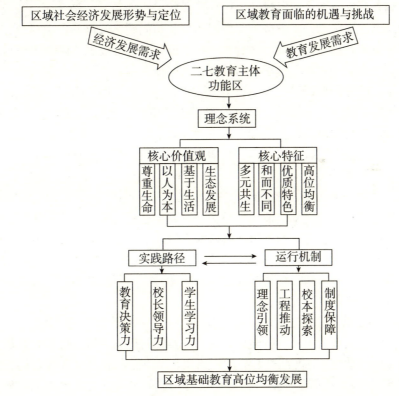

图1　研究思路与结构

五、研究进程与方法

（一）研究进程

1. 第一阶段 （2010 年 12 月—2011 年 8 月）： 研究准备与调查阶段

（1）调查研究的开展、教育现状的梳理

为了切实深入实践一线，搜集第一手资料，明确研究思路，形成研究方案，为全面、深入展开课题研究做好理论和实践准备，2011 年 3—6 月，课题组进行了扎实深入的调查研究工作。

调查研究分两个阶段进行。第一阶段的关键任务，一是全面、系统地梳理总结二七区基础教育改革与发展的现状与问题，二是确定项目校，明确区教育体育局（以下简称教体局）、教研室、项目校以及课题组成员等各自的角色定位和职责分工，形成研究共同体，制订研究方案。

第二阶段的调研进一步明确了课题研究的基本思路：通过对课程改革重大问题的研究，协助二七区对十年课改的思路、策略及方法进行全面、系统的反思与梳理，在此基础上形成进一步深化二七区课改的指导意见，为项目校提供办学理念、课程、教学与德育（育人模式系统）等方面的专业指导和服务。

（2）理论学习与文献研究

理论的学习与文献的梳理贯穿课题研究全过程，2011 年 7—11 月，课题组集中对区域教育问题进行文献研究，研读了《区域教育学》等研究专著及百余篇硕士和博士学位论文、期刊文章，对区域教育有了一定的认识，特别是对区域教育均衡问题进行了有针对性的研究和梳理，分析了区域教育均衡问题的研究现状与不足。

（3）寻求与总课题组的最佳契合点——"多彩教育"的论证

理念是发展的引擎，科学、合理、可实施的理念，能为区域教育提供源源不断的动力。《教育规划纲要》指出，"均衡发展是义务教育的战略性任务"。教育均衡是涉及人民群众切身利益的民生工程，也是当前教育理论研究和改革实践关注的焦点，如何推动教育均衡发展成为亟待研究和解决的重要课题。面对未来经济社会发展对基础教育改革及人才培养的要求，人民群众对高品质、多样化教育的强烈需求，为了落实"以人为本"

的发展理念，持续推进二七区教育发展，解决区域教育均衡发展这一关键问题，依托课题平台，课题组对区域教育发展理念进行了多次专家论证，对"多彩教育"的科学性、发展性、理论基础、可行性、操作性等问题进行了反复论证，使"多彩教育"理念不断丰富，并提出了"实施多彩教育，推动区域教育高位均衡发展"的战略构想。这是课题研究至关重要的一步，更是二七区教育发展标志性的里程碑。

2. 第二阶段 （2011 年 9 月—2014 年 11 月）： 专题研究阶段

（1）第一个专题：教育决策力研究

根据总课题组的研究计划，开展教育决策力研究，进行区域教育的顶层设计。

第一，裴娣娜教授亲临指导，明确课题研究思路。

著名教育专家、北京师范大学裴娣娜教授非常重视二七区课题研究的开展情况，2011 年 6 月 17—22 日，裴教授在二七区进行了为期五天的调研，指导课题的开展和推进。

三天的项目校调研：裴教授一行赴二七区淮河东路小学、侯寨乡各进行为期一天的调研。课题组深入课堂，与教师座谈，了解学校特色建设的成效，并对学校的办学特色进行聚焦式的梳理，进一步提出优化意见。课题组又利用一天的时间就淮河东路小学的办学理念、发展目标、发展原则、改革举措、管理机制等进行研讨与修订，对学校发展给予科学、专业的指导。

两场专题研讨会：项目校发展规划研讨会，探讨各项目校改革与创新发展的基本思路；区域教育发展研讨会，探讨二七区区域性研究计划。裴教授详细指导了项目校的研究重点和思路如何确立，以及怎样深入开展课题研究，促进学校发展，并就二七区课题研究的思路和设计、教育创新视野下学校改革与发展中的几个问题做了详细的讲解。

其间，北京师范大学李芒教授赴二七区信息中心进行参观和调研，了解二七区教育信息化硬件建设情况，并为全区负责校园网规划的领导和教师做了一场有关数字化校园建设的专题报告。

第二，与河南大学形成研究共同体，深入推进课题运行。

自课题立项以来，二七区教体局迅速成立了由刘子科局长总体负责，荆华副局长具体负责，教研室主要参与，其他科室及项目校共同参与的研究团队，与河南大学刘志军副校长率领的学术指导团队形成研究共同体，在专家的指导下，科学、扎实、有效地开展研究工作。

调查采用了分层整群抽样的方法，涉及二七区所辖城乡中小学共 22 所，其中，城市学校和农村学校各 11 所。调查对象包括三类教育工作者，即中小学校长 23 名、教师 50 名以及区教体局各职能部门行政人员 6 名，主要采用了集体座谈和个别访谈相结合的调查方式。调查从学校和区域两个层面，全面、系统地了解和把握近几年二七区基础教育改革与发展的主要做法、经验、问题、原因及未来设想等。

调研结束后，课题组对调研情况进行了整理，完成调查报告——《二七区基础教育区域均衡发展现状调查》。报告对二七区教育发展的现状进行了总结，梳理了二七区基础教育改革与发展的主要成绩和基本经验，同时指出了二七区教育发展存在的问题并进行了思考，为后续研究奠定了基础。

第三，依托课题平台，论证"多彩教育"。

2011 年 10 月 28 日下午，"基础教育未来发展新特征研究"课题研讨会在二七区政通路小学会议室举行，这次研讨会的主题是在本课题的视域下，讨论二七区区域教育发展战略和品牌创立等问题。河南大学王振存博士，二七区教体局荆华、吴鹏、孙岩梅副局长及教研室徐文虹主任、石明晶书记和部分课题组成员参与了座谈。

会上，三位副局长首先有所侧重地梳理了目前二七区区域教育发展存在的困惑，阐释了二七区未来发展的设想。接着，王博士从理论研究的层面回应了一些问题，解释了一些疑惑，提出了一些观点。随后，讨论的话题扩展到课程、课堂层面的许多问题。这次研讨会是二七区在充分酝酿"多彩教育"区域教育发展战略和品牌创设思路后的首次专家论证，通过这次论证，"多彩教育"的理念更趋明朗，内涵更加丰满，"多彩教育"品牌创设的思路更加清晰。

（2）第二个专题：校长领导力研究

课题进行的第二个阶段是学校课程体系的规划及项目校特色发展论证，在专家的指导下，7 所项目校完成了学校课程的规划与设计，办学特色进一步凸显，课程设计日臻科学完善。

为了打造"多彩教育"品牌，凸显学校办学特色，在淮河东路小学、侯寨一中学校特色发展论证结束后，樱桃沟小学邀请王振存博士等专家学者及县区兄弟学校的部分教育同仁，对樱桃沟小学的"生态教育"文化进行研讨。专家们从生态德育、生态课堂、生态课程和生态管理体系等方面对该校的"生态教育"进行了充分了解，给予了充分的肯定，并提出了建议和意见。

（3）第三个专题：学生学习力研究

2014 年，课题进入微观层面——学习力与学科建设研究，聚焦教育的核心——学生。学生学习力和学科建设的研究，极具现实和未来意义。

第一，成立团队，有序开展研究。课题组成立了课题研究共同体，下设小学数学、小学语文、中学物理三个研究小组，七个项目校根据研究能力与兴趣自主选择学科，相关教研员参与其中，河南大学专家团队分学科对项目校进行一对一指导，使研究的专业性更强、效率更高。

第二，形式多样，科学推进研究。课题组将"关注学生学习质量，提升学生学习力"写入《2014 学年二七区教学工作计划与指导意见》；召开了区域、项目校等各层面的课题培训会，注重理论解读；开展了以"提升学习力"为主题的课程规划构建与评审、"多彩课堂"观摩研讨、业务领导沙龙等活动，以"理论研究＋行动验证"的方式有效推进研究。

第三，务实高效，顺利完成本阶段研究。①确定学科学习力框架，明确研究方向。经过多次探讨，课题组形成了以学习能力、学习动力、学习毅力为支撑，以创造力为核心，以探究学习、合作学习为路径的学习力框架模型。以该模型为依托，结合学科特点，构建了三个学科的学习力要素分析框架。②完成学科基本情况调查，明晰学科建设的研究依据。在学习力框架确定的基础上，课题组编制问卷开展调查。数学、语文、物理学科分别收回有效问卷 1649 份、1330 份、722 份。基于数据统计与分析，每个项目校均完成了学科学习力现状调查分析报告。③完成《学科建设指导纲要》初稿，整体把握学科建设思路。通过课题研究，课题组学会了用科学的方法更为全面地进行学科研究。这对区域教育课程改革与学科建设是一种促进与提升。

3. 第三阶段 （2014 年 12 月—2015 年 10 月）： 课题总结阶段

总结过程是一个重新认识、自我反思的过程。课题总结阶段完成的主要任务包括以下几项。

（1）在区域和学校两个层面，系统梳理研究历程，总结研究经验，发现研究中的问题。

（2）集结、形成区域层面和学校层面的代表性成果。

（3）根据总课题结项要求，提出本课题总结要求：高位理论分析；典型事实支撑；内容翔实严谨；突显重点特点。

（4）总结工作具体安排与分工。

（5）形成本课题最终研究成果。

（二）研究方法

1. 文献法

本课题吸收、借鉴了前人在教育均衡研究领域的丰硕理论成果，进一步丰富了对均衡、高位均衡、领导力、决策力、学习力等核心概念的认识和理解，深化了对区域基础教育高位均衡发展的理论思考。而对相关政策文件和改革方案等的文本解读，则使课题获得了鲜活、丰厚的实践支撑和资源。

2. 调查法

调查法在课题研究中发挥了不可替代的作用，本课题主要进行了三类调查：一是区域层面的扫描式调查。研究初期，围绕区域经济、社会、文化、教育发展的历史与现状等方面，由裴娣娜教授带领课题组主要成员赴二七区发改、人事、劳保、教体等多个政府行政管理部门进行深入座谈调查。第二，学校层面的跟踪式调查。研究过程中，二七区教体局多次以研讨会的形式，根据区域推进工作的需要，在不同范围内开展项目校与推进校的跟踪式总结、反馈与调查。第三，课题领域的专题性调查。根据课题研究需要，学校针对自身课程体系建设现状与问题、学生学科学习力现状与问题、课堂教学现状与问题、教师队伍建设现状与问题等，通过问卷和访谈，开展专题性调查。通过这些调查，课题组获得了丰富的第一手资料，切实推进了研究的深入开展。

3. 实验法

在总课题组带领下，本课题以郑州市二七区作为项目单位，选取二七区 7 所中小学作为项目校，其中小学 5 所（城区 4 所，农村 1 所），农村初中 1 所，城市高中 1 所。经过前期准备、实验及实验总结等阶段，践行课题研究高位理念，形成了一系列标志性实验成果。在实验过程中，项目单位和项目校既是课题研究者，同时也是实践者和实验者。在共同探索区域基础教育高位均衡发展的过程中，区域层面重在提升教育决策力，并通过引导、推动、监督，促使学校校长提升领导力，进而切实提升学生学习力，从内而外地改变学校教育育人系统，充分体现区域教育高位均衡发展的真义：办特色校、出名师、育英才。

4. 案例法

本课题的大量实践案例来自项目单位和项目校，他们在实验过程中充分发挥了一线工作者的实践智慧和集体力量，呈现了丰富多样的"三力模型"实践样态，在区域教育决策力、学校校长领导力、学生学习力等方面摸索出了切实有效的实践举措，为研究提供了生动鲜活的实践案例。

第一章

城镇化背景下郑州市二七区区域发展形势与定位

教育作为经济社会发展的一个子系统，与经济社会发展有着密切的关系。研究教育不能就教育论教育，只有把教育放在经济社会发展的大背景下进行考察，才有可能对教育有更全面、更深刻的认识和理解。同样，以郑州市二七区为例探究城镇化背景下的区域教育高位均衡发展，需要对二七区的地域特点、经济社会发展状况等进行考察和分析。

一、二七区区位特点

（一）地理位置

二七区位于郑州市中心偏西南部，东经113°30′至113°41′、北纬34°36′至34°46′，东和管城回族区接壤，西与中原区、荥阳市毗邻，南接新密市、新郑市，北连金水区（见图1-1）。东西宽15.5公里，南北长18公里。平均海拔高度193米。截至2012年年底，全区总面积达156.2平

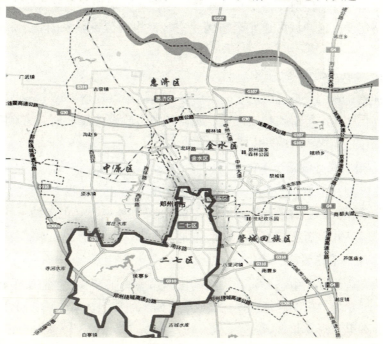

图1-1 二七区行政图

方公里，建成城区面积 32.7 平方公里。辖区地势西南向东北倾斜，农村多丘陵，沟壑纵横。二七区以二七广场为轴心，呈扇形向西南部延伸，陇海路、航海路、长江路、南三环、南水北调运河依次分布，郑少高速、郑尧高速、西南绕城高速穿境而过，城区距新郑国际机场仅 30 分钟车程。

1. 交通系统一体化

二七区是重要的交通枢纽区，京广、陇海两条铁路大动脉在境内交汇，素有中国铁路"心脏"之称。区内有全国最大的铁路枢纽站——郑州火车站、河南省最大的汽车客运站——郑州客运中心站，中原地区最大的电力、电信、邮政枢纽位于二七区，具有良好的区位、交通、通信等资源优势。日平均 20 万流动人口，不断增大的人流、物流、信息流，蕴藏着巨大商机。

二七区着力提升区域交通承载力，形成以轨道交通（8 条）、大容量快速公交（BRT）为骨架，以地面公交为主体的公共交通体系。通过新型城镇化三年行动计划（2012—2014 年）的实施，加快"四纵三横"等 56 条道路建设，延伸城区道路至田园生态区，构建覆盖城乡的骨干和次干路网。

2. 市政基础设施一体化

加快建设 110 千伏广场变、京广变、荆胡变以及自来水 1、2 号加压泵站和侯寨水厂等市政基础设施，测算各类市政设施需求量，统筹协调，同步建设，加快实现城乡市政基础设施全覆盖。

3. 公共服务设施一体化

全区规划中小学 178 所，已投入使用 78 所，正在建设 27 所，其余正在筹备建设。规划的区级公园周边 21 个便民服务中心（卫生站、社区服务中心、文化馆、体育场馆等）正在加快推进。

4. 生态廊道设施一体化

强化南水北调生态公园、绕城高速、郑登快速等沿线生态廊道建设，逐步完善沿河、沿路绿带建设；建成叠彩园、净秀园、天和园、南环公园等一批公共生态项目。

5. 文化旅游设施一体化

结合区内良好的历史文化与自然生态资源，实现文化旅游设施一体化。在有纪念意义的场所通过建筑形式、方言、服饰、饮食等传递文化信息，增强文化的地域性；妥善保护文物保护单位、历史文化街区等，提供生态文化旅游服务，活化文化的内涵；通过特殊节日举行特定的文化体验活动、文化纪念活动，注重文化参与性；通过传统文化与创新文化碰撞，实体空间与虚拟空间结合，物质形态与精神内涵合并，体现文化载体多样化。

（二）历史文化

1. 历史沿革

二七区从 20 世纪初到现在的发展历程书写着这里丰富的历史人文与地方特色。

1913 年（民国 2 年）郑州废州设县，郑州称郑县，郑县下设城厢、人和、永康、仁亲、宣平、长乐、定安 7 个区，其中城厢区的一部分、永康区的大部分、人和区和仁亲区的一部分属现在的二七区。

1934 年（民国 23 年）郑县将 7 个区并为 4 个区，即第一区、第二区、第三区、第四区，区下设联保制度。二七区包括第一区的一部分（即西大街一部分）和第二区的大部分。

1941 年（民国 30 年）撤区建镇，改设 14 个乡、镇，旧城内及城附近设 4 个镇，有维新镇、豫丰镇、长春镇、德化镇，城郊设 10 个乡，辖区为齐礼阎乡和长春镇、德化镇的大部分及豫丰镇的一部分，共 19 个街公所。郑州解放前夕，由 4 个镇又变为 3 个镇。

1948 年 10 月 22 日郑县解放，设置郑州市。在德化镇、长春镇和豫丰镇的基础上，将国民党时期的 19 个保改为 19 条街。同年 10 月底郑州成立一、二、三区，二七区辖区为第二区，并划 5 个管理区，区设立街公所。

1949 年 7 月撤销街公所，改为区公所。

1951 年 9 月撤销区公所，成立区政府。

1952 年第二区辖杜岭街、西太康路、益民街、德化街、大同路 5 个街政府。

1955 年为纪念"二七"大罢工，将第二区改为二七区。

1958 年将二七区改为七一人民公社。

1959 年变七一人民公社为二七区人民公社。

1961 年撤销人民公社，恢复二七区人民委员会。

1966 年"文化大革命"开始。

1968 年成立二七区革命委员会。

1980 年撤销革命委员会恢复二七区人民政府，辖 9 个街道办事处和 1 个农业乡（即陇海乡）。

1987 年 3 月郑州市区划调整，撤销金海区和郊区，将金海区的齐礼阎乡和郊区的刘胡垌乡、侯寨乡划归二七区，实行区带乡体制。

1997 年成立淮河路街道办事处。

1998 年 12 月刘胡垌乡改建为马寨镇。

2001 年 7 月撤销陇海乡。

2006 年 10 月撤销齐礼阎乡，增设长江路、嵩山路、京广路 3 个街道办事处。至此，二七区共辖大学路、五里堡、德化街、解放路、铭功路、一马路、蜜蜂张、福华街、建中街、淮河路、长江路、嵩山路、京广路、人和路 14 个街道办事处，1 乡（侯寨乡）1 镇（马寨镇）。

二七区 100 多年来的发展与变革就是中国社会发展与变革的缩影，从上个世纪初的废州设县到世纪中期的撤区建镇、改保为街、撤街改区，再到 21 世纪初期的城镇化建设，直至当下的城乡一体化进程，二七区一直没有停下发展的脚步，"消除城乡二元结构，直至实现城乡一体化"这一历史性任务，是面向中小城镇来吸纳农村人口的发展城镇化的新路径。它标志着未来农村人口的主要消纳路径是"就地解决"，而不是搞所谓的扩大城市规模来接纳农村人口。这是中国在国家发展战略层面对城镇化路径的明确。

在今天的城乡一体化背景下，二七区经过蓬勃发展，公共资源、社会服务体系日趋丰富与完善，连续 6 次、12 年被国家科技部授予全国科技进步先进区。目前，辖区拥有郑州大学、郑州航空工业管理学院、黄河科技大学等大中专院校和中小学校 134 所，中国船舶重工集团公司第七一三研究所（中船重工 713 所）、中国电子科技集团公司第二十七研究所（中电 27 所）、中航工业郑州飞机装备有限责任公司（郑飞 124 厂）等国家、省、市属科研机构 21 家，拥有工业部第五设计院等一批高资质工业设计机构，拥有大批国内一流的科技人才。拥有郑大一附院、省妇幼保健院等大中型医院 34 家，金融、证券、通信、餐饮、文化娱乐等商业服务设施齐全。

全区总面积 156.2 平方公里，下辖 16 个乡镇、街道，二七新区、马寨产业集聚区、二七特色商业区、樱桃沟景区等 4 个园区，常住人口 76.6 万，总人口 107 万，综合实力位居河南省 50 个城区第二。

全区共有 46 个民族成分，其中少数民族 45 个；共有少数民族群众 17830 人，其中回族 12174 人，满族 1284 人。全区有 1 个民族村、2 个民族杂居村。少数民族超过千人的乡镇、街道有 7 个，分别是铭功路、蜜蜂张、淮河路、建中街、五里堡、大学路、福华街等街道。全区共有相当规模的少数民族企业 1 家，另有 270 余家（个）清真饭店和清真食品摊点。

2. 文化特点

在文化方面，二七区既有经济气息比较浓厚的商业文化，又有民风淳朴的乡土文化。

二七区城区的商贸业基础雄厚，工业发展势头强劲。"二七商圈"和"火车站商圈"已经成为全市最大、全国著名的商贸中心，德化步行街跻身全国十大著名商业步行街之列。

二七区还拥有悠久的历史、厚重的文化。有汉代民居邓公寨、明代周悼王陵等众多历史遗迹；老奶奶庙旧石器时代遗址将中华文明探源向前推进了 3 万—5 万年；铭功路出土的商代青釉瓷尊把中国瓷器烧造史提前了 1000 多年；郑商瓷等瓷器已走出国门，走向世界；百年老街德化步行街的商业文化精神传承至今；二七纪念塔成为河南省零公里点标志；郑州烈士陵园等彰显了浓郁的红色文化。

二七区西南部多丘陵沟壑，地形地貌独特，旅游资源丰富，有 10 万亩生态涵养林、30 里樱桃沟、2.2 万亩葡萄园、6000 亩龙西湖水面、4200 亩郑州树木园，"南水北调"工程竣工后又将形成 6.7 公里长的生态景观带。

商业气息浓郁的城市文化与历史气息深厚的农村文化有着显著的区别，并对教育均衡发展产生了重要的影响。"社会公正的内容，是以那个民族的环境、制度和历史传统为依据的。"（罗尔斯，1988）城乡教育处于城市和乡村两个不同的文化圈，两个不同的文化圈具有不同的特点，其不同特点对受其影响的教育及群体、个体有着不同的影响。受到城市文化影响的教育因其更接近主流文化，更易使受到这种教育的群体、个体拥有更多的文化资本，取得较好的学业成就，从而成为社会的优势群体。而受到乡村文化影响的教育因其远离主流文化，更易使受到这种教育的群体、个体在文化资本占有量方面处于劣势，较难取得较好的学业成就，从而成为社会的弱势群体。并且这两个文化圈之间容易形成"文化屏障"——"不同文化身份、地位的群体，都有着不同的文化资本、文化品位、文化消费和不同的生活方式及价值观念，人们在这种同质文化群体中，通过交往和行动，逐渐形成了一种共同的阶层文化保护和排斥意识——文化屏障——使其他阶层的人不能进入这个阶层，也使得自己阶层的人的利益不受侵犯。文化屏障有时是以外显的方式作用于阶层保护，有时是以隐藏的方式排斥其他阶层的接触"（钱民辉，2004）。

（三）人口状况

1. 人口基本情况

截至 2014 年年底，二七区年末总人口达 766392 人，其中女性 375593 人，城镇人口 680173 人。全年出生人数 7996 人，死亡人数 3508 人。人口出生率 10.53‰，死亡率 4.62‰，自然增长率 5.91‰。

2. 总人口规模预测

根据《郑州市城市近期建设规划》《郑州都市区规划》《郑州市二七区马寨镇总体规划（2012—2030）》《郑州市二七区侯寨乡总体规划（2012—2030）》及相关城中村控制性详细规划等规划，课题组对于二七区近期、中期、远期的总人口规模分别进行了预测（见表1-1）。

表1-1 二七区分时期总人口规模预测

单位：万人

阶　　段	人　　口
近期（2015 年）	80
中期（2020 年）	95
远期（2030 年）	149

3. 学龄人口规模预测

根据上述关于二七区近期、中期、远期总人口规模的预测，以及小学、初中、高中千人指标，最终确定二七区近期、中期、远期的学龄人口规模（见表1-2）。

表1-2 二七区分时期学龄人口规模预测

单位：万人

阶 段	人 口	小学生	初中生	高中生
近期（2015年）	80	6.0	3.6	2.0
中期（2020年）	95	7.2	4.3	2.4
远期（2030年）	149	11.2	6.7	3.7

《郑州市教育统计提要》《二七区学校现状统计信息》等资料显示：2012年，二七区区属中小学共有在校学生73743人，其中进城务工人员随迁子女30348人。小学共57207人，其中进城务工人员随迁子女23107人；初中共13134人，其中进城务工人员随迁子女5744人；高中共3312人，其中进城务工人员随迁子女1485人；辅读学校90人，其中进城务工人员随迁子女12人。民办小学2353人，其中进城务工人员随迁子女1619人；民办初中4315人，其中进城务工人员随迁子女539人。

城市的不断发展得益于农村人口向城市迁移，以及城市不断将更多的农村地区纳入城市中。20世纪八九十年代，由于制造业的腾飞，中国形成了规模庞大的向城镇和非农就业部门迁移的农村流动人口。

从历史的角度看，农村人口大量涌入城市是社会工业化、城镇化这一历史进程的必然要求。近代以来，工业化、城镇化已经在世界历史发展过程中被验证并获得推崇，成为现代国家发展不可逆转的过程。纵观世界发展历史，无论是美国还是法国、日本、英国等，都通过工业化实现了民族的腾飞与发展。中国的暂时落后恰恰从反面说明没有现代化发展所需要的工业化发展及与其相伴随的城市化发展，就没有农村人口正常、有序、大量地向城市流动，也就没有社会的快速发展，进而导致落后。而工业化的发展必然带来劳动力的集中，造成农村人口向城镇区域集中；人群的集中又必然带来市场活动、商业活动及服务业的发展，从而再次创造就业机会。这种聚集与发展是环环相扣的过程，也是工业化与城镇化一体发展的直接表现。所以农村人口正常、有序、大量地向城市流动，是社会发展的必然产物，是与工业化发展、城市化发展紧密相连的。

从现实来看，解决大量农村剩余劳动人口的出路问题是社会和谐发展所必需的。城镇化不是把农村建成城镇，我国许多边远地区的农村很不适合人口居住，除了"封山育林"之外，很难改变贫穷落后的面貌。城镇化，只有把农村人口吸纳到城镇，提升城镇的人气指数，扩大城镇建设规模，健全城镇的社会功能，才能克服传统的城乡二元社会结构的弊端，促进社会的协调发展。

妥善处理好农村大量人口向城市正常、有序、合理的流动是解决"三农"问题，保持社会稳定发展的根本途径之一。城市不可能独立于农村独自享受现代文明，就像一个人不可能抓住自己的头发离开地面一样。诚然，城市里有富余劳动力，有失业人口，但与此同时城里也有很多工作岗位，城里人不愿意干或干不好，而农村劳动力进城来，却能找到相应的岗位；从另一方面看，城市人口增加和创造新的就业岗位的关系是相辅相成的，人多了，衣食住行需求增加，相应的服务岗位需求也增加了。此外，随着各大城市的发展，农业剩余劳动力的推力与城市吸力的共同作用，必将进一步促进一些大中城市基础设施和房地产业的发展，促进人口向城市中的第二、第三产业集聚，促进城市化发展，进而实现共同发展。

从政治经济学理论来看，农村人口向城市大量、正常、有序、合理的流动是社会生产力均衡发展的客观要求。生产力是支撑社会发展最活跃的因素，而人是最宝贵的生产力，这是政治经济学最基本的原理。城市化、工业化的发展，为社会提供了大量的劳动密集型就业机会，而大量的农村剩余劳动力正好是对此发展间隙的有益补充。这样一方面能满足城市化过程中对大量劳动力的需求，另一方面也能在客观上促进社会生产力的均衡发展。

从城市长远发展的角度看，也需要妥善解决好农村大量剩余劳动力的转移问题，否则城市化发展就会成为无米之炊、无源之水。大量农村人口涌入城市之初，的确可能给城市的发展带来一些负面影响。因此，除了要为涌入城市的大量农村人口提供教育培训之外，还应不断扩充教育资源，优化学校布局，为其子女接受良好的教育提供条件。

（四）经济社会发展

未来城镇化面临三大使命：消除二元结构社会、建立新型土地制度、实施社会改造工程。可以说，消除二元结构社会是中国实施城镇化的三大使命之首。这说明中央在决策中，不但将"目标揽为己任"，更是将"任务做出排序"。由此可以推断，城镇化的下一步工作将在可控的轨道上推进。

1. 二七区经济社会发展举措

整体来看，二七区经济社会发展的主要战略举措可以总结为以下几点。

（1）坚持规划引领，提升品牌品质品位。着眼于打造城乡一体化示范区，高标准编制实施空间战略规划，做到全域覆盖，建设文化特色凸显、城乡风貌独特、空间布局优化、区域衔接紧密、综合功能完善、城乡一体、统筹发展的现代田园城区。结合谋划"十三五"发展，完善提升新三年行动计划，细化分解年度工作任务，分阶段统筹推进，确保规划目标实现。

（2）开放创新双驱动，增强发展活力。坚持把开放创新作为发展的主战略，在更大范围、更广领域、更高层次上扩大开放，改革创新。坚持招大引强，围绕产业布局，引进平安智慧物流园等一批符合产业规划、投资额度大、带动能力强的重点龙头企业。建设好黄河科技学院等三个创新创业综合体，出台人才引进支持政策，构建大学生创业园等平台，加快发展"众创空间"，推进大众创业、万众创新。

（3）以人为本，加快城乡一体化进程。坚持以人的城镇化为核心，围绕消除两个"二元结构"，推进大棚户区改造和城市有机更新。按照"扩面、提质、惠民"的原则，有序推进户籍管理制度改革和教育、医疗、就业、社保等领域的配套改革。

（4）坚持产业为基，强化项目带动。继续开展"项目服务年"活动，健全项目现场督办会、土地规划周例会、项目推进周例会等工作推进机制，强化项目节点控制、台账管理、全程服务，不断优化项目建设环境。

（5）加快交通对接，构筑内畅外快交通体系。围绕实现"五大板块"互联互通、资源共享、协调发展，不断完善交通路网，打造域内通畅、域外快捷的现代化、多层次、立体化的道路交通网络。

（6）以便民服务中心为依托，加快公共服务均等化。加快实施城市精细化管理服务工作，推进"三级三类"便民服务中心建设。建设区级综合性公园周边的便民服务中心，打造"10—15分钟便民服务圈"，解决好群众行路难、办事难、上学难、就业难、就医难"五难"问题。

（7）注重生态建设，打造高品质人居环境。坚持生态优先，推动绿色、低碳发展，加快生态廊道和区级综合性公园建设。实施"蓝天碧水"

工程，着力推进大气污染防治、扬尘治理、"水清河美"行动、"一河两岸"改造提升等重点工作，建设"城绿、天蓝、河清、水美"的生态宜居城区。

（8）强化要素保障，提升服务水平。加快"五单一网"改革，打造服务型政府。加大土地报批征供和存量闲置土地处置力度。健全多渠道、多元化的筹资模式，加强与银行、信托等金融机构和国有开发公司的合作，实现融资50亿元以上。设立产业发展基金，落实针对服务业和实体经济发展的支持政策。

二七区城乡二元的经济、社会结构在中部地区具有很强的典型性，如果说河南是中国的缩影，那么二七区则是河南的缩影，因此，以二七区为例探索区域基础教育均衡发展具有较强的代表性、普遍性、理论意义和实践价值。

2. 二七区经济社会发展总体特征

（1）典型的城乡二元结构

改革开放以来，特别是20世纪90年代以来，我国城镇化水平快速提高。由于城镇化进程的加快，二七区呈现出典型的城乡二元结构。截至2014年年末，二七区总人口达766392人，其中城镇人口680173人，占总人口的88.8%，农业人口86219人，占总人口的11.2%。改革开放以来，二七区经济和社会发展取得了显著成效，商贸业基础雄厚，工业发展势头强劲。全区有零售商业企业1500余家，个体户3万余户；工业企业390余家，其中规模企业90余家；马寨产业集聚区20多种食品机械销往30多个省份，并出口美国、马来西亚等国，已初步形成食品加工、装备制造、机械建材等工业支柱产业。2014年，全区生产总值突破4435亿元，同比增长9%；服务业增加值完成352亿元，增长9%；公共财政预算收入完成28.4亿元，增长14.1%；规模以上工业增加值完成41.5亿元，增长10%；社会消费品零售总额完成339.6亿元，增长14.7%；固定资产投资完成336.5亿元，增长15%；城镇居民人均可支配收入达28026元，农民人均纯收入达17443元。二七区成功入选全国市辖区综合实力和全国最具投资潜力中小城市"双百强"。

2015年1月14日，《中共河南省委河南省人民政府关于加快城乡一体化示范区建设的指导意见》正式下发。文件指出，实现城乡发展一体化，是党中央从战略全局出发做出的一项重大决策，符合经济社会发展的内在规律，是现代化建设的重要内容和发展方向。城乡一体化示范区是由河南省委、省政府正式批准设立，以省辖市复合型城市新区为基础，体现城乡一体、产业融合、统筹发展的复合型功能性区域。城乡一体化示范区是局部区域科学发展、城乡一体，率先实现工业化、信息化、城镇化、农业现代化的综合实验示范样板区。

（2）产业结构稳中趋优

二七区坚持扩大优质增量与调整优化存量并举，以高端商贸、现代食品制造、生态文化为主导的现代产业体系基本确立。商贸业升级步伐加快。2014 年，华润万象城购物中心等商业综合体相继投入运营，二七广场周边中高端购物中心增至 20 家，红星美凯龙等重大商贸业项目加快建设。启动楼宇经济"十百千"计划，培育纳税超 2000 万元商务楼宇 13 栋，税收总额达 7.2 亿元。特色商业街建设加快推进，完成亚星茶文化街、二七万达金街等 10 条街区改造提升。现代食品制造业比重提高。现代食品制造业产值在工业总产值中的比重达 38%。培育康师傅、天方、万家等产值亿元以上企业 36 家，建成企业研发中心 43 个，工业企业竞争力不断增强。生态文化旅游产业持续壮大。率先在全市开展乡村旅游标准化试点创建工作，樱桃沟、龙园水乡等顺利通过验收；打造生态游、采摘游、文化游等精品旅游线路 5 条。新兴产业蓬勃发展。超凡、金象等本土影视创作企业走向全国，《大国廉政》等文化艺术作品广受欢迎。以打造中原地区电商总部基地为目标，大力发展电子商务产业，中国·中部电子商务港总部基地成功落户，培育重点电商企业 36 家；河南网商园品牌示范带动作用更加明显。

（3）可持续发展能力不断提升

二七区把投资增效作为经济工作的重要支撑，开展定向招商和产业集群招商，2014 年，签约郑州华贸商业中心等"三力型"项目 9 个，签约额近 600 亿元。中部地区首家苹果直营店等 15 个高端品牌项目落户二七区。项目建设扎实推进。深入开展"项目服务年"活动，纳入区重点管理的 215 个项目，完成投资 343.2 亿元，66 个省市重点项目完成投资 142.8 亿元，为目标任务的 147%。土地保障坚强有力。完成土地上报 4125 亩、批回 5883 亩、征收 4579 亩、储备 7009 亩、供应 2509 亩，土地出让金额达 85 亿元，均在市内五区名列前茅。成功创新"政府主导、项目运作、引入担保"的融资模式，不断拓宽融资渠道、优化政府融资结构，筹措各类资金96.69亿元，发行9亿元城投债，成为全国首个发行城投债的主城区。规划支撑作用明显。编制城南电子商务产业集聚区控规等各类规划40余项，其中马寨新镇区控规等10余项规划得到批复，现代田园城概念性规划等20余项规划正在编制、报批，全区发展更具科学性、前瞻性。

二、二七区在河南省及郑州市的功能定位

（一）河南省发展概况与趋势

河南省位于中国中东部、黄河中下游，因大部分地区位于黄河以南，故称河南。河南辖郑州、开封、洛阳、平顶山、安阳、鹤壁、新乡、焦作、濮阳、许昌、漯河、三门峡、南阳、商丘、信阳、周口、驻马店等17个省辖市，济源1个省直管市，21个县级市，87个县，50个市辖区，1821个乡镇（乡：718个；镇：1103个），599个街道办事处，4466个居民委员会，46938个村委会。2014年年末全省总人口10662万人，常住人口9436万人。出生人口136万人，出生率12.80‰；死亡人口75万人，死亡率7.02‰；自然变动净增人口61万人，自然增长率5.78‰。城镇化率45.2%。河南省在全国有以下几个定位。

1. 全国重要的经济大省

初步核算，2014年全省生产总值34939.38亿元，比上年增长8.9%。2014年财政总收入4094.78亿元，比上年增长11%。地方公共财政预算支出6042.60亿元，增长8.2%，其中，教育支出增长3.4%，社会保障和就业支出增长7.7%，医疗卫生与计划生育支出增长9.3%。

初步统计，2014年全省常住居民人均可支配收入15695.18元，比上年增长10.5%，扣除物价因素，实际增长8.4%。全年农村居民人均纯收入9416.10元，增长11.1%，实际增长9.4%；农村居民人均消费支出6438.12元，增长14.4%，实际增长12.6%。城镇居民人均可支配收入24391.45元，增长8.9%，实际增长6.8%；城镇居民人均消费支出15726.12元，增长6.1%，实际增长4.1%。

年末参加城镇职工基本养老保险人数1431.55万人。参加城镇职工基本医疗保险人数1182.39万人。全年共发放城镇居民最低生活保障金31.97亿元，城镇享受最低生活保障人数118.9万人。发放农村最低生活

保障金 49.47 亿元，农村享受最低保障人数 395.26 万人。发放城乡医疗救助资金 7.13 亿元，救助 74.33 万人次。

2. 全国重要的交通枢纽

河南交通区位优势明显，是全国承东启西、连南贯北的重要交通枢纽，拥有铁路、公路、航空、水运、管道等相结合的综合交通运输体系。京广、京九、太焦、焦柳、陇海、侯月、新月、新菏、宁西铁路及京广、郑西高铁等多条铁路干线经过河南，形成了纵横交错、四通八达的铁路网。郑州北站是亚洲最大的列车编组站之一，郑州站是全国最大的客运站之一。加快"米"字形快速铁路网建设，郑万高铁引入郑州枢纽工程开工，晋豫鲁铁路、郑开城际铁路、郑焦城际铁路通车运营。郑州已初步成为全国铁路路网中的"双十字"中心。2014 年年末铁路营业里程 4874 公里。2014 年货物运输量 1.16 亿吨，比上年减少 9.3%；货物周转量 7367.09 亿吨公里，比上年减少 8.1%；旅客运输量 1.24 亿人，比上年增长 11.1%；旅客周转量 895.65 亿人公里，增长 5.0%。

3. 全国重要的通信枢纽

河南省公用电信网在全国具有重要的战略地位，国家骨干公用电信网"八纵八横"中有"三纵三横"途经河南，加上南北、东西两条架空光缆干线从河南穿过，构成"四纵四横"的信息高速公路基本框架。2014 年，邮电业务总量 1011.06 亿元，比上年增长 20.5%。全省电话用户累计新增 431.4 万户，总数达到 8856 万户。全省互联网用户新增 14.9 万户，总数达到 5672.1 万户。至 2014 年年底，年末局用电话交换机总容量 507.83 万门，本地固定电话用户 1143.04 万户，移动电话用户 7712.93 万户。电话普及率 94.08 部/百人，增长 5%。截至 2014 年 12 月，河南省电信业务总量、电信业务收入均排名全国第 6 位；移动电话用户、3G 用户、4G 用户、固定电话用户、互联网用户分别排名全国第 4 位、第 4 位、第 5 位、第 7 位、第 6 位。全省通信业完成固定资产投资 207.3 亿元，居全国第 4 位，较上年增长 24.9%；全省电信资费综合价格指数为 61%，居全国第 27 位。

总体来看，河南历史悠久，是中华民族和华夏文明的重要发祥地；文化灿烂，人杰地灵、名人辈出，是中国姓氏的重要发源地；资源丰富，是全国农产品主产区和重要的矿产资源大省；人口众多，是全国第一人口大省，劳动力资源丰富，消费市场巨大；区位优越，是全国重要的交通通信枢纽和物资集散地；农业领先，是全国第一农业大省、第一粮食生产大省、第一粮食转化加工大省；发展较快，经济总量稳居全国第 5 位；潜力很大，正处于工业化、城镇化加快发展阶段，发展的活力和后劲不断增强。

（二）郑州市发展概况与趋势

郑州市，简称郑，是河南省省会，地处华北平原南部，河南省中部偏北，黄河下游。北临黄河，西依嵩山，东南为广阔的黄淮平原。东经 112°42′至 114°14′、北纬 34°16′至 34°58′。郑州地处中华腹地，史谓"天地之中"，古称商都，今为绿城。1928 年 3 月建市，现辖 6 区 5 市 1 县（其中，巩义为河南省直管县行政体制改革试点市）及郑东新区、郑州高新技术产业开发区、郑州经济技术产业开发区（郑州新郑综合保税区）。全市总面积 7446 平方公里，2013 年人口达 919.1 万人，市区面积 1010 平方公里，建成区面积 382.7 平方公里，城镇化率 67%。

郑州市的功能定位包含以下几个关键词。

1. 交通枢纽

郑州地处中国地理中心，是全国重要的铁路、航空、高速公路、电力、邮政电信主枢纽城市。郑州新郑国际机场开通国内外客货航线 143 条，覆盖了除非洲、南美洲以外全球主要经济体，1.5 小时航程可覆盖全国 2/3 的主要城市。郑州是全国普通铁路和高速铁路网中唯一的"双十字"中心，随着合肥至太原、济南、万州高速铁路客运专线的建设，未来将形成以郑州为中心的全国"米"字形高速铁路网。郑州是国家首批跨境电子贸易试点城市和国家级互联网骨干直联点城市。随着郑州航空港实验区建设上升为国家战略，随着郑欧班列常态化运行，跨境贸易电子商务试点加快实施，以及肉类、药品、汽车等各类口岸及国际陆港的功能不断完善，郑州的交通物流优势更加凸显。

2. 商贸中心

郑州历史上就是著名商埠，1997 年被批准为国家商贸改革试点城市，2010 年被确定为国家服务业综合改革试点城市。物流、会展、文化旅游、服务外包等现代服务业发展迅速，是中部地区最大的物资集散地，每年举办全国性、区域性大型商贸活动上百次，是"中国最佳会展城市""中国最具潜力的会展新锐城市"。郑州商品交易所是我国第一个期货市场，是三大全国性商品交易所之一，"郑州价格"一直是世界粮食生产和流通的指导价格。郑州新郑综合保税区是中部地区唯一的综合保税区，综合保税区、保税物流中心、出口加工区成为郑州对外开放的三大平台。

3. 现代化都市

2014 年，郑州坚持规划引领，进一步完善都市区规划体系，确立了国家中心城市、国际航空大都市、世界文化旅游名城、中原经济区核心增长区及国际商都的建设发展目标。随着中原经济区（CPER）、中原城市群圈层的发展，形成以郑州为中心的"米"字形城镇发展轴，进一步加强了郑州都市区的中心引领地位。郑州是一座现代化的城市，以人为本促提升，新型城镇化建设提质增速。郑州以"人的城镇化"为核心，科学推进新型城镇化，城镇化率提高到68.2%；以智慧城市建设为载体，扎实开展城乡环境综合整治和城区交通秩序综合整治，顺利通过国家卫生城市复审。

（三）二七区在河南省及郑州市的功能定位

1. 充分发挥二七区作为 "城乡一体化示范区" 在河南省及郑州都市区建设中的示范、引领、带动作用

围绕河南省着力推进的粮食生产核心区、中原经济区、郑州航空港经济综合实验区三大国家战略、"四个河南"建设和郑州市建设"国际商都"战略，二七区加快产城融合、城乡一体步伐，促进中心城区、城市新区、现代生态田园区三区融合，统筹发展，充分发挥作为"城乡一体化示范区"在河南省及郑州都市区建设中的示范、引领、带动作用。

基于二七区城乡二元结构突出的典型特点，河南省委、省政府在郑州都市区建设中把二七区定位为"城乡一体化示范区"（以下简称示范区）（全省每个市建设一个）。按照省政府要求，在示范区内，坚持一、二、三次产业复合和经济、生态、人居功能复合发展理念，把工业和农业、城市和农村作为一个有机统一整体，充分发挥工业和城市对农业和农村的辐射带动作用，以工业化、城镇化带动农业现代化，引领城乡发展一体化，形

成以工促农、以城带乡、工农互惠、城乡一体的新型工农城乡关系。2015年5月22日，河南省委书记郭庚茂在二七区调研时指出，二七区要按照"中心城市带动、县城组团发展、产业集聚区支撑、统筹社区建设"的工作思路，坚持产城融合、城乡一体，努力实现老城区、新城区、现代田园生态区"三区融合"协调发展，即"高端商贸门户，创智田园二七"。

"人的城镇化"是二七区新时期总的发展构思，是新常态下"以人为本"理念的创新举措。郑州两个"二元结构"市情突出，不能单独进行城市棚改，要围绕"人们在哪里居住、居住什么样的环境，产业在哪里布局、布局什么样的产业"，统筹城市与农村、产业与社区、就业与居住，"一揽子"考虑居住改善、产业发展、群众就业、城市功能提升，全域布局大棚改。二七区作为河南省会郑州市的中心城区和传统老城区，在新型城镇化建设的浪潮中，始终坚持以人为本，坚持"产城融合、城乡一体、三化协调发展"，围绕"人的城镇化"问题，因地制宜，走出了一条特色鲜明、成效显著的发展路子。

以黄岗寺村为例，动迁之前，黄岗寺村如郑州市内绝大多数城中村一样，还定格在"握手楼""贴面墙"、配套设施落后的尴尬中。郑州市政府启动城中村拆迁改造，黄岗寺村的"变身记"也由此拉开了序幕。如何拆迁？如何在拆迁过程中保障群众的利益？如何在拆迁后顺利完成"物的城镇化"从而最终完成"人的城镇化"？一系列问题引发一系列的思考。

二七区的做法是从实际出发，换位思考，站在群众的角度逐家逐户给村民算"六本账"：一是算好环境提升账，拆迁前黄岗寺村绿化面积基本为0，且时刻面临着殡仪馆的"白色污染"，通过村庄改造，可新增绿地4万平方米，再加上周边南水北调运河两侧各200米宽绿化带，人均绿化面积将位居郑州市前列；二是算好家庭收入倍增账，以出租房屋来算，改造后，户均月收入可达到1万元，比改造前增加一倍；三是算好集体资产增值账，村庄改造后，集体经济主要为全产权的写字楼和商业，村集体资产可增值2倍以上，通过集体资产分红，家庭年受益增幅超以前2倍；四是算好个人发展多元账，改造后，在依靠出租房屋的同时，还可以就近在家门口的商业中心工作，通过二次招商和物业管理可以提供就业岗位超2000个，区政府每年还将拿出一大批资金用于村民的专业技能培训，确保村民能就近到二七区的产业集聚区就业；五是算好生活品质提升账，规划建设10万平方米商业街和商业广场，并配建5所中小学和幼儿园、2个社区医疗点、4 个垃圾中转站、1 个社区服务中心，新修建 3 条道路，居民出行办事更加便捷；六是算好教育翻身账，以往居民最害怕的教育资源差的问题在改造后将得到彻底解决，新配建的 5 所学校能确保适龄学童同享二七区的优质教育资源。

有了这六本"账"，黄岗寺村的"变身"在动迁三年后有了圆满的结果。2014 年 2 月，黄岗寺村全村 1560 户，共 5566 人乔迁新居。在当地人看来，搬迁后大家由"村民"变成了"市民"，房产收入、集体分红、孩子上学、老人看病、就近就业等，"一切都变了，都跟城里人一样了"。

2015 年 5 月 30 日，郑州市城镇建设办公室发布全市新型城镇化建设重点工作综合考核结果，市内五区中二七区位列第一。大棚户区改造，交通道路、生态廊道、创新创业综合体建设以及环境治理等考核项目，二七区均在全市领先。

上述黄岗寺村的"变身"仅是二七区大棚户区改造的一个缩影。从2012 年至今，全区先后谋划实施了 19 个城中村、28 个旧城、12 个合村并城共 59 个大棚户区改造项目，拆迁面积达到 2800 万平方米，回迁安置房420 万平方米，惠及约 2 万户 7 万人。同时，29 个项目完成土地出让 9000亩，盘活土地 5 万余亩，进一步拓宽了南部城区发展空间，尤其是齐礼阁、荆胡、中投汇金城等项目为郑州市解决遗留问题项目创新了途径。统计显示，二七区大棚户区改造累计实现投资约 600 亿元，税收贡献累计超20 亿元。

为满足群众对公共服务的需求，二七区在大棚户区改造过程中要求开发商严格按照规划配套建设幼儿园、中小学、社区办公用房、社区卫生服务中心、社区文化站、停车场、警务室、绿地等公共设施，确保城中村改造有力推动城市功能的完善和公众利益的维护。

"人是城镇文明的创造者，也是城镇生活的主体，必须将城镇作为一个大家园来建设，以新型城镇化建设为切入点，在坚持规划先行、实施标准统一的基础上，最大限度地让老百姓享受到改革发展的成果，不断满足居民日益增长的物质和文化生活的需要，使二七老城、新区成为群众的幸福乐园！"二七区委书记蔡红说。

围绕着百姓的需求推进城镇化，一切从如何实现"人的城镇化"出发。目前整个郑州市都在全力推进大棚户区改造，城镇化脚步越来越坚实有力，以"一主一城三区四组团"为主体，以 26 个新市镇、50 个产业集聚区、56 个历史文化风貌特色村和 238 个农村新型社区为支点，新城多中心、组团式发展。二七区在郑州市大棚户区改造"以人为本、城乡统筹"的思路指导下，努力探索"人的城镇化"，并以其经验成效助推了全市的城镇化进程！

2. 充分发挥二七区作为 "城乡教育高位均衡发展示范区" 在河南省及郑州市城乡教育协调均衡发展中的示范、引领、带动作用

艾尔温认为，到传统社会后期，中国经济虽然在量上仍有重大增长，但缺乏质的变化，出现此种情况的原因，既不是资本的不足或市场的限制，也不是政治上的阻碍，更不是大企业的缺乏或者短命，关键原因是随着人口高度增长而形成了一种"高水平均衡陷阱"。这里的"高水平均衡"即高位均衡。当前，我国基础教育均衡发展突出的问题是，受教育人口众多与优质教育资源不足、与教育投入不足、与教育发展不均衡的矛盾。如何解决受教育人口众多与推进教育现代化、实现教育均衡发展的内在矛盾，是实现高位均衡，推动教育快速发展的关键问题。高位均衡发展，必须建立在一定的经济基础之上，必须确保教育均衡发展最基本的经费投入，否则很难确保教育均衡的顺利和持续推进。

2015 年，二七区教体局启动实施"六名工程"（"教育名区创建工程""名学校拓展工程""名校长塑造工程""名教师培养工程""名学科构建工程""名学生培育工程"）第二周期建设，着力促进二七教育"品质化、信息化、国际化"发展，加快推进"教育体育强区、名区"建设，全年教育体育事业发展取得了显著成效。

2015 年，二七区科学制定《中共二七区委区政府关于坚持教育优先发展、加快现代化教育名区建设的实施意见》《二七区教育体育事业"十三五"发展规划》《"六名工程"第二周期建设规划》等一系列教育发展规划，组织召开全区加快推进"现代化教育名区"建设工作会，启动"现代化教育名区"第二个五年周期建设，推进二七教育朝着"品质化、信息化、国际化"更高目标发展，为二七区教育率先实现现代化奠定了坚实基础。

一直以来，河南省委、省政府及郑州市委、市政府高度重视二七区教育工作，二七区在坚持品牌、品质、品位发展理念的基础上，始终把教育事业摆在优先发展的战略地位，确立了突出"质量、品牌、服务"三大主题，实施"六名工程"，创办"组织放心、人民满意、公众认同的现代化教育体育强区、名区"的二七教育总体发展战略，构建了独具二七特色的"多彩教育"区域教育文化，同时不断加大教育投入，创新教育发展机制体制，加快推进二七教育"品质化、信息化、国际化"发展进程，有力促进了区域教育高位均衡、优质特色发展。二七区充分发挥了作为"城乡教育高位均衡发展示范区"在河南省及郑州市城乡教育协调均衡发展中的示范、引领、带动作用。

目前，区属各级各类中小学共 78 所，其中幼儿园 8 所、小学 55 所、初中 9 所、九年一贯制学校 2 所、高中 2 所、特殊教育学校 1 所、职业学校 1 所；还有市属中学 13 所、企事业学校 4 所。在全国首届教育信息化区域应用典范推选活动中，二七区荣获"全国教育信息化创新应用典范区域优秀实践奖"，成为河南省首家也是唯一一家荣获此项殊荣的县市区单位。同时，二七区还被评为河南省首批中小学心理健康教育示范区、河南省 2014 年度生源地信用助学贷款工作考核优秀县区、郑州市创建省全民健身示范市工作先进单位，并在 2014 年郑州市县级政府中小学幼儿园建设工作专项督导检查中荣获第一名的好成绩，受到了郑州市人民政府的表彰。二七区教体局被二七区人大常委会评为 2014 年度二七区"人民满意的公仆单位"，这是二七区教体局近年来第 4 次获得这一光荣称号。

（四）二七区空间发展与布局规划

围绕郑州市建设"国际商都"战略，加快产城融合、城乡一体步伐，促进中心城区、城市新区、现代生态田园区三区融合、统筹发展，更好、更快、更科学地推进二七区经济社会发展，二七区组织编制了《二七区"产城融合、城乡一体"战略谋划》，以指导今后的产业布局、项目落地等经济发展方向。

此次战略谋划的主旨是：主动融入、服务郑州都市区建设，不断丰富完善发展思路，合理划分城市空间布局，充分发掘城市风貌特色，形成"两横两纵、三区、五大板块"的空间发展格局，涵盖中心城区、城市新区、现代田园生态区的城乡一体复合型城市形态。突出产业带动、城乡互动，实现市政基础设施、公共服务设施全域覆盖，彻底解决城市内部、城乡之间二元结构问题，形成"三区融合"的协调发展思路。

"两横两纵"：以大学路、京广路为主线的城市发展纵轴和以中原路、航海路为主线的城市发展横轴。

"三区"：中心城区、城市新区和现代田园生态区。

"五大板块"：二七特色商业区、高端医疗服务区、二七新区、马寨产业集聚区、美丽乡村田园生态区。

（五）二七区主体功能区划分

二七区依据城乡一体化建设的发展形势与要求，围绕郑州市"国际商都"建设，着眼于城乡生态对接、交通对接和产业对接，以中心城区有机更新改造、加快新区建设和城乡一体化建设为抓手，促进中心城区、城市新区、现代田园生态区三区融合、统筹协调发展，将二七区打造成为历史文化、新城风貌和田园生态交相辉映的现代田园城区。

1. 高密度的中心城区

中心城区作为现代服务业的首要载体和新兴产业链条重要的布局地，以文化、时尚、商贸、电子商务等高端业态，实现存量提档升级、增量高位起步，提供更加完善的城市功能和更优质的生活环境，激发主城区活力。

中心城区东至管城区界，西至嵩山路，南至南三环，北至金水区界，面积约 35 平方公里，主要包括二七特色商业区、高端医疗服务区两个板块。

（1）中心城区目标 A：二七特色商业区

中心城区目标 A 重在打造二七特色商业区。它的规划范围是北与金水区相邻，东与管城区接壤，南至陇海路，西至京广快速路，面积 2.17 平方公里。这里是中原历史文化传承区，百年德化步行街、二七纪念塔，历史文化品牌的保护、传承和发扬是发展的重点；同时，这里也是郑州国际商都的重要增长点和现代化高品质服务业形象展示区，所以，历史文化与现代商业文明的协调共进也是发展的关键。

从 2014 年起，全区在内环区共改造或预备改造 19 个项目，具体规划为 2014 年启动 12 个项目，2015 年启动 4 个项目，2016 年启动 3 个项目，坚持"三区"引领。打造火车站东广场的传统商业商贸区，西广场的高端商务服务区，以及二七广场、德化步行街的文娱休闲区三大核心消费区，大力提升传统业态。借助以正弘凯宾城、世贸商城为代表的中心城区市场外迁，实现城市形态更新、产业业态提升，打造"一街一园一中心"。以二七宾馆拆迁为契机，提升德化步行街百年老街品位，形成区域环境优美、地上地下空间互通、交通便捷的现代商贸中心。

（2）中心城区目标 B：高端医疗服务区

目标 B 的发展定位是高端医疗服务区，它的规划范围东起京广北路，西至嵩山路，南至陇海路，北至二环支路，面积约 7 平方公里。这一区域将依托郑大一附院、三附院、武警医院等丰富的医疗资源，大力发展医疗商贸、健康服务和医疗教育为主的医疗服务综合体，打造功能完善、服务品位高端，兼具经济、社会、环境效益的高端医疗服务区，成为中原地区医疗器械产品集散中心、河南省医疗康复服务中心、郑州市康复保健品经营中心。

（3）中心城区目标 C：万达升龙新商圈

目标 C 的定位是主城区商业次中心、城市功能提升区，它的规划范围北至陇海路，西与中原区接壤，南至南三环，东至二七区行政边界，面积约 25.83 平方公里。建设重点：加速商贸业提档升级，围绕二七万达广场、升龙广场、京莎广场等重大商业项目，优化各级各类商业设施的均衡分布；注入文化特质，形成有层次，集购物、休闲、文化娱乐、餐饮于一体的新兴商圈；围绕解决"服务群众最后一公里"问题，加快打造"10—15 分钟便民生活圈"，以"三级三类"便民服务中心为依托，构建全方位、多层次的公共服务体系。

2. 中密度的城市新区

城市新区是指南部城市副中心，主要定位是承接南部旅游功能的中转服务区，以文化及相关产业为主导的城市复合功能区，即：植入文化产业、时尚、娱乐、购物体验、互联网金融等都市型产业，成为郑州中心城区南部功能完善的复合组团。它的规划范围北至南三环，西至南四环，南至绕城高速公路辅道，东至二七区行政边界，总面积约 39 平方公里。

依据发展定位，这里的建设重点在于：大力发展电子商务，着眼互联网金融；着力提升物流业态，促进现代电子商务产业和物流业的品牌塑造；重点发展文化产业，培育设计创意、咨询策划创意和休闲消费创意产业，发展创意会展业、文化传媒业、服务外包业，建设区域性特色文化产业群；重点吸引区域性总部和研发、营销等职能型总部，大力吸引行业中处于领先地位的省、市民营企业在新区设立总部。

3. 低密度的现代田园生态区

这一功能区的规划范围是马寨新老镇区及二七区城市建设用地以外的西南农村区域，总面积约 82.2 平方公里，主要包括马寨产业集聚区和美丽乡村田园生态区两个板块。功能定位：省级产业集聚区和郑州市后花园，农民创新创业、吸纳人口、提高农民收入、改善农民生活的发展基地，以乐居、乐活、筑游、生态为主的西南部生态绿谷，实现生态、生产、生活高度融合。

（1）现代田园生态区——马寨产业集聚区

主要涵盖马寨新老镇区，规划区用地面积约 30 平方公里。主要功能定位：现代化食品工业区、高端装备制造业基地、科技创新基地，吸纳剩余劳动力和农民就业，承接中心城区人口疏散，成为产城融合的现代化新区。发展重点：依托老镇区及集聚区的发展基础，孔河北侧区域以食品加工、装备制造为主，孔河南侧以电子商务、现代物流、创新创业综合体等为主；新镇区以生态规划为切入点，以自然生态景观为特色，打造以居住、生态、休闲、时尚商贸为主的慢生活小镇（见图 1-2）。

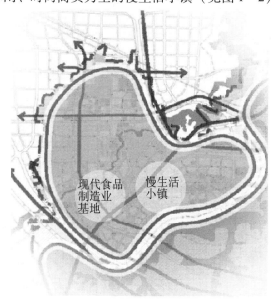

图 1-2　现代田园生态区之产业区

（2）美丽乡村田园生态区

主要涵盖二七区城市建设用地及二七新区、马寨产业集聚区以外的西南农村区域，面积约52.2平方公里。功能定位：郑州市近郊游首选地，区域黄金旅游线门户，都市慢生活休闲小镇，郑汴洛旅游集散分中心；新型城镇化格局下的现代田园城。

主要规划结构：三轴一带（生态田园轴、文化体验轴、绿色养生轴、生态休闲带），分区发展（生态绿谷休养区、主题公园乐享区、山林田园游憩区、文创农家体验区），十园多点（迎宾园、树木园、三养园、逸闲园、雅韵园、七彩园、樱花园、文溯园、地博园、樱桃园），有机相生，蓝绿交织（见图1-3）。

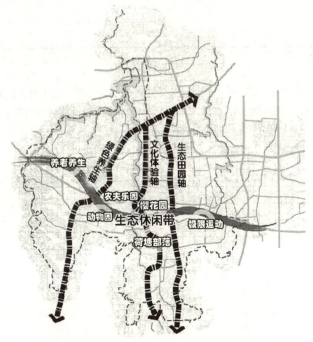

图1-3 现代田园生态区之三轴一带

发展重点：生态绿谷休养区（主要承担高端迎宾接待、生态度假、总部基地职能，把凤凰岛打造成城市高端生态客厅；以森林游赏、大众健身、植物科普为核心，把树木园打造成都市郊野公园；重点建设养心怡情园、养老产业园、养生休闲园，把三养园打造成以养心、养老、养生为产业主体的近郊健康型生态农庄)、主题公园乐享区（以婚庆、采摘、生态观光为主，把七彩园打造成都市休闲产业集聚区；以樱花园为主，发展滨水体验、樱花观光游赏与特色文化休闲产品）、山林田园游憩区（以丰富的生态资源为依托，打造山林田园与新兴产业相结合的游憩区）、文创农家体验区（依托文物遗址、商瓷、温泉、美食、民俗、文化、休闲等产业，打造文化创意农家体验区）。

全面落实、高标准完善实施"产城融合、城乡一体"战略谋划，重点突出了"改革创新增活力、投资开放蓄后劲、结构优化再升级、惠民富民求实效"的关键举措。谋划实施以来，取得了巨大的社会效能，有效凝聚了全区人民的向心力，体现了精准定位、精准实施、精准服务的高效理念（见表1-3）。

表1-3 读数据看成绩

关键词	具体数据
经济	树立"招大引强"理念，围绕主导产业，突出"大招商、招大商、选强商"，组织专业团队进行走访、拜访、洽谈，新签约郑州华贸商业中心、平安物流等26个重大项目，签约额达550亿元，为全区"三区融合"发展奠定了产业基础，增强了全区发展后劲和活力
土地	实现上报土地1070.2亩，批回土地1558.1亩，完成征收2937.8亩，储备土地3891亩，实现供地1870.7亩，土地出让金39.6亿元，土地储备、供应、出让居市内五区第一名。持续开展存量闲置清理整顿工作成效显著，在全市排名第一，受到市委、市政府充分肯定，在全市大会上做典型发言。全力做好永久基本农田划定工作，通过举证新增14833.7亩建设用地，为全区今后发展争取了更多的用地空间
规划	南部生态田园城发展概念规划已编制完成；侯寨总规修编和马寨新镇区控规正在抓紧完善，即将报批；《二七区"产城融合、城乡一体"战略谋划》取得初步成果，受到省委书记郭庚茂的充分肯定和亲自指导，最大限度实现了城市设计、空间布局、产业发展和项目建设的有机融合，促进了中心城区、城市新区和美丽乡村生态田园区"三区融合"发展

续表

关键词	具体数据
大棚户区改造	启动了盆刘、娄河等 8 个村庄 950 万平方米的实质性拆迁，在全市率先实现四环以内基本拆迁完成，四环到绕城之间拆迁过半。上半年新开工解放新村等 9 个项目共 186 万平方米安置房，程炉张河安置区一期等项目 30 万平方米安置房已竣工验收，刘砦和孙八砦一期等 5 个项目 113 万平方米安置房实现群众回迁，惠及 4409 户 12132 人，在全市率先实现政府主导项目先安置后拆迁，提前完成已拆迁群众回迁 50% 以上的目标
关键词：重点民生问题	启动"现代化教育名区"第二周期建设，新建中小学幼儿园 5 所，续建兴华街第二小学等 6 所学校，新增学位 4560 个；新开工建设保障房 1170 套，基本建成 1557 套，超额完成目标任务。完成城镇新增就业 14824 人，占年度目标任务的 68%。救助各类困难对象 4100 余人，发放各类救助、补贴 673.6 万元；新农合保障水平逐步提升，参合率达 99.14%

（来源：《郑州晚报》2015 年 7 月 23 日）

二七新区突出五个重点强力推进土地工作

一是摸底调查，对项目范围内土地、村庄情况进行详细摸底调查，掌握包括土地利用类型、面积、分布、权属等情况在内的第一手数据资料；二是专人负责，成立推进工作组，紧盯新城范围内已获省政府批复土地（涉及红星美凯龙国际家居博览中心、绿地滨河国际城、郑州电信枢纽大厦、康桥溪岸等项目），明确牵头领导及责任人，列出时间节点和推进计划，积极做好土地征收及招拍挂供应工作；三是提前筹备，积极收集整理全年建设用地计划上报工作的各类材料，待控规批复和全市 2014 年土地利用计划指标正式下达后，启动新增建设用地上报工作，确保用地报批高效推进；四是注重挖潜，专门成立国有土地谈判、收储工作组，倒排收购工作时间节点，积极做好国有土地收储工作，进一步盘活存量土地，实现集约、节约发展；五是积极运作，做好合村并城项目的土地征收及供应工作，确保新区内城中村改造项目顺利推进。

（来源：二七新区管委会　时间：2014 年 10 月 28 日）

总的来讲，二七区城乡一体化进程加快，都市区综合承载力持续提升；现代产业体系不断完善，新型工业化进程深入推进；都市型现代农业不断壮大，新型农业现代化实力明显增强；对外开放进一步扩大，开放型经济取得突破性进展；先行先试有序推进，体制创新激发更大活力。

2015年，二七区紧紧围绕国际商都建设，强化"品牌、品质、品位"理念，深化"三大主体"工作，统筹"五大板块"建设，突出"改革创新增活力、投资开放蓄后劲、结构优化再升级、惠民富民求实效"，有力促进了经济社会持续健康快速发展。投资开放蓄后劲，区域发展基础更加坚实。全面统筹抓重点，新型城镇化各项工作快速推进。产业集聚再升级，园区建设日新月异。惠民富民求实效，社会各项事业全面发展。优化环境强治理，大气污染被动局面逐步扭转。

二七区下一步将全面落实"三查三保"活动部署，坚持高标准完善实施"产城融合、城乡一体"战略谋划，更加注重创新创业氛围营造和载体建设，更加注重大棚户区改造和安置房建设，更加注重产业项目培育和实体经济品质提升，更加注重城市精细化管理和城市形象展示，更加注重大气污染防范治理，全面加快中心城区、城市新区、现代田园生态区"三区融合"协调发展，努力为全市经济社会发展多做贡献。

三、二七区教育发展面临的机遇与挑战

二七区在新型城镇化建设中快速推进，但城乡差异仍较为突出，全区建成区的面积占全区总面积的1/5多一点，其余4/5为城郊或农村。目前，新城开发建设全速起航，但农村地区在基础设施、公共服务设施等方面仍不够完善，城郊面积约有1/4转化为城区，发展相对滞后。

经济社会的发展制约着人才培养的规格和教育结构。在一定时期内，二七区经济结构的不协调影响了二七区教育的结构，如大、中、小学的比例不均衡，职业教育薄弱，业余学校的比例较小等。社会发展水平也影响着课程的设置及教学内容，如改变只注重知识课程的传统做法，强化与经济发展直接联系的自然科学和技术方面的活动课程，使涉及现代化内容的新兴课程得以在学校中萌发。经济社会的发展还影响着教学组织形式、教学方法的变革等。如二七区学校的教学实验仪器已完成"普九"达标，但现代化程度不高，教学组织中对现代科学技术的运用还不够充分和深入。辖区人口预计增多，对教育资源的规划布局、合理配置提出了新的要求。

总的来讲，二七区经济社会发展的水平对教育事业发展的规模和速度具有直接的影响和最后的决定作用。一方面，教育促进了经济社会的发

展，为二七区经济社会发展提供了重要的智力资源；另一方面，二七区的经济增长为教育协调发展提供了物质基础。由此，二七区教育呈现出机遇中暗含挑战，挑战中孕育机遇的发展势态。

（一）二七区教育发展面临的机遇

1. 经济社会的快速发展为二七区教育高位均衡发展提供了有力支持

经济发展的目标不仅是经济数量的增长，更重要的还在于经济质量的提高和优化，自然环境的改善和生态平衡的维护，以及社会、文化的整体进步和人的综合素质的提升。而社会、文化、人文精神的进步，绝非朝夕之功，它需要教育的持续投入和不断续力。因此，教育事业是事关经济社会发展后劲、核心竞争力的奠基工程，教育发展水平代表着区域经济社会的发展品质。当前，随着中原经济区郑州都市区建设以及二七区城乡一体化、全域城镇化的快速推进，二七区步入了经济社会转型跨越发展的关键时期，经济支持教育的能力不断增强，整个环境有利于二七教育持续健康发展。而经济的发展、社会的进步也需要足够数量的高素质劳动者、技能型人才和创新型人才，也依赖于教育发展水平的提升。因此，二七区社会经济的持续、快速、健康发展，为二七区教育发展提供了良好的机遇。

2. 信息技术的迅猛发展为加快二七区教育高位均衡发展提供了平台

新时期，信息技术是先进生产力的体现，它的发展必将对社会文化和精神文明产生深刻的影响。计算机仿真技术、多媒体技术、虚拟现实技术和远程教育技术日益广泛的应用，为学生的学习提供了多样性，亦使教师的授课方式呈现出立体化、全方位的样态。同时借助于互联网的远程教育，将开辟出通达全球的知识传播通道，实现全球范围内教师、学生之间的对话和交流，大大提高教育系统的运作效率，给学习者提供一个宽松的、内容丰富的学习环境和平台。这一系列的变化，将有力地促进全社会教育水平的普遍提高。随着云计算技术、三维打印、可穿戴设备以及各种移动终端的迅猛发展，信息技术已对经济社会发展产生了巨大影响，信息化的教与学模式正在被不断重新建构，"慕课""翻转课堂"等新的教与学方式的出现，对传统的教育模式和手段提出了严峻挑战，同时也为教育的均衡发展和教育公平的实现提供了难得的机遇。

《教育规划纲要》明确指出："把教育信息化纳入国家信息化发展整体战略，超前部署教育信息网络。到 2020 年，基本建成覆盖城乡各级各类学校的数字化教育服务体系，促进教育内容、教育手段和方法的现代化。"教育部印发的《教育信息化十年发展规划（2011—2020 年）》从国家发展战略的高度，对我国教育信息化发展提出了明确要求。近几年，二七区不断推进教育信息化项目建设，建成了"二七区教育信息网"，升级改造了"班班通"设备，教师对信息化技术手段的运用能力也得到了有效提升，二七区教育信息化取得显著进展。

信息技术为教师搭建了资源共享的平台，搭建了突破校际界线、时空距离，可随时交流研讨的平台，缩小了校际差异对教师个人成长的影响；信息技术为学生搭建了自主学习的平台，搭建了师生交流、生生交流的平台，使学生的个性化学习成为可能。因此，加快推进二七区教育信息化，已成为顺应时代发展潮流、促进二七区教育创新与变革、建设"现代化教育体育强区、名区"的重要途径和必然选择。

3. 教育对外开放战略的深入实施为二七区教育发展提供了强大机遇

随着世界多极化和经济全球化进程的加快，世界各国在政治、经济、文化、教育等方面的合作与交流日益频繁，对培养具有国际视野、跨文化交流能力、全球竞争能力的人才提出了更高的要求。《教育规划纲要》指出："扩大教育开放""坚持以开放促改革、促发展""提高我国教育国际化水平"。教育国际化发展已经站在了一个新的历史高点上。关于对外开放，《教育规划纲要》提出了许多新的观念、新的命题，是教育对外交流方面的又一次思想解放。（1）明确提出提高教育国际化水平，即教育国际化的问题；（2）提出开展多层次、宽领域的教育交流合作，特别强调加强中小学、职业学校对外交流与合作；（3）提出借鉴国际上先进的教育理念和教育经验；（4）提出培养大批具有国际视野、通晓国际规则、能够参与国际事务和国际竞争的国际化人才；（5）提出办好若干所示范性中外合作学校，探索多种方式利用国外优质教育资源；（6）提出有计划地引进海外高端人才和学术团队，引进境外优秀教材，提高高等学校聘任外籍教师的比例；（7）提出推动我国高水平教育机构海外办学；（8）提出建立高等学校毕业生海外志愿者服务机制；（9）提出增加高等学校外语授课的学科专业；（10）提出加强我国内地与港澳台地区的教育交流与合作，创新合作模式。

二七区正处于围绕"品牌、品质、品位"发展定位，全面转变发展方式，提升工业化、信息化、城市化、市场化、国际化水平的重要时期。教育是人才培养的核心平台，二七区需要进一步顺应经济社会发展的时代要求，不断扩大教育开放，借鉴国外先进教育理念和经验，开展多层次、宽领域的国际教育交流与合作，运用全球智慧和资源加快二七区教育国际化发展，实现二七区教育与世界教育发展的接轨和融合，培养出更多适应社会经济发展需要的，具有民族情怀、国际视野和全球意识的世界公民，为二七区经济社会的健康快速发展提供强有力的人才支撑和智力支持。

（二）二七区教育发展面临的挑战

教育程度的提高，激起了人们追求新生活的欲望，提升了区域居民的文明程度，"美丽二七"的区域愿景成为全区人民的共识；教育服务质量的提高，初步满足了辖区群众对优质教育的需求，好学校、好教师正是群众所期待的。但另一方面，教育资源和科学研究向生产能力的转换不够，知识创新向成果转化的力度不够，留住"土生土长"的人才、服务本土仍是需要解决的问题。

1. 城乡二元结构所导致的教育不均衡问题比较突出，城乡教育高位均衡发展的任务还比较艰巨

近年来二七区通过大力提高财政投入力度，使城乡学校在硬件设施、教育信息网络化等方面基本实现了基础条件均衡，但城乡教育在社区环境、办学资源、师资水平、文化建设等诸多方面仍然存在很大差距。随着物质的相对丰富，农村家长也在选择学校，因对本村学校教师配置或教师素质不满意等原因而转到城区学校就读的现象已经不是个例。个别偏远农村学校生源急剧减少，甚至面临无生源的境况。物质上的富裕，使重视教育的农村学生家长不仅对自己的孩子抱有较高的期望，同时也对学校教育提出了较高的要求。家长对孩子上高质量学校的选择无可厚非，这也是公民基本权利的直接体现。问题的关键是各级教育主管部门要拿出切实可行的办学方案，打破高质量学校布局不均衡的现状，以满足广大群众对基础教育公平的期待和要求。这就对农村教育与城市教育均衡发展特别是高位均衡发展提出了挑战，促进城乡教育高位均衡发展，将是今后相当长一段时期的主要任务。

2. 教育发展滞后于产业结构调整，教育服务、支撑经济社会发展的能力有待提升

马克思指出："要改变一般的人的本性，使它获得一定劳动部门的技能和技巧，成为发达的和专门的劳动力，就要有一定的教育或训练，而这就得花费或多或少的商品等价物。劳动力的教育会随着劳动力性质的复杂程度而不同。"这一论断表明，教育是使劳动力获得一定技能和技巧的条件，通过教育提高劳动力的质量，从而促使劳动效率提高和物质生产发展。科学是第一生产力。科学转化为生产力需要借助于某些具体的途径。教育是其中最为重要的途径之一，即用科学知识武装人们，不断丰富、发展、提高他们的知识水平以及从事生产劳动和管理的必备能力。经济的快速发展，需要与之相匹配的教育。长期以来，二七区以商贸业为支柱产业，但随着产业结构的调整和升级，文化创意产业、旅游业、商贸与物流业等现代服务业迅速发展，成为二七区经济发展的"新蓝海"、新的增长点。不断优化升级的"五大商圈"及"六大产业集群"打破了城区、城郊原有格局。产业结构的调整、升级和新兴产业的发展，让二七区教育面临着学校布局调整和人才培养类型与规格的优化、提升等问题。

3. 教育发展滞后于城市化进程和人民群众对优质教育资源的需求，优质教育资源供给能力有待增强

2015 年，二七区总投资 1.05 亿元，加快推进郑州市第八十一中学、碧云路小学、滨河花园实验小学、连云路幼儿园及漓江路幼儿园等 5 个市级中小学和幼儿园新建任务，其中，连云路幼儿园新建项目已竣工，其他 4 个学校建设项目正按照既定计划稳步推进；总投资 1.72 亿元，扎实推进长江路中学、长江西路小学、二七区鼎盛学校和二七区全民建设活动中心 4 个区级新建项目，目前所有建设项目已完成立项，实际进度与计划进度相符；稳步推进铭功路小学改扩建、郑州市第八十九中学改扩建、兴华街第二小学新建、樱桃沟小学附属幼儿园改扩建和侯寨小学附属幼儿园改扩建 5 个学校及幼儿园续建项目，其中，兴华街第二小学和郑州市第八十九中学一期教学楼已建成投入使用，其他建设项目正在加紧施工。

近 10 年来，针对区域优质教育资源不能满足客观的现实需求、学校间发展水平差距大等难以令广大群众满意的问题，二七区科学规划，合理布局，在扩充优质资源规模和增强辐射带动作用上下功夫，确保教育优质均衡发展。总的来说，二七区教育资源得到了有效整合。但随着二七区城市化进程的加快，城区框架迅速拉大，进城务工人员大量涌入，适龄儿童迅猛增加，二七区教育面临着学校的布局调整和建设滞后、大班额现象仍比较突出等问题，不能很好地满足人民群众对优质教育资源的需求。

4. 社会阶层的多样化导致教育需求多元化与教育发展同质化之间的矛盾比较突出，学校特色发展需进一步强化

近几年，随着大拆迁的完成和大建设的推进，以及二七城区产业转型升级和大量外来人口的涌入，二七区社会阶层构成日趋多元化。原住居民，城中村村民，外来务工人员，以及都市白领和高学历、高层次人群的多元融合，使教育需求呈现多样化态势。就区域内目前的教育布局而言，各学校在发展现状、课程设置、课堂教学手段等方面存在同质性的问题，各校难以形成各具特色的办学模式，难以创设丰富多彩的课程体系，难以构建灵活多样的教学方法。二七区教育面临着教育需求多元化与教育发展同质化之间的矛盾，如何有效推动二七区教育多元特色发展是亟待解决的重要课题。

第二章

郑州市二七区基础教育发展历史、现状与未来需求

　　党的十八届三中全会通过的《中共中央关于全面深化改革若干重大问题的决定》是指导未来我国全面深化改革的纲领性文件，其中明确提出了"深化教育领域综合改革"的任务。以十八届三中全会精神为指导，需进一步解放思想、解放和发展教育生产力、解放和增强教育活力，创造性地推进教育改革。基础教育是我国当前教育发展的重中之重，未来基础教育将朝向内涵发展、均衡发展、特色发展、生态发展转变。在这一新的发展过程中，基础教育发展的区域差异是一个不容忽视的问题。以河南省为代表的中部地区的经济文化和教育发展，与东西部地区有着明显不同，中部地区基础教育未来发展在区域、学校两个层面上的存在形态，也有着诸多不同于东西部的区域特点和城乡差异。因此，把握城乡差异对中部地区教育发展的影响，明晰中部地区区域教育发展的现状，对"我国基础教育未来发展新特征"研究有着重要意义。

一、近 20 年来二七区教育发展历程

　　教育是社会大系统中的一个子系统。作为一种社会现象，一种社会活动，教育与社会生活密切相关，其发展受一定社会的生产力和生产关系的矛盾运动制约，即教育依据社会经济、政治、文化等综合因素的发展而发展（厉以贤，2015）。近 20 年来二七区基础教育的发展历程和实践，可以划分为四个各具特点的阶段。

（一）1995—2000 年：落实"普九"阶段

　　这一阶段二七区教育的关注点是解决人民群众"上学难"的问题。由于经济、文化等相关因素发展相对较缓慢，教育的发展举步维艰。在落实"普九"的过程中，二七区通过认真组织和工作，小学的入学率、巩固率、普及率、毕业率均达到标准，1996 年 5 月顺利通过省市验收。同时，二七区注重办学体制改革，鼓励社会办学，对民办学校给予优惠政策，加快民办学校发展；大力发展职业教育和成人教育，逐渐扩大规模，基本达到无文盲区标准。

　　截至 2000 年，二七区共有各类学校 62 所，其中区直小学 12 所，马寨镇 9 所，齐礼阎乡 10 所，侯寨乡 20 所，厂矿、企事业单位创办小学 11

所。在校学生 34580 人，入学率、巩固率均达 100%。教师总人数为 2150 人，其中专任教师 1896 人，本科学历者 185 人，大专学历者 864 人。中学教师学历达标率 100%，小学教师学历达标率 99.9%。教师队伍基本满足了当时的教育需求。2000 年，在财政较紧张的情况下，经多方筹措共拨款 3422.2 万元，是 1991 年教育财政投入的 9 倍多。这有力地缓解了教育资金压力。1999 年 5 月，二七区教育达到"普九"巩固提高标准，开始进入"普九"提高阶段。

20 世纪末期是普及小学教育阶段，也称"普九"起步阶段。在这一阶段，教育经费有所保障，中小学教育基础设施得到进一步完善，民办教师逐渐减少，教师专业素质明显提高，基本解决了学生"上学难"的问题。这些都为区域基础教育的初步发展奠定了基础。

（二）2000—2008 年："普九"成果巩固提高阶段

进入新世纪，二七区教育发展的关注点有两个。一是城乡、区域、学校之间的发展差距问题。由于历史及诸多原因，二七区教育在办学水平和教育质量上存在城乡、地域和学校差距，与之相关的择校行为、不同群体获得优质教育资源的差异，以及有关政策如电脑派位、推优、特长生免试入学等方面，存在不公平、不合理因素。二是提高教育质量，优化教育资源。随着社会的发展、生活水平的提高，人民群众对优质教育资源的需求日益提高。

随着社会经济文化等各方面的发展，二七区教育无论在数量上还是在质量上均有了一定的进步和提升，截至 2006 年，二七区共有各类各级学校 68 所，其中小学 53 所（城区小学 21 所），幼儿园 2 所，初中 9 所（城区初中 3 所），高中 2 所，特殊教育学校 1 所，职业学校 1 所，在校学生 5.3 万人，专任教师 3098 人。在实现"普九"和高标准"普九"以后，二七区又不失时机地深入实施素质教育。如幸福路小学着力打造的"艺术教育"誉满全国，陇西小学"美乐爱"教育受到李岚清副总理的高度评价。二七区被省教委定为素质教育试点单位和学校活动课实验单位。同时，二七区还积极主动地加快了办学条件现代化建设的步伐，校校建起微机室，加大校园网、多媒体室的建设力度，购置大量教学软件，运用先进教育技术，创造多种适合学生的学习模式，创设优雅的教学环境，朝着质量立校、科研兴校、特色强校的方向前进，为培养基础扎实、特长明显、身心健康、素质全面的创新型人才而不断努力。

这一时期常被称为"后普九"阶段，实行教育先导发展战略，把教育作为先导性、全局性、基础性的知识产业和关键的基础设施。二七区以建设教育强区为目标，以创办人民满意的教育为己任，积极探索教育发展新思路，实施教育改革新举措。以调整教育结构为主线，优化资源配置，转换运行机制，改革人才培养模式，全面实施素质教育。在这一阶段，二七区各学校注重品牌建设，全力创办优质教育。

（三）2008—2010 年：区域教育均衡发展尝试阶段

这一阶段二七区教育的关注点有两个。一是以提高教育质量为目标，促进基础教育均衡发展。根据城市改造和人口分布变化趋势，调整各教育阶段学校布局结构。以布局结构调整促进教育发展，逐步形成符合城市功能要求、规模适度、结构合理、效益较高的基础教育学校布局。二是规范办学，缩小区域及学校差距。随着经济的快速发展和人民群众对优质教育需求的日益增长，教育发展不均衡，城乡之间、区域之间、学校之间存在明显差异，由此引发的教育选择和教育公平等问题已经成为人民群众反映强烈的社会问题。

经过二七教育人的努力和付出，这一阶段，二七区教育呈现出了良好的发展态势。截至 2010 年，二七区共有各级各类学校 71 所（城区 34 所，农村 37 所，其中幼儿园 2 所，小学 55 所，初中 9 所，九年一贯制学校 1 所，高中 2 所，特殊教育学校 1 所，职业学校 1 所），在校学生 55466 人，在职教师 3365 人。教育规模进一步扩大，学校种类进一步齐全，教学理念进一步更新，教育体制进一步优化。

推进义务教育均衡发展，必须依靠机制和制度创新。区域内义务教育的均衡发展，难点在城乡均衡，关键在农村。为了提升农村学校的"软实力"，2009 年二七区教体局独创了"一人双岗"教育模式，以破解城乡教育均衡发展难题。"一人双岗"是教体局在城市学校一线教师和中层干部中通过选拔机制遴选出德才兼备的教学业务精英，同时任职城乡两所学校，兼任两所学校的副校长，集四种角色于一身，即：农村学校的业务领导、城乡学校的联络员、联动工作的组织者、先进办学思想及教学新理念的宣讲者。通过这一举措，进一步缩小城乡教育管理水平、师资力量差距，促进城乡教育一体化发展。

随着时代的进步，人民群众对教育的需求也由"有学上"变为"上好学"，二七区教育由此进入区域教育均衡发展的新阶段。

（四）2010 年至今：区域教育高位均衡发展阶段

这一阶段二七区教育的关注点是促进教育事业高位均衡、优质特色发展。2010 年以来，二七区以创建"教育名区"为目标，突出"质量、品牌、服务"三大主题，重点实施"六名工程"及"教育基础设施建设工程""教学设备更新工程""基础教育普及工程""学习型社会创建工程""优质教育资源倍增工程"，着力打造二七教育名区、强区品牌，实现区域教育高位均衡、优质特色发展。

二七区始终坚持教育的公益性和普惠性，加大统筹管理力度，加快农村学校设点布局，提高农村学校的办学水平。做好外来务工人员随迁子女义务教育工作，妥善安排进城务工农民子女就近入学。大力发展高中阶段教育，把郑州市第七十四中学建设成为省级示范性高中，高中学生学业水平测试合格率达95%以上，并重点建设 1—2 个省级中等职业教育重点示范专业。加快发展继续教育，逐步构建全民学习、终身学习的大教育格局。基本普及学前教育，坚持政府主导和多元发展，努力增加公办学前教育资源，扶持和引导民办幼儿园健康发展，把发展学前教育纳入城中村改造和新农村建设规划。优化民办教育发展环境，坚持依法办学、规范发展，积极鼓励和支持社会力量兴办教育事业。改善特殊教育办学条件，不断提高残疾儿童义务教育普及程度。深化基础教育课程改革，完善教育经费投入保障机制。加快教育信息化建设步伐，完成"班班通"建设任务。切实加强师资队伍建设，每年引进 15 名高素质人才，优化教师队伍结构。加强学校安全工作，增强师生安全防范意识和自我保护能力。截至 2015 年，学前儿童受教育率和高中阶段教育入学率达到100%；新建、改扩建小学 33 所、初中 16 所（含九年一贯制学校 1 所）、中等专业学校 1 所、特殊教育学校 1 所，迁建、新建、改扩建幼儿园 23 所；新建中小学生校外综合实践基地 1 个、青少年活动中心 1 个；争取引进 1—2 所民办名校，打造 10 所在全省乃至全国有一定知名度和影响力的名校。

　　随着二七区教育的发展，"多彩教育"成为二七区教育的标识。2013年成功申报了中国教育学会"十二五"教育科研规划重点课题——"多彩教育推进区域教育均衡发展的理论与实践研究"，在课题的引领下，"多彩教育"的理论与实践都在不断地创新与丰富。在原有"一人双岗"用人机制的基础上，二七区又将全区城乡各校组建成10个中小学教育发展共同体，促进共同体内部校际协作共建。同时，积极探索并不断完善共同体内干部、教师队伍合理流动机制，促进全区教师素质整体提升，实现名优教师集群化发展，探索区域城乡教师一体化专业发展模式，打造教师教育知名品牌。为此，二七区创建了教师专业发展的"三三"模式，即由区名师培养中心、学区名师工作站、学校名师工作室组成教师成长三级服务平台，由名师工作室主持人、核心成员、发展对象组成教师专业发展三级梯队，由合格工作室、优秀工作室、示范工作室组成名师工作室三级攀升机制，激励全体教师共同成长，从而提升二七区教师的整体水平，为区域教育高位均衡发展提供条件。2011年，"二七区名优教师培养模式实践研究暨名教师培养'三三'模式"被确定为郑州市教育科学重点课题。目前，在"六名工程""三三"模式的带动下，一大批先"名"起来的学校、校长、教师等充分发挥示范带动作用，极大促进了二七教育的内涵式发展，为构建城乡、校际、各级各类教育之间共创共建的教育发展新格局奠定了坚实的基础。

　　这一阶段，二七区全面实施"六名工程"，在名学校、名校长、名教师、名学科、名学生创建等领域培育了一大批新的品牌，具有二七区特色的"多彩教育"品牌影响力不断彰显，在区域内基本满足了辖区居民"上好学"的需求。

二、二七区基础教育发展现状

　　总体而言，二七区基础教育改革与发展在不断探索和实践过程中继承与创新并举，巩固与延伸同步，传统与现代结合，取得了显著成绩。

（一）基础教育均衡初步实现

　　社会的和谐，需要教育的和谐。教育的和谐，基于均衡的发展。义务教育是教育改革与发展的重中之重，均衡发展是义务教育的重中之重。二七区是城乡二元结构非常典型的经济社会区域，也是名副其实的教育大区。高位均衡、优质特色发展是二七区打造教育高地的坚强基石，2009年，二七区教体局利用"一人双岗"岗位设置助推教育均衡发展，在科学决策和扎实推进中，使城市学校与农村学校、优势学校与薄弱学校管理品质同提升，教学质量同提高，彰显出均衡之美。

二七区在基础教育经费投入、教师工资待遇、学校硬件设施建设等办学条件均衡化方面取得了显著成效，为进一步推进基础教育均衡发展奠定了坚实的物质基础；同时，改革举措在加强师资交流互动制度、构建优质教育资源共享机制、开展管理体制创新等方面也初见成效，确立了发展方向，明晰了发展思路，做出了一系列尝试性探索，为基础教育由"外延式均衡"转向"内涵式均衡"创造了条件。

（二）课程改革不断深化

改革开放以来，我国基础教育课程改革全面推进，成效显著，具有中国特色的基础教育课程教材体系初步形成。基础教育课程改革与发展适应了我国教育改革总体发展的需要，对推动素质教育的全面实施，推动我国由人力资源大国向人力资源强国迈进产生了深远的影响，为探索和建构中国特色社会主义基础教育体系发挥了不可替代的独特作用，积累了丰富的经验（田慧生，2015）。二七区着力统筹规划全区学校的课程建设工作，认真组织课程建设的培训工作，加强对课程建设工作的管理和评价，充分发挥教研室对课程建设的研究、诊断、指导职能，引领课程建设的内涵发展。

长期以来，在基础教育领域，单一的、线性的教学模式限制了学生的探究意识和主动精神，在这种教育教学氛围的熏陶下，学生也乐于甚至"善于"被动地接受，就像一只处在哺乳期的幼鸟一样嗷嗷待哺，等待着食物被送来的那一刻。教学策略或教学模式至关重要，它不仅对学生的学习兴趣、学习习惯、学习效率有直接的影响，而且对教学效果也具有决定性影响。因此，采取科学、合理、新颖的教学方式就显得尤为重要。而目前传统的讲授式教学模式仍牢牢占据着课堂教学的主导地位。在采用传统讲授式教学方式的课堂上，回应教师提问的是大多数学生的沉默，某些时候，当教师给予学生自我学习的空间时，他们感受到的不是兴奋和自由，而是困惑和迷茫！在教学实践中，教师应该反思，而不是在有限的课堂时间内急于追赶课程进度，为了完成教学计划而在授课过程中忽略课堂的真实情境和学生的客观反应，在与学生的交流活动中缺少耐心和等待。比如，在课堂教学中教师提出一个问题后，没有留给学生充足的思考时间和机会。事实上，此时耐心的等待会激起学生想象的浪花、好奇的涟漪……耐心的等待之后，收获的或许是会心一笑和笑过之后的颔首顿悟。其实，学生并非欠缺主动探究的意识或能力，只是在教师一以贯之的讲授式教学模式下，学生习惯了、接受了这种被灌输的状态。科学本质的多样性要求教师不能把单一的科学结论直接教授给学生，而要引导学生探究科学的多样性。如果只把这些单一的结论教授给学生，那么会给学生带来种种不幸：一方面使学生形成被动学习、习惯"接受"的坏习惯；另一方面也导致学生产生"科学知识绝对正确"的误解（韦冬余，2015）。因此，对教师而言，教学的根本旨归并非知识的灌输，而是对学生发现过程的引导。有学者直言："青春期大部分是一种迷茫中的垂死，一种难耐的等待，一种对另一空间与时间，另一环境的渴望。"（艾斯纳，2008）我们的学生是否也在进行一种等待，等待一种更恰当、高效，更适合学生自我成长，与长期以来所接受的那种被动学习的方式不同的状况发生？我们需要从讲授到对话的转变。对话是在相互尊重和认同的基础上相互学习与倾听，是学习者从"听者"到"说者"，从接受知识到学会认知，从关注个体建构到强调社会建构，从知识学习到生命相遇的转变过程。这种对话不仅仅是共同体参与者间的对话、学习者与外在的"物"的对话，还是主体与自己，与文化、历史和生活的对话（陈宗章，2010）。

在二七区，课改理念已深入人心，学校校长、教师以及教育行政人员普遍认可新课程改革，尤其是学生学习方式和教师教学方式的变革，既对学生的成长和发展具有重要的奠基作用，同时也对教师个人的专业素养提出了挑战。此外，新课程改革所涉及的专项经费、教师培训、配套设施等基本保障措施都得了较好落实。尤为重要的是，在不断深化课改的过程中，管理组织架构的多层次性、教研模式的多元化、校本课程的多样化得到了很好的体现，"走出去"与"请进来"相结合的教育措施得到了很好的落实，这些都为深入开展课堂教学改革，打破"唯分数论"的评价理念，尝试质性评价方式等奠定了坚实的基础，并在持续推进素质教育方面取得了较为显著的成效。

（三）区域变革性实践有效开展

迈克尔·富兰认为："变革是一次走向未知的目的地的旅行。"变革的过程不仅复杂，而且充斥着无数的未知乃至种种意外，如政策的改变或被重新解释、关键人物的工作调动等，单一的学校变革常常陷入困境。因此，以区域推进的方式进行变革，增强变革的抗风险能力，是当前变革性教育实践模式研究的创新点。区域推进学校变革是一项系统工程，涉及政府、学校、社会等各方面因素，而各种因素又紧密联系、相互沟通、相互影响。要保证区域推进下的学校变革的成功，应在构建区域推进的道路上不断努力探索，积极创新。

二七区从完善教育发展的顶层设计入手，着力推进区域教育高位均衡发展，从 2009 年"突出'质量、品牌、服务'三大主题、实施'六名工程'、建设'现代化教育体育强区、名区'"战略构想的提出，到 2010 年将其上升为全区发展战略，正式启动"六名工程"建设，确立了三大发展主题，更新了核心发展理念，打开了前期工作格局，推行了一系列有效措施，为在区域层面推进基础教育改革与发展，提升学校教育创新力和教育质量提供了一条自上而下与自下而上相结合的变革性实践路径。在深入推进"六名工程"建设中，二七区在名学校、名校长、名教师、名学科、名学生创建等领域取得了显著成效。以陇西小学、幸福路小学、汝河路小学、淮河东路小学为代表的名校集群逐步形成，全区呈现出"一校一品牌、校校有特色"的良好发展局面。"六名工程"增强了教师的自我发展意识，推动了区域层面教师校际交流和互助，从而有力地促进了教师的专业发展，形成了区域教师发展共同体。此外，专业研究人员的参与也为区域变革性实践的展开提供了理论指导。在变革的全过程或某一阶段，专业研究机构中的专业研究人员的参与，可以帮助教育行政部门提炼区域理论研究成果，进行成果推广。这既保证了区域变革性实践的本土性、适应性，同时又避免了单纯由区域自主探索可能带来的盲目性、曲折性和低层次性。

（四）特色学校初步形成

二七区以思想道德教育为核心，全面实施素质教育，深入开展学校文化建设，不断提升学校内涵，涌现出了一批有亮点的特色学校。

郑州市第七十四中学的"理解教育"。该校以"理解教育"为办学特色，以"理解、和谐、发展"为办学理念，倡导师生走进"理解课堂"：师生之间相互理解，创建平等和谐型关系；教师之间相互理解，创建合作学习型团体；学生之间相互理解，创建合作文明型班级。在"理解教育"的理念引导下，该校还创建了物理学科"理解课堂"的教学模式。

兴华小学的"品质教育"。在"多彩教育"核心特征——多元共生、和而不同、优质特色、高位均衡的引领下，兴华小学以"品质教育，精彩校园"为办学理念，秉承"重品求质"的校训，育品格学生、塑品位教师、办品质学校。"品质教育"的内涵：注重品行、塑造品格、提高品位、打造品牌，提高素质、提升质量、优质发展，最终实现"发展学生，发展教师，成就学校"的美好愿景。学校从品质管理、品质德育、品质课程、品质研修、品质课堂、品质社团、品质家校联盟等方面对"品质教育"进行积极探索，树立学校品牌，形成名校气质，并将此确定为学校今后的发展方向。

汝河路小学的"和谐教育"。"和谐"是汝河路小学文化品牌的灵魂。"和谐"的意境高远，生命的和谐更是一种美好的状态。天人合一，万物融合，即为"和谐"。"合"是寻找"和谐"之道的过程，"合"是企及"和谐"意境的根本。在"和谐教育"中，找寻"合"之所依，遵循"合"之所道，彰显以"和谐"为核心价值取向的课堂文化。

淮河东路小学的"多彩教育"。学校秉承"满足多元需求、注重个性特色、追求多样和谐、成就多彩人生"的办学理念，尊重生命、尊重差异，把"多彩教育"理念贯穿于教育教学全过程，以素质教育为主线，以实现学生和学校的个性特色、全面和谐发展为追求，让学生具有生命意识、创新意识、责任意识、全球意识、生态意识，成为一个热爱生命、自主发展、敢于担当、快乐幸福的人，使丰富多彩的兴趣爱好和个性特长得到充分发展，为终身发展奠基。

建新街小学的动漫课程。动漫是学校实施"行知教育"，培养学生实践能力的特色抓手。学校也希望加大培养力度，在课程中突出动漫特色，并以动漫课程为载体，培养学生的创新精神。2011 年，学校在打造动漫特色时，将美术组与信息技术组合并为动漫组，并与省内知名动漫企业联合，为动漫组教师提供动漫专业课程培训。如今，动漫组 5 位专业指导教师分别在漫画、电脑绘画、定格动画、创意动漫制作等方面展现出自己的专长。此外，学校一直采取校企联合的方式推动动漫课程的特色发展，拥有较好的动漫专业资源。学校现有一间微机室、两间美术活动室和两间高规格的动漫工作室。

櫻桃沟小学的"户外磨砺"课程。为了营造可以使学生自主实践和自我体验的情境，锻炼学生身体、磨炼学生意志，让学生感受艰苦、体验艰辛，同时激发学生对班级、学校的热爱，增强班级凝聚力，强化团队意识、合作意识，形成正确认识自然、认识世界的人生观和价值观，作为二七区城乡学校"高位均衡 优质特色发展项目"共建学校，二七区外国语小学与櫻桃沟小学联手开发"户外磨砺"课程。该课程以户外磨砺为形式，以培养学生的爱国爱乡之情和锻炼坚定不移的品质为目的，使学生置身于综合实践课程中，让他们目有所视，耳有所闻，手有所触，心有所思，各种感觉器官均被激活，在自然与社会中感受和形成道德知识、道德信息、道德判断。

值得注意的是，目前这些学校还停留在打造亮点等浅层次的特色建设层面，在聚焦学校整体发展优势和潜能、渗透学校全局教育工作、形成学校品牌文化等深层次的特色建设方面还有待进一步深化研究和不断实践。

三、二七区基础教育存在的主要问题

教育均衡发展是基础教育的本质要求，是未来教育发展的趋势，也是教育改革发展的一项战略任务。我国基础教育发展不均衡主要表现为：群体间受教育机会不均等，区域之间、城乡之间、学校之间教育资源配置不均衡，各地基础教育发展的起点、基础和过程都很不相同。我国基础教育发展不均衡既有因经济社会发展水平有限及经济社会发展不均衡而产生的客观因素，也有因制度政策导向而产生的主观因素。可以说，区域经济发展不平衡是导致我国基础教育发展地区差异的深刻根源，城乡二元经济结构是导致我国基础教育发展不均衡的最直接根源。制度造成的教育内部结构性差距，既是教育发展不均衡的原因，也是教育发展不均衡的集中表现。这些因素都是由我国社会主义初级阶段的基本国情所决定的。当前，教育最突出的问题和困难，就是人民群众对于优质教育资源的强烈需求与优质教育资源的供给不足之间的矛盾，这是现阶段我国教育事业发展面临的基本矛盾。

区域教育发展不均衡的主要原因及表现有以下两点。

一是城乡发展差距。与我国持续近 30 年的经济高速增长同时存在的是城乡发展不平衡。分化的加大反作用于经济发展，导致社会的有效需求不足（联合国开发计划署的统计显示，中国 20% 的富裕人口占收入或消费份额的 50%，而 20% 的低收入人口仅占收入或消费份额的 4.7%），还会带来文化根基削弱及民意分歧等问题。国家统计局数据显示，2015 年上半年全国 27 个地区（除山西、西藏、吉林、黑龙江外）居民人均可支配收入，全国平均水平为城镇居民 15699 元，农村居民 5554 元，倍差（城乡居民收入比）为 2.83。

二是教育资源配置不均衡且优质教育资源严重短缺。经过改革开放 30多年的发展，"上学难"问题得以解决，然而，随着经济社会的发展以及各方公众对学校教育提出更高诉求和期望，优质教育资源严重短缺的问题日益凸显。各级行政部门应积极主动回应社会期待，落实党中央把教育放在加强社会建设和改善民生之首的战略部署，解决好教育的热点、难点和重点问题。

多年计划经济主导下形成的城乡二元结构，导致了教育资源配置的"城市中心"取向。这种取向造成的城乡教育差异目前同样有进一步扩大的趋势。特别是地处中西部的边远农村地区、少数民族地区，受地理条件和人口分布的制约，教育总量小、整体水平不高、优质资源分布不均衡及质量相对低下的问题至今未完全解决。具体到二七区来讲，中小学的空间布局不均衡，造成大量中小学生远距离和跨越城市主干道上学的局面，同时增加了城市交通流量，加剧了老城区道路拥挤状况。近年来通过撤校并校尽可能调整学校布局，一方面使更多学生享受到了优质教育，在一定限度内实现了教育公平，但另一方面又导致部分学生失学，加重了学生家庭的负担。面对发展极不平衡的中国国情，如何更妥善地应对还是一个有待解决的问题（邬志辉，史宁中，2011）。

二七区在推进基础教育改革与发展方面取得了一定的成绩，积累了一定的经验，同时，在区域推进基础教育改革与发展、促进学校教育改革创新、实现区域教育高位均衡发展的过程中也面临着一些深层次问题。

（一）教育投入有待加大

区域间经济发展的不均衡使得就业机会和收入水平存在差异，出于生计与发展的需要，大量的农村劳动力向就业机会多、收入较高和生活环境更好的城市流动。进城务工人员已经由原来的季节性流动转向常住化，携带子女到城镇生活的比例越来越高，随迁子女呈现出规模大、涌入速度快和分布集中的特征。随迁子女的涌入，必然会给城镇带来教育经费、学校建设和师资配置等方面的压力。如果把随迁子女全部纳入公办学校教育体系中，许多城市的教育资源将面临巨大挑战。此外，"全面二孩"政策实施后，特定区域内学龄人口的波动相对较小，但在城镇地区，全国各地原来普遍实施的是"一孩"政策，受生育政策调整影响的群体较大，并且城镇学龄人口原本密度就大，因此，生育政策所带来的新增学龄人口将会对城镇义务教育学校产生较大的冲击。如果新增学龄人口和人口迁移方向叠加在一起，共同作用于城镇地区，将会产生系列连锁反应，城镇地区将会面临空前的教育资源承载压力（刘善槐，2015）。

近几年来，随着郑州市城市化进程的加快，城市框架的迅速拉大和进城务工农民的大量涌入，城区适龄儿童迅猛增加。2012年，二七区中小学共有在校学生73743人，其中进城务工人员随迁子女30348人。小学招生人数为8335人，其中进城务工人员子女为3463人，占招生总人数的41.54%；初中招生人数为3138人，其中进城务工人员子女为1805人，占招生总人数的57.52%。[1] 尽管二七区下了很大的功夫，投入了大量人力、物力、财力来解决适龄儿童"入学难"和大班额问题，但区级财力有限，既要解决"有学上"的问题，又要解决"上好学"的问题，有限的教育投入还不能完全满足教育事业发展的需要，大班额问题短时间内难以得到实质性的解决。

根据相关规划预测，至2030年二七区需规划约11.17万个小学学位，6.70万个初中学位，3.73万个高中学位。这一客观需求的满足要求加快

---

[1]　参见《郑州市教育统计提要》《二七区学校现状统计信息》。

改革，加大投入，突出重点，加强基础教育，努力适应经济社会发展需要。因此，进一步完善资金和政策保障体系，一方面继续增加区财政投入，做到专款专用，并提供相应的政策支持，另一方面利用多种渠道和多种方式吸纳社会资金，获取社会力量多方面的支持，从而确保基础教育的长足发展，仍然是今后二七区教育事业发展的一项重要工作。

（二）教育二元结构有待破解

我国推进基础教育公平、实现基础教育高位均衡发展面临的最主要障碍是城乡教育二元结构问题。我国目前存在两种形态的城乡教育二元结构。一种是传统的城乡教育二元结构形态，它与新中国成立后形成的城乡二元经济结构和社会结构相对应，主要表现是城乡之间存在的巨大教育差距，城乡居民法定的平等受教育权不能得到保障。另一种是伴随城市化进程而产生的城乡教育二元结构的新形态。农民进城务工成为农民工，是对传统城乡二元结构的突破，反映了户籍制度的松动；但农民工是农民与市民间的第三个社会群体，是伴随着城市化进程新生的社会第三元，以此为基础，有学者提出"三元社会结构"的概念。当前，社会的三元结构日渐清晰，教育的"三元结构"也随之显现。这种教育的"三元结构"本质上是在城市内部形成的新的城乡教育二元结构，其外在表现是城市内部教育的双轨制，是对农民工及其随迁子女身份的制度歧视，是以流动人口为代表的弱势群体教育的边缘化（褚宏启，2012）。增强外来人口对区域的认同感和归属感，促进外来流动人口的市民化进程是有待解决的问题。

解决农村教育问题的关键是发展经济，尤其是发展县域经济。农村经济发展落后是农村教育问题出现的根本原因，中国近几十年的发展，在某种程度上说，是以牺牲农业和农民的利益为代价的。长期以来工农业之间的"剪刀叉"严重制约了农村社会生产力的发展，成为影响农业效益和农民富裕的主要制度性因素。由于农业发展缓慢，农民社会地位低下，农村教育自然也处于弱势地位。县域经济的增长将进一步加快农村经济的现代化进程，改善二元经济结构，扭转城乡居民收入差距不断扩大的趋势，为城乡统筹发展奠定坚实基础（郭燕聂，2008）。二七区既有城区又有农村，由于城乡发展定位不同，城市与农村在经济、文化、教育等发展水平上也存在诸多差异，城市主要发展工商业，农村主要发展农业。尽管近年来通过大力提高区财政投入力度，使城乡学校在校园硬件设施、教育信息网络化等方面基本实现了外在低位均衡，但由于长期以来受城乡二元发展体制的影响，城乡教育体系在社区环境、办学资源、师资水平、课程教学、学校管理、教育质量等多个方面仍然存在不小的差距，城乡教育发展不均衡问题还比较突出。尤其是城乡基础教育真正的内涵式均衡发展问题日益凸显，并直接影响了农村学校的教育质量和水平。如二七区城区学校地理位置相对优越，设备条件、师资水平以及生源均优于农村学校。而二七区乡镇中小学校无法实现集中规模办学，布局散乱，建设简陋，配套设施不齐，办学条件差，教学质量普遍不高，师资浪费现象严重，形成"小、散、多"的特点，且乡镇中学数量少，学生上学距离较远。

通过对学校校长和教师的访谈，课题组获知，教育质量的城乡差距往往是造成农村生源流失的主要原因。"能到镇上上学的不在村里上，能在县城上学的不在镇上上，甚至还有家长想方设法把孩子送到市里上学。"由此可见，在初步实现外延式均衡发展之后，基础教育必然要转向内涵式均衡发展，在师资、学科教学、课程、管理等多个方面依托农村教育新特点，找准农村教育发展定位，不断缩小城乡差距，实现真正的基础教育均衡发展。推进区域内基础教育高位优质均衡发展，仍然任重而道远。

（三）农村师资建设有待加强

大力发展农村教育是中国农村现代化的前提和基础。农村教育发展的重点是建设一支高素质的教师队伍。要着重提高农村教师素质，大力发展远程教育、继续教育，从而建设一个全民学习、终身学习的学习型社会。教育工作的重中之重是农村教育，农村教育工作的重中之重就是农村师资建设工作。

1. 农村师资队伍数量短缺

教师是教育资源中最为核心的要素。目前农村中小学师资队伍离基础教育发展对教师的要求还有一定差距，这种差距首先体现在教师数量上。河南省小学生师比农村为 23.5∶1，城市为 20∶1；初中生师比农村为16.5∶1，城区为 13.5∶1。由于农村地区地域广大，生源较少，班额较小，教师需求相对较大。然而教师编制配备与需求呈倒挂状态，导致出现总量超编，单位缺编的现象。调查中，某农村中心校校长指出："最大学校

1300 人，最小 64 人，1300 人分 38 名教师，20 多名支教教师。有特岗教师。师资这块按编制算都超编，但实际状况是不够用。"同时，教师编制数量不足带来的结果之一就是教师结构不合理：一方面是教师年龄结构不合理，农村学校普遍存在"两头大、中间小"的现象，即年龄偏大教师和新手教师远远多于中青年教师；另一方面是教师专业结构不合理，为开齐开全国家课程，往往是一名教师承担多门课程，带多个班级，并直接影响了农村教师的外出学习、培训等活动，因为"一个萝卜一个坑，（教师）不能离岗进行进修与培训"。此外，农村教师特别是骨干教师的外流，也是致使农村学校师资力量薄弱的又一关键因素。近几年，二七区在稳定和建设农村教师队伍方面投入了大量人力、物力、财力，为初步实现城乡师资均衡配置采取了一系列重要举措，农村师资流动问题得到了一定程度的缓解。但总体而言，农村教师队伍不稳定、流动性较强的问题没有得到根本解决，农村教师尤其是骨干教师、优秀教师流向城区的现象依然大量存在。某农村中心校校长指出："2001 年到现在引进教师 150 多位，10 年下来教师基本上换了一遍，基本上三年一翻。有一年 40 位教师走了 11 位，让人痛心。"另外，由于工作、生活、交通等不便带来的影响，新进教师流失现象也较为普遍，很多新进教师在得到业务上的提高以后就会想方设法离开农村学校，使得农村学校成为新教师的"实验场""练兵场"。而大量中青年教师的流失，又使农村学校的培青工作，尤其是培养骨干教师的任务变得十分艰巨。可见，农村教师大量的、不利的、单向的流动状况长期得不到改善，会直接造成农村学校教师数量的短缺及教学质量的滑坡，使农村基础教育质量缺乏根本保证。要实现教师的有序、合理流动，政府必须采取各种有效措施，多管齐下，标本兼治，引导教师多向流动，确保落后地区、农村地区和薄弱学校有数量充足、质量可靠的教师队伍，为基础教育的均衡发展打下坚实的基础。

总之，农村教师编制现状及其所带来的一系列问题直接影响并制约着农村教育事业的发展。在基础教育改革与发展的过程中，这无疑是一个不容忽视的问题，需要从多个方面入手，逐步缓解并最终解决这一难题。一方面，在现有条件下，不断促进城乡师资队伍交流和互动的常规化，努力提高其有效性，并吸引更多优秀教师人才自愿投身农村教育事业；另一方面，不断改革和创新教育管理体制与用人机制，确保从政策制度层面给予强有力的保障。

2. 农村师资队伍质量有待提升

目前农村中小学师资队伍的水平离基础教育发展对教师的要求还有一定差距，这种差距突出体现在教师队伍的质量上。在教师质量上，由于在收入水平、发展平台和晋升机会诸多方面存在显著差异，致使层级愈低的地区教师岗位的吸引力愈低。这在市场化的教师劳动力初次筛选机制中发挥着重要作用，最终使农村偏远地区的学校难以招聘到优秀的教师。为了应对不断增加的学龄人口，城镇学校会通过招考的方式从农村学校选聘优秀教师，使农村学校陷入"培养一个走一个"的师资培养困境，造成城镇学校对农村学校优秀教师的"二次抽离"。在教师数量配置上，以生师比为核心指标的教师配置方式使村（屯）小规模学校"标准上超编但实际中不足"，许多农村地区存在"一师一校""一师多科"和"包班教学"现象。此外，农村地区近年来出现了大量的寄宿制学校，而绝大部分地区未给学校核定相应的生活教师编制，其工作量只能由科任教师承担，教师工作量过大，教学质量难以保障（刘善槐，2015）。

在调研中，有学校领导指出："教师的整体素质是需要提高的，现在教师不能适应当下这种高强度、高素质和高期待的教育教学工作，经过教师岗位培训，教师的专业教育教学能力还不能有所提高，他个人工作痛苦，对学生的成长也会产生消极影响，致使学校教育工作效果不佳，直接影响教育事业的发展。"而部分教师则认为，在个人专业发展方面，新的教育教学理念等认识层面的问题往往通过培训等方式就可以得以解决，但在具体怎么做、做的对不对、哪些合理、哪些不合理等方面，急需专业引领，尤其是专家深入实践一线进行专业指导。这也从另一个侧面进一步印证了农村教师的专业素养有待进一步提高。因此，如何使现有师范教育培养模式培养出来的师资人才能够更快更好地进入教学、管理、科研工作状态，整体提升师资队伍专业能力和专业素养，建设一支高水平、高素质、高层次的教师队伍，仍将是一项长期而艰巨的任务。

（四）学校常态化改革尚需深化

作为二七区区域推进基础教育改革与发展、实现区域基础教育高位均衡发展的一个重要抓手，"六名工程"在全区范围内成为一种共识。经过了2010年的启动年，现在"六名工程"已经进入推进阶段，但调查结果显示，区域层面对"六名工程"推进过程中的具体问题，例如"名"的标准是什么、实施路径是什么、如何推进等仍然缺少清晰的认识和定位。同时，各个学校也多是依据各自对"六名工程"理念的认识和理解，致力于创建某一种"名"工程，"六名工程"在学校层面的规范化和常态化推进模式还没有形成，有待进一步深入探索。此外，各个层面的实施人员普遍反映，区域推进"六名工程"急需理论支撑和专业引领，并期待能够针对不同层面的实施者，开展与之相匹配的、较深层次的、具有操作性的、系统的培训，切实解决在"六名工程"实施过程中遇到的实际问题。比如，如何把教育管理、教育政策、促进教师专业成长、提高教师专业知识技能、打造优良教师队伍和构建校园文化等方面已有的研究成果，运用到教育管理、学科教学实践中。用开阔的视野、创新的思维、踏实的工作，提高教育教学质量，塑造学校教育品牌，提供优质的服务，将"六名工程"建设充分演绎，仍是急需解决的难题。也就是说，目前二七区教育的"六名工程"建设，更多地是在"摸着石头过河"。相关人员坦言："我们规划也规划好了，就是说这张图画好了，人也选好了，基地也建了，但是大家在干的过程中，路径还没有找到。我们明确知道要往哪里去，就是促进教育的高位均衡，要办优质特色学校，提供更好的教育，但怎么实现这个目标，怎样走这个渠道，走哪条路去实现它，目前还需进一步的深化和明确。"

（五）社会资源利用率有待提高

进入21世纪，我国开始了新一轮的基础教育课程改革，教育改革进入文化自觉阶段。"文化自觉是民族的自我意识，是对自身文化的自知、自省和自我超越的意识。其内涵包括三个层次：第一，文化认同，即认同自身文化。在了解和熟悉自身文化的基础上，明了自身文化的来历、形成过程、特色，并对自身文化的价值及文化样式予以认同。在民族文化认同的前提之下对自身文化的自知和自信。第二，文化反思。根据时代的变化和社会发展的需要，在与世界其他文化比较的过程中对自身文化进行反思。第三，文化超越。即在文化反思的基础上形成文化变革与发展的意识。通过文化变革与更新完成文化的自主适应，从而超越旧有文化。"（李广，马云鹏，2012）

二七区因纪念 1923 年 2 月 7 日的京汉铁路大罢工而得名，是郑州市商贸中心区，具有悠久的商贸业发展历史。辖区拥有工业部第五设计院、省交通勘测设计院等各类科研机构 21 家，郑州大学、黄河科技大学等大中专院校 13 所，全区文化馆、图书馆配备齐全。二七区在历史、商业、文化、教育等方面的社会教育资源较为丰富，拥有悠久的历史、厚重的文化。二七区拥有汉代民居邓公寨、明代周悼王陵、老奶奶庙旧石器时代遗址等众多历史遗迹，百年老街德化步行街、二七纪念塔、郑州烈士陵园等构筑了二七区独特的文化环境。同时，作为发展历史较长的老城区，辖区内中小学不乏建校历史悠久的学校，如政通路小学已建校 65 年，建新街小学已建校 52 年，陇西小学已建校 47 年，等等。这些学校伴随并见证了二七区的发展历史，积聚了深厚的文化底蕴，并与新时期的新建学校一起迎来了新的发展机遇。在越来越倡导开放式办学的今天，二七区中小学不论是从自身还是就外部环境而言，都拥有较为丰富的社会教育资源。问题的关键是：如何结合自身发展特点和优势，正确认识社区教育环境，深度挖掘社会教育资源，努力营造积极向上的家庭教育氛围，充分发挥学校作为文化中心、教育中心的功能，以利于区域教育高位均衡发展。这将是基础教育改革与发展的应有任务之一。

（六）招生考试制度改革急需完善

20 世纪 90 年代以来，城镇地区对于农村转移人口的歧视性制度有明显改进，逐步放开了一些基本公共服务。例如，在教育方面，农民工子女在城镇接受义务教育"两为主"政策的实施，打破了原有户籍制度的二元刚性，逐步缩小了外来人口与当地人口在义务教育阶段的公共服务差距。但这些改革还不彻底，尽管义务教育已经与户籍脱钩，在很多地区，农民工子女接受高中阶段教育、高等教育的机会或者与户籍严格直接挂钩，或者与户籍变相间接挂钩（褚宏启，2015）。因此，应进一步深化户籍制度改革，深入破解"二元性"社会福利制度，加快推进福利去户籍化，逐步实现户籍与城镇公共服务体系的脱钩，形成不以户籍为依据的城镇公共服务供给新机制。户籍制度改革的关键在于赋权和增利，要取消暂住证制度，全面实施居住证制度，建立健全与居住年限等条件相挂钩的基本公共服务提供机制（张林山，2015）。居住证持有人可与当地户籍人口享受同等的免费义务教育、平等劳动就业等基本公共服务，并可逐步享受同等的就业扶持、住房保障、养老服务、社会福利、随迁子女在当地参加中考和高考的资格等权利。当前，在户籍制度改革到位前，可以先行在教育领域开展学籍改革，将学籍与户籍脱钩（范先佐 等，2011），取消户籍对于报名资格的限制，建立健全以学籍为主的报考制度，建立健全包容性的考试招生制度，破除教育的双轨制与二元制，打破城镇教育体系的封闭性，城镇教育体系向农村转移人口全口径、无条件完全开放，保障农村转移人口在城镇受教育的机会均等。

新课改以来，考试评价制度的改革从未停止过，教育理论工作者和实践工作者不断探索、总结出了多种旨在促进学生成长发展的评价方式方法。二七区在不断深化课程改革，持续推进素质教育发展的过程中，也在学校评价、教师评价、学生评价等方面进行了积极探索，例如，试行初高中学业水平考试和综合素质评价改革、运用档案袋评价等。访谈中，教师普遍认可并赞同发展性评价理念，认为这既有利于教师专业提升，又符合学生素质发展需要，应该积极倡导并切实推行。调查显示，尽管发展性评价理念已经深入人心，但传统考试评价制度带来的问题并没有从根本上得以解决，"高考掐着高中的脖子，中考掐着初中的脖子"，学生、教师考试压力依然很大。正是因为有选拔性的考试、高考的压力，"减负"任务也无法得到有效落实。考试招生制度改革的社会环境和氛围仍需进一步优化，从而为此项制度的落实创造良好的条件。如今，教改已进入深层攻坚阶段，很多深层次的顽疾、痼疾逐渐浮出水面，较之以往，问题显得更为尖锐、复杂、难以驾驭。经过十几年的课改，我们面对的现实仍不容乐观，目前的教育体制、课程设置、学校制度、管理模式、教学方式对学生的束缚和限制太多，禁锢了他们的自由成长和自我发展。

值得注意的是，越来越多的教师和家长逐渐认识到学生综合素质发展的重要性，也越来越重视学生多方面能力素质的培养，这些都使得探索切实有效的考试评价制度，改革当前的中招、高考制度，摸索并建立一套科学合理的评价体制迫在眉睫。

四、二七区主体功能区教育需求分析

教育改革作为一种复杂的社会变革，受到理念、政策、体制、历史、经济和文化等许多社会因素的影响。中国的教育改革也不例外。回顾中国教育改革 30 年来的历程，能够充分地观察到这些因素的交互影响。任何教育改革在展开之前都必须对教育在当下所面临的社会政治、经济、文化背景及教育自身状况进行分析，把握诸多社会背景的变化所提出的教育需求，在此基础上才能对教育提出相应的改革举措。对教育改革 30 年来的背景认知传达出这样一个信息：教育改革的根本动因不在于教育自身，而在于社会经济和科技进步提出的客观要求。受制于这样的背景认知，教育改革明显具有一种外部驱动的特征：经济的发展变化对教育提出了新的要求，为了适应这种变化了的经济形势的要求，教育需要做出相应的改革；反之，改革和发展教育是促进社会经济增长的主要因素和条件，教育改革是为了更好地促进社会经济的增长。这主要是因为教育改革的需要在所有方面都以经济为基础，特别是当牵涉培养劳动力以及与别国竞争时更是这样。教育被描述为国家增进甚或是维持人们经济福利之能力的关键内容（石中英，张夏青，2008）。

二七区以构建面向二七区户籍人口和常住外来人口的公平、均等的义务教育服务体系为目标，加大教育投入，着力实施中小学新建、改扩建工程和优质教育资源倍增工程等教育重点发展工程，促进义务教育均衡发展；增强外来人口对区域的认同感和归属感，促进外来流动人口的市民化进程，构建义务教育均衡发展的机制。

（一）二七区整体发展对教育发展的需求

根据相关规划预测，至 2030 年二七区需规划约 11.17 万个小学学位，6.70 万个初中学位，3.73 万个高中学位。因此，二七区教育的发展需要在相关规划、法规的指导下，与社会经济发展相协调，优化教育资源配置，完善基础教育设施空间布局体系，加快改革，加大投入，突出重点，加强基础教育，发展职业教育，提升高等教育，努力适应经济社会发展需要。

一是区域教育需要主动适应城镇化进程，科学规划、合理布局，提高教育服务能力。科学合理地规划调整二七区中小学空间布局和规模，通过对办学条件和生源的分析，根据轻重缓急的原则，提出近、中、远期的基础教育布局调整规划及其实施步骤。整合规划范围内中小学教育的有形与无形资产，满足广大人民群众不断提升的生活需求，促进二七区基础教育持续健康发展。

二是教育与经济增长相互制约、协调发展。从经济增长到增加教育投入再到提高教育水平，继而进一步到经济增长，任何一个环节的不合理都会导致整个发展的不协调。因此，政府在制定相关政策时应理清相互作用的机理，从作用机制入手，提高有效性。区域教育需要进一步主动适应经济发展方式转变和经济结构调整，统筹教育发展的规模、结构、质量、效益。高标准、高质量普及九年义务教育，努力实现义务教育的均衡发展，为每一位学生提供相对公平的受教育机会。

三是区域教育需要主动适应产业结构优化升级和培育战略性新兴产业的需求，推进产学研用结合。统筹把握城乡结构，满足不同社会人群对教育的需求。以"内涵发展、均衡发展、特色发展、生态发展"促进二七区城乡教育一体化发展。

四是区域教育需要进一步深化内涵改革，增强教育创新力，扩大教育开放度，提升区域教育综合品质。面向经济社会的需求，继续深入扎实地培养学生的社会实践能力和创新能力，为区域建设储备大量的适应知识经济时代的劳动力和高层次的创新人才。

（二）中心城区对教育发展的需求

在二七区经济发展的大背景下，中心城区作为二七区经济发展的高地，其社会服务功能势必进行新的调整。

1. 老城区需深化教育改革，提升学校内涵品质

中心城区作为二七区的老城区，人口密度最大，区域内多分布科研机构、大中专院校、医院、高端商务单位等，人口知识水平较高，对教育的期待值高。该片区的学校大多为办学历史悠久的老学校，但也面临教育机制落后、教育人口流动性大、教育创新力不足、教育用地偏小等问题。因此，面对中心城区的经济社会发展形势，此区域的学校应以深化教育改革为核心，以凸显学校办学品质为重点，以增强办学创新力为突破口，满足城区人民群众对高水平教育教学质量的期待。

2. 根据主体功能区调整、优化、完善学校布局

围绕二七区特色商业区、高端医疗服务区、万达升龙新商圈三大发展

板块的建设，中心城区将以商业经贸、医疗服务、核心消费为功能定位开展设施设备的构建。2014—2016 年三年间进行的 19 个内环区域改造项目，将使中心城区的商用面积增多，民居面积减少。依据中心城区的这一发展形势，其区域内东北部的学校教育人口面临流失，学校布局将重新进行调整。如，依据《郑州市都市区中小学布局规划（2012—2030）》，在中心城区需迁建的学校有以下 3 所。

解放路小学：位于二七区解放路 78 号，占地面积 3917 平方米，有 11个教学班，在校学生 293 人。该校用地面积较小，在校学生少，生源不足，北临教堂，南邻解放路立交桥，东临二马路劳务市场、二七商圈等，发展受到限制。规划近期保留，远期迁建并入铭功路小学。

汉川街小学：位于郑州市延陵街 16 号，占地面积 2290 平方米，有 10个教学班，在校学生 362 人。该校位于二七商圈内，百年德化步行街附近，用地面积较小，在校学生少，生源不足。根据《郑州市城市总体规划（2010—2020）》，该校所在位置及周边区域土地性质将发生变化，没有居住用地，故规划该校近期保留，远期迁建。

苗圃小学：位于二七区苗圃街 429 号，占地面积 11950 平方米，有 18个教学班，在校学生 951 人。该校所在地被地方居民区、铁路所围，交通不便。根据《郑州市城市总体规划（2010—2020）》，该校所在位置不再有居住用地，故规划该校近期保留，远期迁建。

以这几所近期保留、远期迁建学校为代表的主体功能区调整、优化、完善学校布局的做法，将进一步优化区域规划和布局，促使主体功能区优化发展。同时，主体功能区的进一步优化又将反过来促进教育的进一步发展。

3. 中心城区城中村改造对教育布局的影响与要求

随着中心城区的城镇化建设、城中村改造的推进和城市的不断开发建设，城市的各项功能用地发生了迁移与转变，居住用地在规模、空间上均发生了变化。城中村改造后，二七区小学布局的不合理性主要表现为大部分小学集中在航海路、嵩山路、中原路、京广路包围下的区域，而在二七区与中原区和管城区的接合部及长江路以南区域，学校分布较少，出现大班额情况。如：兴华小学，平均班额 73.8 人；王胡砦小学，平均班额62.2 人。航海路与长江路之间以及长江路南侧是近几年二七区开发力度较大、速度较快的地段。随着小区的进一步开发和大量人口的入住，这里将汇集更多的生源，因此，这一地段的基础教育设施应未雨绸缪，及时配建。

4. 中心城区历史遗留问题对教育发展的影响与要求

由于历史和现实的种种原因，二七区部分中小学校存在布局不够合理、配套设施严重不足等问题，影响了教育质量和教育水平的进一步提高。

一是在辖区内老城区，城中村占据很重要的一部分，由于办学空间有限，造成一部分学校用地规模偏小等历史遗留问题。部分学校除普通教室外，音乐室、自然室、图书阅览室、科技活动室等配套设施不齐。由于用地规模较小，很多学校没有标准跑道及球类运动场，很大程度上影响和制约了学校正常的教学秩序。由于缺乏足够的室外活动场地和专业教室，学生的素质教育很难全面开展。近几年郑州市城镇化进程加快，学龄人口持续高速增长，而二七区学校周围开发建设受到限制，无发展空间。有的学校为了解决学生入学问题，缓解入学压力，在原有用地上增建教学用房或将音乐室、科技活动室等专用教室改为普通教室以满足需求，但整体生均用地指标并未增加。随着城中村改造的进行，虽然一些村庄学校拆除迁建，新建学校用地较为充足，且配套设施齐全，但仍有村办学校被规划保留下来，其中450平方公里范围内用地面积不足10000平方米的学校有16所，且用地面积在2000—4000平方米的学校仍然存在，周边并无发展空间。

二是中学局部不平衡。主要表现是大部分初中集中在中原路与陇海路之间，而在大学路、陇海路、京广路和长江路包围的区域中没有初中分布，导致部分学生上学距离超过1000米甚至2000米。目前，二七区中小学的空间布局不均衡，造成大量中小学生远距离和跨越城市主干道求学的局面。中小学的布局应随时根据城市发展、人口变动情况做出相应调整。

三是部分学校属于企事业办学，一般仅服务于系统内部子女，生源较少，且用地规模较小，往往位于单位家属院内，发展空间有限，如航海路小学、航院附小等。

因此，依据中心城区的发展状况，此区域的教育布局及发展面临以下需求。

（1）保留：对办学条件较好、空间布局合理、用地规模较大的学校予以保留。

（2）迁建：对办学条件不好、生源不足、空间布局不合理的学校或村镇学校，随着居住用地的迁移予以迁建。

（3）合并：对于办学条件较差、规模效益不佳的学校，可依据服务半径及空间布局上的要求就近并入其他学校，统一布局，节约教育资源。

（4）改造：改造分为两种情况。一是不改变学校类型，对办学条件一般，但布局较为合理的学校予以改造，在办学规模、校园环境等各方面进行全面提升。二是改变学校类型，根据布局需要，可将初中改为完全中学等，以满足片区需求。

（5）新增：对新开发的区域按照合理的人口规模及服务半径配置学校，新增的学校应从各方面满足学校标准化建设要求。

（三）城市新区对教育发展的需求

城市新区是二七区新建幅度最大、速度最快的一个区域。其功能定位是构建区域性特色文化产业群，形成以文化及相关产业为主导的城市复合功能区。在此区域，将建成大量中高档民居住宅，因此对高品质的新建中小学有着极大的需求。此区域将以中心城区的部分迁徙人口和外来人口为主，预计居民对居住环境、文化服务设施的要求较高，因此学校应配合区域的功能主题，突出文化建校，着力提升师生的文化素养。

但是，在城市新区建设中，由于城镇化进程加快，原有大量的工业、仓储用地置换成居住用地，形成了居住区，原有城中村进行拆迁改造，大量的低层住宅或者平房被拆建成高层住宅，户数和人口增加几十倍甚至上百倍，而周围的学校规模依旧，给学校造成巨大的就学压力，班额增加。二七区原有 19 个城中村，目前 17 个城中村已经做过城中村改造控制性详细规划，甚至已有城中村改造完毕，居民回迁。但是，辖区内原有的学校没有建设或建设数量不够、速度较慢，导致了新建居住区人口增多，而教育资源缺少的状况。

在城镇化推进过程中，一方面大量农村人口和学龄儿童转移到城镇，给城镇教育带来了巨大的压力，城镇学校生源不断膨胀，班级规模不断扩大，另一方面农村人口和学龄儿童不断减少，农村"小规模学校""微型班级"大量出现。城乡学校办学规模呈现出"城镇大班化、乡村空校化"的两极分化态势，我国基础教育进入了大规模学校与小规模学校并存的时代（范先佐，2014）。伴随着农村学校学生数量减少，集中化办学、追求规模效益成为主流政策选择，各地大力推进"撤点并校"，大量农村教学点、村小学等小规模学校被撤并。撤点并校在总体上提升了学校规模、教学质量、教学效益。与此同时，在某些地区，盲目撤点并校也带来了新的"上学远""上学难""上学贵"等问题。为此，2012年《国务院办公厅关于规范农村义务教育学校布局调整的意见》要求："坚决制止盲目撤并农村义务教育学校。已经撤并的学校或教学点，确有必要的应予以恢复。对保留和恢复的村小学和教学点，要采取多种措施改善办学条件，着力提高教学质量。"因此，此区域需加大学校建设的力度，尽快配备教育设施，以满足居民对教育的需求。

（四）现代田园生态区对教育发展的需求

现代田园生态区是二七区农村人口聚集区域。新型农村社区建设是统筹城乡发展的结合点、推进城乡一体化的切入点、促进农村发展的增长点。农村经济领域的产业结构、运行机制、供求关系、分配结构、资源配置、经营机制等方面的变革，以及社会其他领域各种结构性的变化，势必要求农村教育突破陈旧的教育观念和模式，迅速展开与市场经济相适应的发展与改革。

1. 农村教育要快速适应农村经济结构的调整及乡镇企业迅猛发展对劳动者素质的要求和对人才的需求

按照社会主义市场经济体制的要求发展市场农业，进一步解放和发展农村社会生产力，提高劳动者文化素质显得尤为必要和迫切，培养适应农村经济和社会发展需要的多层次多规格的人才，已成为当前农村教育综合改革的重要任务。

此区域的发展实际，对教育提出了新的需求：

一是必须坚持把教育摆在优先发展的战略地位，教育发展与农村经济建设和社会发展相适应并适度超前。

二是优化农村教育结构，实行农科教结合和三教统筹，侧重技术培训和成果推广，坚持为当地经济和社会发展培养人才，提高农村教育综合效益。

三是充分发挥各级政府、社会各方面和人民群众的办学积极性，建立与社会主义市场经济体制和政治、科技体制相适应的新的教育体制，建立良好的竞争、评估、调控机制。

四是坚持社会主义办学方向，全面贯彻教育方针，加强农村师资建设，全面提高农村教育质量和办学效益。

五是适当扩大职业学校办学规模，面对农村产业结构调整和乡镇企业蓬勃发展的现实，建立起适应本地经济和社会发展需要、规模合适、布局结构合理、水平较高的中等职业技术教育体系，教育内容应注重同农村经济和社会发展需求相结合，使农村教育在农村经济建设中充分发挥服务作用。

六是按照农村需要增开一些与本地经济发展联系紧密的选修课、科技活动等，培养学生的创造性思维，使学生具备创新精神和创新能力。

2. 新型农村社区建设带来的居民点大规模迁移，需要配套的中小学校重新布局

二七区乡镇中小学校无法实现集中规模办学，形成"小、散、多"的特点，布局散乱，缺乏有机统一安排，且数量繁多。乡镇小学生源少，建设简陋，配套设施不齐，办学条件差，造成教学质量普遍不高，师资浪费现象严重，学校发展参差不齐。现有中学数量少，并且学生上学距离较远。在城市建设尚未触及此区域的阶段，作为农村居民点的配套教育设施，这些学校有其存在的必要性；当城市开发建设深入此区域后，作为城市居住区的配套教育设施，这些学校应当接受改造扩建或迁建，以适应社会发展需求。而针对目前乡镇学校"小、散、多"、班级规模不够的现象，应集中统一安排，结合村庄改造，对现有学校进行"撤、并、改"整合，对规模小、缺少生源的学校进行撤销，对规模较小、有一定生源的学校进行合并，对一些生源丰富、有良好发展前景但小而旧的学校进行改建，从而达到节约用地、满足学生就学需求、提高规模办学效益的目的。

（1）马寨产业集聚区建设对教育布局的需求

马寨产业集聚区的功能定位是现代化食品工业区、高端装备制造业基地、科技创新基地；主要吸纳剩余劳动力和农民就业，承接中心城区人口疏散。区域常住人口近期为8.0万人，远期2030年为18.5万人（其中大中专院校人口4.0万人）。规划马寨镇居住用地总面积340.3公顷，占建设用地总面积的21.0%，人均居住用地面积23.5平方米。规划沿孔河两侧集中布局，形成约10万人的居住规模。东部新区布局居住用地以合村并城和休闲居住建设为主，形成约7.3万人的居住规模；四环路以北结合北部村庄合并建设为一居住小区规模，人口约1.0万人。

结合居住用地合理布局，优先升级改造马寨一中、马寨二中、向阳小学。按照设施共享和集约发展原则，镇域建设高中2所，高中生均占地不小于20平方米/人；按照2万—3万人设置一所36班规模初中标准，规划初中5所；按照1万—1.5万人设置一所24班小学标准，规划小学12所；规划九年一贯制学校2所。这一规划布局的实施，将有效满足马寨产业集聚区功能定位变化、人口急剧增加带来的入学需求，从而缓解新增人口的入学问题，为产业集聚区的进一步发展提供有力的保障。

（2）美丽乡村田园生态区建设对教育布局的需求

美丽乡村田园生态区以侯寨乡区域为主，主要功能定位于文化旅游。根据城乡统筹发展战略，侯寨乡将逐步消除城乡差别，除保留樱桃沟一个新型农村社区外，乡域人口逐步向城镇发展区集中，转变为城镇人口。因此，《郑州市二七区侯寨乡总体规划（2012—2030）》中的中小学布局主要集中在城镇发展区。

至2030年，城镇发展区人口约33万人。规划居住用地总面积为769.7公顷。各组团规划居住用地以新建多层、小高层住宅为主。在南四环、郑密路等交通干道及各片区的综合服务中心周边适度开发高层住宅社区；在金水河沿线与尖岗水库周边，依托良好的自然生态环境，适当建设低密度的高品质居住社区。

此区域与城市新区接壤，城镇化的发展程度预计较高，辖区群众对教育的需求较大较高。因此，依据《郑州都市区布局规划（2012—2030）》，在此区域设置小学35所，总用地面积60.3公顷，初中16所，总用地面积45.2公顷，同时规划保留原侯寨老镇区高中1所（53中），新建高中1所，用地面积7.6公顷。

总之，要满足新的教育需求，需要郑州市、二七区及各级教育行政部门的通力合作，通过沟通协商来解决目前的教育困境。只有通过整体布局、通盘考虑才能较好地解决问题，才能使各级各类学校解除后顾之忧，得到长足的发展。

第三章

郑州市二七区推进区域基础教育高位均衡发展的总体思路

《教育规划纲要》将推进教育公平作为教育的基本政策，将"区域内义务教育均衡发展"作为战略任务。目前，我国教育均衡发展取得了巨大成就，城乡免费义务教育全面实现，并向以加大教育投入、实施标准化建设工程为主要方式的办学条件方面的基础均衡迈出了重大步伐。然而，随着我国教育改革步入新的发展阶段，面对人民群众对优质教育的需求不断提高和我国教育在区域、城乡等维度上存在巨大差距的现实，如何更为科学地认识均衡的实质与内涵，区域教育发展究竟应该实现什么样的均衡发展，这些问题还需要我们做出必要的回答。

一、推进区域基础教育高位均衡发展的理念

随着我国免费义务教育的全面实施，使孩子有学上的问题基本解决，受教育机会的基本条件均衡已经实现。如何让孩子上好学，接受更优质的、适合自己发展的教育——实现教育高位均衡发展，成为亟待解决的另一重大课题。

教育高位均衡发展追求让教育阳光普照每个学龄儿童。首先，切实解决人民群众"有学上"的问题；其次，着力解决人民群众"上好学"的问题，因材施教，让每一个学生接受最适合的教育。"上好学"本质上涉及社会公平正义，是社会关注的热点，只有推进教育高位均衡发展，才能有效消除教育不公现象，彻底解决"上好学"的问题。教育高位均衡发展是让所有的孩子接受更多的优质教育，让所有的孩子能够在教育的润泽下自由、全面、健康、富有个性地成长。实现教育高位均衡发展，应在区域层面提升决策力、在学校校长层面提升领导力，在学生层面提升学习力，确立以"三力模型"推动区域教育高位均衡发展的战略，并牢固树立以下几个高位均衡发展理念。

（一）以人为本

以人为本既是科学发展观的本质和核心，也是教育事业发展的核心命题和基本价值取向。我们要树立以人为本的教育发展观，推动教育事业的科学发展，把教育的重点转向人本身，在教育过程中把人的全面发展放在中心地位，坚持育人为本（翟博，2011）。生命哲学认为，教育是一种滋

养生命的过程。要真正切入受教育者的生命从而塑造受教育者的灵魂，我们就应当赋予教育更多的"生命教育"的意蕴："真正将受教育者看作是一个活生生的人，而不是一个简单机械地接受知识的'容器'；要对人给以全面而充分的培养和教育，而不仅仅局限于知识和技术层面；要关注丰富而完满的人性及其培育，包括兴趣和爱好的培养，理想和激情的点燃，世界观、人生观和价值观的养成，情感和情操的熏陶，个性和潜力的挖掘以及想象力和创造力的培育，等等，而不是将人看作是无个性的人，并只关注对其进行智力方面的培养和训练。一句话，教育者首先应当面对的是人及其生命，然后再对不同的人及其生命进行人性化教育。"（孟建伟，2007）

以人为本的教育，要尊重和发展学生的个性。教育要面向全体学生，但教育对象的差异性又必然要求教师关照每个学生的特点，因材施教。优质的教育必然是个性化的教育，以人为本的教育要关注每个学生的个性发展。培养和发展学生的个性，是尊重生命多样性的体现。人的个性，每时每刻都在萌发、生长、成熟，没有片刻停息。压抑人的个性等于扼杀人的生命，以人为本教育的真谛就是尊重、呵护每个学生的独特性，充分发展每个学生的个性，让生命呈现出固有的灵动色彩、姿态各异的图景。以人为本的教育，要呵护和发展学生的灵性与创造性。创造是生命的本质，人类作为有意识的生命体，其生成不在于重复，而在于更新，在于不断地自我创造，生命过程的本质即是创造。教育应该激发学生创造的冲动，培养学生的创造能力，引领学生的创造方向。人的探究天性是创造的源泉，人的探究兴趣是创造的动力。我们的教育应该为学生提供宽松的氛围，民主、平等、和谐的环境；鼓励、激发、培养学生的批判精神和探索精神；建构科学全面的评价体系，生成滋养学生好奇心和旺盛求知欲的教育土壤；努力将创造意识渗透到学生的思维方式中去，将创造精神固化到学生的品行中去（姚姿如，杨兆山，2011）。

教育高位均衡发展秉承的以人为本理念就是促进从物本向人本转变，从应试教育向素质教育转变，从学历教育向终身教育转变，从倾斜城市的二元化重点发展向反哺农村的城乡互动协调均衡发展转变，从同质化发展向特色发展转变，从知识本位向生命本位转变；以满足人的需要，提高人的能力，促进人的个性自由发展，实现人的全面、协调、终身、可持续发展为使命，努力为每一个学习者提供公平优质的受教育机会和成人、成功、成才的机会；把近期"治标之法"与中长期"治本之策"有机结合起来，实现从以知识为中心到以人的终身、全面、可持续发展为中心的转型；牢固树立基于生命发展的教育高位均衡发展理念，从提升教育公正品质、构建终身教育体系和学习型社会、促进个体生命全面发展的高度，来审视、研究、规划、推进教育高位均衡发展。

（二）文化关怀

教育均衡发展的文化性和阶段性，决定了教育从基础均衡向高位均衡发展必须加强文化关怀，关注不同文化样态的影响，以文化为切入点与着力点，以系统论和文化生态学为主要理论基础，实现从强调有形物质投入到注重文化建设与发展的转型，以文化研究、文化规划、文化创新、文化建设、文化共享等推动教育高位均衡发展。

多元文化时代的到来，使城乡教育均衡面临新的机遇和挑战，我们应充分利用各种文化形态中的积极因素推进城乡教育的均衡发展。以我国传统文化为例，"和而不同"就对城乡教育均衡的实现具有重要的积极意义。当前的教育实践忽略了城乡教育及其参与者各自的实际和特点，忽略了城乡教育所处环境的文化差异，单纯用统一的标准和模式去考量。这会使城乡教育偏离自身发展轨道，失去自身特色与活力，从而破坏城乡教育的和谐发展。城乡教育均衡并不意味着城乡教育"无差别化"发展，我们应正视城乡教育参与者文化背景的不同，确立"和而不同"的发展观，为城乡教育参与者提供适合其文化特点的教育模式和内容，彰显城乡文化圈各自的特色和优势，对文化生态建设进行系统性加强，以保证城乡教育高位均衡的实现。尤其是对当前处于劣势的乡村，更要肯定其文化的独特性，尊重其文化价值（任朝科，2014）。同时，要注重潜在的文化影响，深化基本概念范畴、不同文化与不同类型和层次教育方面的研究；系统加强文化生态建设，汲取中西方传统文化精华，整合区域文化资源；重视家庭文化建设，加强学校文化建设，推动社会文化建设，打造和谐教育文化生态，优化教育高位均衡发展的文化环境，缩小区域、城乡、校际教育差距；科学制定教育文化规划，丰富教育政策公正内涵，健全统筹发展体制机制，探索高位均衡发展模式，建立教育高位均衡发展实验区；提升教育公正品质，扩大优质教育资源供给，充分发挥文化作用，推动文化教育互动共享、自主创新、特色优质协调发展，打造教育高位均衡发展的文化生态圈，整体提升文化生活现代化水平、文化竞争力和文化影响力、文化教育资本总量、优质教育资源的供给力，系统、全面、深入、持久地推进教育高位均衡发展。

（三）彰显特色

区域、城乡、学校教育各自不同的文化特点，不同区域、类型、层次的教育之间由于复杂的历史和现实原因而形成的巨大差距，人的发展的多样性对教育的多元化需求等，决定了教育高位均衡发展不能走标准化、同质化、一体化的道路。

不同区域、类型、层次的教育应在实现基础条件均衡的基础上，根据自身的优势、特点及经济社会与人的发展的需要，走优势互补和特色凝练提升的道路，找到适合各自文化特点，适合学生、学校、区域特色发展的道路，推进教育从基础条件达标的标准化建设阶段向不同类型、不同层次教育优势互补的质量提升阶段，向内部改革、自主创新的特色发展阶段转变，办最有特色的教育与最适合学生个性自由全面发展的教育，实现从同质化、标准化、一体化发展到特色化、优质化、多元化发展的转型，以增进互动交流、深化内部改革、创新体制机制、加强特色学校建设等推动教育高位均衡发展。如，对一所学校而言，个性鲜明的办学理念不仅具有凝聚力和向心力，更是品牌和核心竞争力，它渗透在学校工作的全过程和方方面面。从这个意义上说，特色学校的"特色"，其实就是这所学校办学理念的全方位物态化（徐新民，2013）。

优质均衡发展要求学校转向内涵式发展，走特色办学的道路，实现异质性、多元化的发展，为每一个学生提供适切的教育。特色办学需要一个过程，需要学校从特色探寻到特色培育，再通过特色提升，最终实现特色发展。特色办学是学校管理方式的革新，它重视学校发展的整体性、长远性和特殊性，重视管理方式的适切性和合理性，探索适合学校发展的路径与方式。特色办学更是学校管理理念的更新，它关注学校整体结构的调整、资源的调配，以及学校发展过程中特色发展的目标、策略、内容及途径等。特色办学是一个长期的、持续的、自觉的过程，除了需要依靠学校内部资源自主发展之外，还需要通过发扬民主、广泛采纳相关利益群体的建议来促进学校发展，使学校获得广泛认同，为学校发展提供良好的社会环境与支持（姜元涛 等，2014）。

（四）生态共荣

教育高位均衡发展不是把不同区域、类型、层次的教育看作孤立的单元，而是在"教育-文化"这一生态系统的整体框架下系统思考、审视教育的发展理念和发展道路。教育高位均衡发展把教育看作由不同区域、类型、层次的教育组成的教育生态和由传统文化、区域文化、城市文化、农村文化等不同文化样态组成的文化生态，两个生态之间相互影响、相互促进，共同构成了教育文化生态。

教育高位均衡发展就是充分关注由传统文化、区域文化、城乡文化、农村文化等组成的文化生态对由家庭教育、学校教育、区域教育、社会教育等不同教育类型组成的教育生态的影响，充分发挥市场、家庭、学校、政府、社会等方面的作用，以不同类型的文化建设推进教育生态系统的改革、发展、提升和完善。推动教育从主要依靠外部到深化内部改革的转型，实现内外结合互动。教育均衡发展既需要政府的外部供给又需要教育资源之间的有效整合，既需要扩大教育总量又需要深化教育内部改革，加快薄弱学校建设，打造高效生命课堂。实现从外在规范到内部自主创生的转型，需要政府推动与学校系统内部的深化改革内外互动、上下联动、有机结合，以深化教育教学改革、提升教师素质、改进师生关系、实施有效教学、彰显课堂生命活力、推动教育均衡发展。从推动被动发展到主动变革转型，既需要国家、社会的扶持，也需要不同区域、类型、层次的教育主体的努力，实现从外部政策、物质依附到内在文化自觉、特色创生转型，以主动积极的特色发展推进教育高位均衡发展。

在区域教育均衡发展实践层面，各个地区在探索中充分展现自身的实践智慧，形成了诸多既有同构性又有差异性的实践模式。从行政区划角度看，当下的实践模式大体有七种：淞沪模式、北京模式、沈阳模式、铜陵模式、湖北模式、浙江模式、山东模式。每种模式相互融合，并整合了诸多要素。总体上讲，各模式均处于探索初期，属于资源投入阶段，还没有形成自主造血功能。2008 年以来，国内大部分地区各自出台了义务教育均衡发展政策，这些政策举措或多或少地带有上述模式中的要素特征。这些政策选择背后的基本理念可以概括为"政府主导、集约优化、弱势补偿、利益共享"十六个字（张天雪，2010）。

二、推进区域基础教育高位均衡发展的原则

推进区域基础教育高位优质均衡发展是社会主义制度下教育公益性、普惠性的必然要求，也是推进教育公平的重中之重。近年来，随着举国上下的共同努力，我国义务教育均衡发展已经实现了从起点公平、资源均衡向优质均衡迈进。同时，我们仍要清醒地意识到在推进基础教育高位均衡发展的征程中，将会面临更大的问题和挑战，很多深层次的痼疾和顽疾将逐步浮出水面，这需要我们投入更大的勇气和决心。面对新形势、新问题，我们要坚持以下几个原则。

（一）坚持优先发展

"优先发展，育人为本，改革创新，促进公平，提高质量"是《教育规划纲要》提出的工作方针。教育优先发展是党和国家提出并长期坚持的一项重大方针，是中国共产党几代中央领导集体政治智慧的结晶，是马克思主义教育思想中国化的重要理论成果，是中国特色社会主义教育理论的重大战略思想，是推进社会主义现代化建设的战略抉择。"教育先行"理念源于联合国教科文组织国际教育发展委员会于 1972 年编著的《学会生存——教育世界的今天和明天》一书，该书在论述"教育先行"时指出："第一点所要讲的是，多少世纪以来，特别在发动产业革命的欧洲国家，教育的发展一般是在经济增长之后发生的。现在，教育在全世界的发展正倾向先于经济的发展，这在人类历史上大概还是第一次。"（转引自曹寄奴，2011）

教育优先是由教育的基础性、长期性、长效性特质所决定的，教育不是权宜之计，而是百年大计。坚持教育优先发展战略，"一方面大大提高了人们对教育地位与作用的认识，使中华民族古老的尊师重教意识重新觉醒，从而在全社会范围内树立起优先发展教育的崭新观念。另一方面，也激发了举国上下重视教育、发展教育和投资教育的巨大热情，促进了各级党和政府、社会组织团体、企事业单位和广大人民群众落实教育优先发展

战略地位、实施科教兴国战略的具体行动，使我国教育事业的改革和发展呈现出一派新的景象"（俞家庆，于建福，2001）。

在设计教育主体功能区整体规划时，应该把区域内的教育布局作为优先考虑的因素，切实保证教育规划优先、投入优先和政策优先，教育应适度超前发展。也就是说，区域教育需要主动适应甚至引导城镇化进程，科学规划、合理布局，提高教育服务能力，使其既能满足当前普及九年义务教育的需求，又能适应基础教育未来发展的要求。同时，教育配套建设的数量和质量必须监督到位、保障到位、建设到位。保障教育优先，除了履行政府责任之外，还要依法健全激励和扶持政策，充分发挥市场机制的引导作用，营造氛围，让全社会关心教育事业，鼓励社会力量组建适合群众个性化教育需求的教育组织和机构，扩大社会资源对教育的投入，促进民办教育和其他社会力量办学的发展，形成公办教育和民办教育优势互补的共同发展格局。同时，加强对民办教育的监督、引导，以促使其健康、持久地发展，从而确保基础教育持续健康发展。

（二）坚持优质均衡

义务教育优质均衡发展，不只是义务教育发展方式的转变，更是义务教育价值取向的调整，是为了实现所有人所有可能方面的发展。它始终应是一种大视野的教育发展观，不能局限于一些学校、一个地区、一段时期、一个环节和教育一域。义务教育的优质均衡不是"为均衡而均衡"，而是"为教育而均衡"，为促进人的发展而均衡。而人的发展又不是抽象的，它需要考虑人性的本然之维，更需要结合社会的形势与需要。而且，从实施的角度看，我们也要处理好教育与社会其他领域发展的协调关系。优质均衡不是政策修辞，不是一般性的行政工作，也不是政府对于人们的恩惠，而是一种法律要求，是政府的责任（陈学军，2012）。

坚持教育优质发展和均衡发展统筹协调，推进教育由基本均衡向高位均衡发展。政府发展教育，要按照"保基本、兜底线、促公平、上水平"的策略，全力保障人民群众平等享受基本的教育权利，实现办学条件标准化、入学机会均等化、优质教育资源共享化。通过发挥优质学校的辐射带动作用，提高整个教育体系的水平，促进教育均衡发展，不搞削峰填谷式的均衡。推动教育集团化、学区化、信息化协同发展，推动区内外优质教育资源合作办学，实现一般学校的整合升级发展。教育部原部长袁贵仁在题为"深化教育领域综合改革，加快推进教育治理体系和治理能力现代化"的讲话中提出，要创新学校管理模式，鼓励强校带弱校，组建教育联盟，推行学区一体化管理。教育部 2014 年工作要点中明确提出，通过学区制、学校联盟等有效途径不断扩大优质教育资源。同时，区域教育需要进一步主动适应经济发展方式转变和经济结构调整，统筹教育发展的规模、结构、质量、效益。高标准、高质量普及九年义务教育，努力实现义务教育的均衡、优质、多彩发展，为每一位学生提供相对公平的受教育机会。加强城乡教育一体化发展，进一步强化倾斜政策和机制，结合原农村地域功能区建设与开发，高起点建设功能区的配套学校，适度提高新区学校的教师待遇和发展机会，加快提高农村地区教育发展的水平，以高水平发展促进教育公平。

（三）坚持文化引领

文化的本质在于"人化"，它是为某个群体内的成员所共同拥有的价值取向、情感倾向和行为方式的总和。而学校文化作为一种亚文化，是学校内部形成的，为其成员所共同遵循并得到同化的价值取向、情感倾向和行为方式的总和。

当前，在促进内涵式均衡发展，全面推进义务教育均衡发展的大背景下，需要学校全面实施素质教育，深化课程改革，而这些工作都需要有相适应的学校文化作为精神支柱（钱玲，王锐，2012）。区域教育需要主动适应产业结构优化升级和培育战略性新兴产业的需求，推进产学研用结合；统筹把握城乡结构，满足不同社会群体对教育的需求。以"内涵发展、均衡发展、特色发展、生态发展"促进二七区城乡教育一体化发展，坚持育人为本，强化文化育人，贯彻"文化强区"战略，培育良好的区域教育文化，营造富有文化营养的教育教学环境，增强人才成长的正能量。加强教育机关文化建设，领导干部以身作则，带动全区形成尊重教育规律、尊重学术精神、尊重教师主体地位的主流文化。加强学校文化建设，提升教师的价值感、尊严感和幸福感，以教师的文化品位和人格魅力引领学生成为有较高文化内涵的青年公民。

鉴于二七区的发展历史及在城市建设格局中的区位状况，应大力落实文化强区战略，着力强化文明城区建设，按照全区域城市化和现代化的标准提升治理能力和水平，把各个功能区的文化建设作为功能区发展的基础性任务，用高尚文化引导人，用高尚文化品位提升未来教育需求层次。对于区域教育文化建设，要建立自上而下的尊师示范机制、科学民主的教育决策机制、人文务实的政府工作作风，树立文化形象，引导公众舆论，形成良好的区域教育文化。以文化引领教育发展，能够充分激发教育体系内在的发展活力，引领教育走上自主发展的轨道。这就要求转变政府行政管理职能和作风，改变以行政指令推进教育发展的行政化发展模式，尊重教育规律，尊重教师的主体地位，在重大教育问题的决策中建立民主机制，赋予教师更多的话语权。这对学校文化的建设具有引领作用，而学校文化是一所学校的灵魂之所在，对于学校的办学行为起着巨大的精神动力作用。学校文化虽然对学校成员的行为活动没有明文规定的硬性要求，但是却能从价值观念上提出一种理性的韧性约束，它构成了学校生存、发展中最稳固且最有活力的基础。学校文化作为一种"隐性课程"会影响学校规章制度的制定，影响校长的管理和决策，影响教师的教学行为及学生的发展，它以一种无形胜有形的力量影响和制约着学校中的每一个成员，最终影响到学校的发展。义务教育均衡发展的核心是均衡，目标是发展，只有创设良好的学校文化，改变学校文化系统内各行为主体在价值取向、情感倾向和行为方式上不符合时代要求及教育均衡发展要求的方方面面，在校长正确价值观的统领下，各方力量同心同力，共同营造有利于学校发展、师生发展的文化软环境，激发学校发展的活力，走义务教育均衡的内涵发展之路，才能够真正促进均衡与发展的实现（钱玲，王锐，2012）。

（四）坚持活力创新

教育改革创新是教育发展的活力之基、动力之源。没有广大教育工作者高度的主体性，教育创新就无从谈起。因此，必须坚持解放思想，坚持深化改革，把教师的主体性充分调动起来，百花齐放，百家争鸣，以充满活力的教育创新解决教育发展中的难题。

当前的教育改革更加注重改革的系统性、整体性和协同性，切入制度层面、利益调整层面和自我革命层面等深层问题，触及转变政府职能、缩小收入差距、打破部门垄断、强化权力制约等一系列"硬骨头"问题，越往后越需要啃"硬骨头"。必须推进理论创新、制度创新、科技创新、文化创新,不断破解前进中的问题。深化办学体制、教育管理体制、招生考试制度、现代学校制度和教育教学改革,创新人才培养模式、教育投入方式和教育评价制度,进一步激发教育发展活力,促进教育的可持续发展。推动国内和国际教育合作与交流向更深层次、更高水平、更宽领域拓展,促进教育协同创新发展。深化教育体制改革,建立依法治教的现代教育治理体系,实行管办评分离,明确政府、学校和社会在教育发展中的法定权责,制定权力清单、学校章程和外部评价机制,实现政府依法管理、学校依法自主办学、督导部门协同社会第三方机构独立评价的现代教育治理,保障教育可持续、高质量、有活力地发展。区域教育需要进一步深化内涵改革,增强教育创新力,扩大教育开放度,提升区域教育综合品质。面向经济社会的需求,继续深入扎实地培养学生的社会实践能力和创新能力,为区域建设储备大量的适应知识经济时代的劳动力和高层次的创新人才。

三、推进区域基础教育高位均衡发展的路径

实现区域教育高位均衡发展已成为当前政府和人民群众的普遍愿望。区域教育高位均衡的实现,有着重要的现实意义。其一,为实现区域基础教育优先发展战略及增强区域基础教育整体实力提供保障;其二,为化解学校布局、教育资源合理配置与城市现代化进程之间的矛盾提供条件;其三,为解决优质教育资源供给与群众需求之间的矛盾提供平台;其四,为区域基础教育投入与教育发展需求相适应提供制度保证;其五,为进一步贯彻落实素质教育目标和实现新课程理念提供理论指导与实践保证(孟晓冬,2011)。在推进区域基础教育高位均衡发展的过程中,要注意把握以下两点。

(一)教育高位均衡发展:从基础均衡走向高位均衡

义务教育高位均衡发展不同于义务教育均衡发展。义务教育"一般"均衡发展是"高位"均衡发展的基础。通过对发达地区义务教育高位均衡发展实践的分析可以发现,实施高位均衡发展战略的地区大多已完成义务教育现代化建设,是在此基础上提出高位均衡发展的。义务教育高位均衡

的核心内涵是"优质""公平"，注重内涵发展。义务教育由外延发展向内涵发展转型，由粗放型管理向精致型管理变革，由素质教育基本实施阶段向全面实施素质教育阶段推进，由义务教育局部的高质量向全面高质量跨越，注重通过走内涵式发展道路，提升义务教育的"优质""公平"质态。因此，义务教育"高位"均衡发展是义务教育在实现一般均衡条件下，通过聚焦教育教学的"优质""公平"，着力进行内涵建设，促进义务教育高水平可持续发展，主要在学生受教育机会均等、教育质量全面提升，教师资源、管理水平、办学条件优质均衡，以及学生、家长和社会的满意度等方面起示范作用（范梅青，2011）。

在物质条件基本达到的情况下，教育的差别不再是物质条件的差别，而主要是办学观念、学校文化、育人特色等方面的差别。教育高位均衡发展不仅仅是数量的扩张、规模的发展，也不是限制教育的高质量区域、高质量学校和高质量学习成绩的学生发展，而是追求不同区域、类型、层次的教育共同发展，鼓励不同区域、类型、层次的教育，使所有学校都能实现个性特色发展。教育高位均衡发展是实现办有特色的教育与为学生提供最适合其个性协调可持续发展的教育的有机结合，近期"治标之法"与中长期"治本之策"的有机结合，薄弱学校改造与扩大教育总体供给的有机结合，政府外部推动与学校内部系统改革的有机结合。它更加注重内外结合、上下互动，更加注重通过深化内部改革来强化特色引领，更加注重资源共享，推动互动协调、和谐共生、特色优质均衡、健康可持续发展。

高位均衡发展是一个长期的、动态的、辩证的、螺旋式上升的历史发展过程，旨在追求一种更理想、高效、优质的教育状态。这一过程由不均衡逐渐走向均衡，然后均衡再次被更高一级的发展需求打破，出现新的不均衡，并在更高层次上再次从不均衡走向均衡。走向高位均衡既是社会主义社会发展的本质要求，也是基础教育内在品质的客观诉求，更是实现人的自由、全面、健康发展的根本需要，是实现教育均衡发展的理想追求。

教育高位均衡发展是一种全新的教育理念和教育发展观。"这一发展观的实质代表了最广大人民群众的根本利益；这一发展观的核心是教育的民主化、公平化，也就是尊重每一个学生接受优质教育的权利；这一发展观的最主要内涵就是合理配置教育资源，全面提升教师群体的素质，办好每一所学校，教好每一个学生。"（翟博，2010）教育高位均衡发展不仅追求有形的物质层面的均衡，还追求文化、精神等无形层面的均衡与特色；不仅追求起点、过程公平，更追求结果公平，是有形与无形、起点和过程与结果、数量与质量、局部与整体、静态与动态的统一，旨在追求并实践教育公平理念。区域教育高位均衡是一个复杂的系统工程，是教育的历时形态与共时形态有机结合，整体推进。

历时形态主要包括三个阶段：

一是就学机会公平阶段，即"有学上"的教育机会均衡。

二是就读优质学校的机会公平阶段，即"上好学"的教育机会均衡。

三是充分参与教育过程的机会公平阶段，即"按需选学"的教育机会均衡。

共时形态主要有四层含义：

一是全面发展，即教育要面向全体学生，促进学生全面发展。

二是协调优质，即规模、结构、质量、效益的协调发展，质量全面提升。

三是多元特色，即优势互补、资源共享，不同区域、类型、层次的教育特色发展。这要求在区域层面提升决策力，在学校校长层面提升领导力，在学生层面提升学习力，以"三力模型"推动区域教育高位均衡发展。

四是和谐生态，即不同区域、类型、层次的教育各安其位，构建终身教育体系，维护教育生态，促进人、教育、社会、自然和谐和可持续发展。

由此可以看出，以"三力模型"推进区域基础教育高位均衡发展不是要求各学校整体划一、齐头并进，更不是要求所有学生达到完全相同的发展程度，而是通过提高教育行政决策力、校长领导力、学生学习力，促进在区域层面上呈现出的"多彩教育"形态、在学校层面上呈现出的优质特色形态和在学生层面上呈现出的"每个人都成为最好的自己"的形态，也就是各个方面的共同发展状态。在城镇化背景下，二七区推进区域基础教育高位均衡发展的基本思路，就是从基础均衡走向高位均衡。

（二）以"三力模型"确立教育高位均衡发展的路径

通过研究，课题组构建了"三力模型"，刻画了中国基础教育未来发展是一个由宏观、中观和微观三种存在形态及三个层次的要素组成的整体系统。其核心在于教育主体功能区的构建（见图3-1）。

"三力模型"揭示了中国基础教育未来发展的存在形态及战略格局。这是一个由宏观基础教育区域性发展（决策力）、中观学校创新发展（领导力）、微观学生个性化发展（学习力）三个层次的要素组成的结构系统。"三力模型"的建构，实质上是为转型时期中国基础教育未来发展寻求一种理论准备和分析框架。

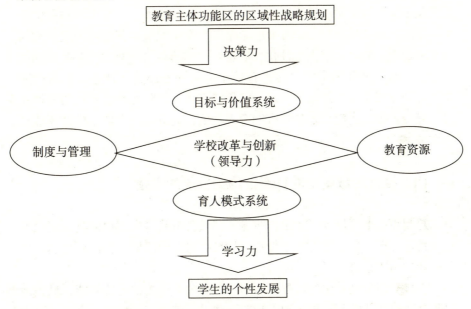

图3-1　基础教育未来发展的"三力模型"

"三力"的内涵为：基础教育区域性发展的决策力，学校创新发展的领导力，学生个性化发展的学习力。在中国基础教育改革发展重要战略机遇期内，按照"三力模型"推进教育主体功能区的建设，旨在构建中国基础教育"内涵发展、均衡发展、特色发展、生态发展"的当代形态及不同区域基础教育特色发展的模式系统，构成具有中国气派、中国特色、世界一流的现代教育体系，这是中国进入第二个发展战略期基础教育改革发展的新常态。

就二七区教育而言，城乡教育均衡问题是其改革与发展的核心问题，也是区域教育决策力的着力点和落脚点。围绕"多彩教育"理念，二七区从理念、结构、资源、制度、质量等主要构成要素入手，实现区域教育决策力提升，有效解决城乡教育均衡发展问题。学校校长领导力要解决的核心问题是学校特色发展，这本身就是教育高位均衡发展的应有之义，也是"多彩教育"理念在学校层面的深刻体现与渗透。以校长课程领导力为中心议题，围绕学校目标与价值系统、育人模式系统、制度与管理系统、资源系统等，整体重构学校课程体系，实现学校特色化、内涵式发展，是提升校长领导力的应然追求。学生是教育中最重要的人的因素，学生的发展尤其是学生个性化发展离不开学习力的提升。一方面，学习力体现并促成了学生个性化的发展；另一方面，学生的个性化发展是其学习力发展的结果和推动力。同时，学生个性化发展也是"多彩教育"理念在学生层面的体现与渗透。提升学生学习力，有赖于学科课程结构的调整、内容的重组、多样化课堂教学形态的呈现等，最终有可能消除城乡教育的结构性差异，充分发挥城乡教育各自特有的育人价值，促进每一个学生的健康成长与发展。

四、推进区域基础教育高位均衡发展的举措

郑州市二七区城乡二元结构明显，其教育在我国中部地区具有很强的代表性。二七区区域教育模型构建及发展，对全国区域教育协调均衡发展有一定的借鉴意义。

在推进新型城镇化的过程中，为了提升公共资源的配置效能，城镇地区不断优化产业空间布局并加强功能区建设，其空间结构也随之发生巨大的变化。城镇地区需要不断建设许多新的住宅小区，同时也需要改造许多老城区，城乡接合区、镇乡接合区、城镇扩容区、城市改造区等区域常住人口的地理分布和密度正在发生变化，高层化的居住空间使原有的学校布局难以满足学龄儿童的就学需求。顺应城镇空间结构的变化，满足城镇居民越来越高的教育期待，这不仅仅是"要建多少学校"和"在什么地方建学校"的问题，更是"要建成什么学校"的问题。如果新建学校教育质量低于民众期待，将会影响这些区域对优秀人才的吸引力，进而阻碍城镇地区进行产业结构调整和升级（刘善槐，2015）。

（一）明确定位教育主体功能区

二七区城市发展在郑州市的城市发展中具有重要地位，反映了"增速

换挡、结构优化、动力转换"的经济发展新常态。"财富二七、兴业二七、宜居二七",二七区将建设成为城乡一体化示范区、教育名区。按照二七区发展规划和城市空间发展格局,可划分出四个教育主体功能区:中心城区、运河新区、龙西湖生态文化区、马寨产业集聚区。秉承"尊重基础、关怀差异、凸显特色,着眼人、教育、社会与自然科学,协调可持续"的发展观,二七区提出构建"一主三区"内涵发展、整体提升的区域教育协调均衡发展模式,使教育呈现"多元共生、和而不同、优质特色、高位均衡"的发展形态(见图3-2)。

1. 中心城区: 优质特色, 整体提升

中心城区在全区教育均衡发展中占据主导地位,是现阶段教育改革的核心区域,在区域教育改革发展中扮演先行者、探索者、示范者的角色,先行先试,发挥传统优势,起到示范、辐射、引领作用。

2. 运河新区: 多文化融合, 现代化发展

运河新区在全区教育均衡发展中占据辅助地位,正在建设的运河新区将是二七区社会经济发展的新高地,建成后将面临以业界精英、都市白领等群体为代表的外来文化与以回迁村民为代表的本土文化的多元融合,随之出现教育需求多元化的问题。这就要求有关部门打造高起点、高定位、高标准、高水平发展的现代化学校,使该区成为优质特色高位均衡示范区,对其他区域教育的发展发挥引领、示范、带动、辐射作用。

3. 龙西湖生态文化区: 立足乡土, 特色发展

龙西湖生态文化区立足丰厚的乡土文化底蕴和现代田园风光,着眼特色发展,引导每所学校根据本土实际创建特色鲜明、小而精、极富乡土气息的学校,打造乡土特色教育品牌。

4. 马寨产业集聚区: 依托产业优势, 实现特色发展

马寨产业集聚区主要通过合理利用产业资源,加强校企联系,发展具有产业、行业特色的学校和教育,打造具有鲜明产业文化个性的新型教育格局,形成高质量、有特色的优质学校集群。

总之,应适应二七区城市发展空间结构布局,通过对办学条件和生源的分析,整体规划中小学布局和规模。

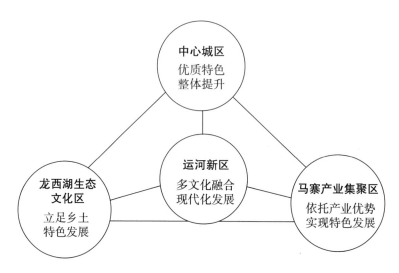

图3-2 二七区教育主体功能区布局结构

（二）科学规划中小学布局结构

基础教育系统内部结构优化最终要实现各个构成部分的协调统一，只有各部分自觉改革和相互协调合作，才能展现出新的发展形态。《国务院关于深入推进义务教育均衡发展的意见》指出："发挥优质学校的辐射带动作用，鼓励建立学校联盟，探索集团化办学，提倡对口帮扶，实施学区化管理，整体提升学校办学水平。"为贯彻落实上述精神，二七区下发了《关于组建教育发展共同体推进义务教育高位均衡发展的实施意见（试行）》，将原来推行的"学区制"发展为"教育发展共同体"，针对生源、师资、教育设施等资源条件进行合理重组，盘活教育资源，形成各具优势、城乡教育一体化的教育联盟板块，通过优质教育资源的共建共享，实现区域教育的均衡发展（见图3-3）。

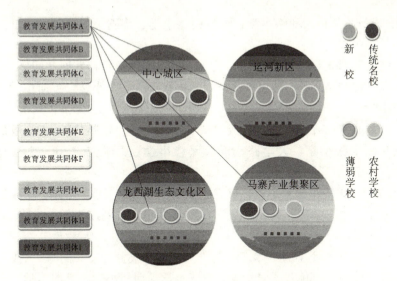

图3-3 教育发展共同体内学校优化布局结构

本着"创新机制、扩量增容、共建共享、提高质量"的原则，在教育主体功能区的框架下，二七区以原有学区和优质教育资源促进计划项目学校为基础，兼顾传统名校、新校、薄弱学校、农村学校等处于不同发展阶段、属于不同类型的学校，将城乡学校进行优化组合，成立了9个教育发展共同体，并以此为载体，优化、创新组织形态、组织机制和活动形式，构建起"城乡联动、管理一体、共建共享、特色发展"的城乡、校际优质均衡发展机制，重构二七区教育发展生态，使辖区学校呈现出优质化、特色化、均衡化、生态化的发展态势。

（1）以陇西小学为主体，成立"陇西小学教育发展共同体"，成员还包括陇西小学南校区、铭功路小学、汉川街小学、解放路小学、王庄小学、水磨小学、闫家咀小学。

（2）以幸福路小学为主体，成立"幸福路小学教育发展共同体"，成员还包括幸福路小学南校区、实验小学、永安街小学、京广路小学、郑大附小、培育小学、刘胡垌小学、张砦小学、燕蓉希望小学。

（3）以汝河路小学为主体，成立"汝河路小学教育发展共同体"，成员还包括政通路小学、郑航附小、路砦小学、樱桃沟小学、龙岗实验小学、西胡垌小学。

（4）以淮河东路小学为主体，成立"淮河东路小学教育发展共同体"，成员还包括人和路小学、陇海中路小学、苗圃小学、侯砦小学、罗沟小学、张李垌小学。

（5）以外国语小学为主体，成立"外国语小学教育发展共同体"，成员还包括棉纺路小学、建新街小学、河医附小、三李小学、袁河小学、郭小寨小学。

（6）以春晖小学为主体，成立"春晖小学教育发展共同体"，成员还包括长江东路小学、大学路小学、邱砦小学、大学路二小、铁三官庙小学。

（7）以兴华小学为主体，成立"兴华小学教育发展共同体"，成员还包括九十二中小学部、齐礼闫小学、黄岗寺小学、刘庄小学、尖岗小学、八卦庙小学。

（8）以艺术小学为主体，成立"艺术小学教育发展共同体"，成员还包括航海路小学、优智实验学校、贾砦小学、荆胡小学、全垌小学、台郭小学。

（9）以七十四中为主体，成立"二七区中学教育发展共同体"，成员还包括五十三中、八十二中、八十一中、八十九中、十三中、二十二中、九十二中、侯寨一中、侯寨二中、马寨一中。

（三）系统构建优质均衡的现代教育体系

二七区遵循"优先发展、育人为本、改革创新、促进公平、提高质量"的工作方针，以创建"现代化教育体育强区、名区"、办好人民满意的教育为目标，充分发挥教育服务、引领区域社会经济发展功能。秉承"多彩教育"理念，突出"质量、品牌、服务"三大主题，坚持"中心城市带动、县城组团发展、产业集聚区支撑、统筹社区建设"，构建"一主三区"教育主体功能区，推动城乡教育一体化，实现基础教育优质特色、高位均衡发展。

（1）全面普及的学前教育。二七区始终秉持学前教育的公益性和普惠性，坚持政府主导和多元发展，加大公办幼儿园建设力度，扶持和引导民办幼儿园健康快速发展。做好需求分析，健全多元化学前教育公共服务体系。发挥教育部门办园的示范作用，引领区域学前教育优质发展。强化其他部门办园和村办园建设，满足适龄儿童就近入园需求。鼓励民办教育机构提高办园质量、办出特色，满足家庭对学前教育的个性化需求。加强幼儿园课程研究，完善以游戏为基本活动的课程体系与资源建设，进一步提升学前教育的专业水平。加强示范园的辐射和引领作用，鼓励示范园总结和提炼办园成果，在全区范围内推广。优化干部教师分层分岗培训项目，合理安排培训时间，提高培训的针对性和有效性，提升干部教师的专业水平和岗位胜任能力。完善联片教研机制，探索推进教师交流机制，促进不同类型幼儿园之间的协作交流，推动全区各类型园所教育质量整体提升。初步建成以公办园和普惠性民办园为主体的学前教育服务网络，逐步建立起以公共财政投入为主的学前教育成本分担机制，促使幼儿园办园水平和保教质量显著提高。

（2）高位均衡的义务教育。二七区坚持优先发展义务教育战略，依法保障增加义务教育财政投入，不断提高学校配置的总体水平，重点支持学区化统筹机制和共享平台的建设，保障优质资源充分发挥辐射带动作用。强化义务教育的公平性和均等化，缩小城乡、校际差距，切实解决进城务工人员子女平等接受义务教育问题，保障贫困家庭子女、残疾儿童受教育权利。坚持学术引领，建立教研共同体，开展专题研究，加强区域质量评估，推广学科教学改革研究优秀成果，提高教师专业素质和教学能力。探索基于学生核心素养的课程建设，完善课程整合，制定学科综合实践活动课程建设指导意见，探索课程衔接教学新途径，提高课堂教学质量和效益，建立负担轻、质量高的义务教育质量保障机制。关注少数民族学生、残疾学生、低收入家庭学生和随迁子女等特殊群体，不断完善特殊教育和专门教育支持政策，确保教育公平保障机制100%覆盖全部特殊群体学生。健全教育发展共同体运行机制，优质均衡配置教育资源。加快推进学校信息化建设与应用，创建泛在、智能、实用的教育信息化基础环境和资源体系，提高师生的信息化素养。

（3）优质特色的高中阶段教育。建立和完善与选择性课程和教学体系相适应的学生个性化成长服务体系，加强高中学生成长指导工作，为学生提供生涯指导、学业指导、心理指导、升学指导和生活指导等个性化教育。深化落实全员育德理念，探索建立学科任课教师工作室制度，明确教师教学、管理和指导的全面育人职责。推动教师工作量评定标准和绩效考核制度改革，促进学生导师队伍建设。加强研究性学习和社会实践活动教育的个性化指导，提高育人实效。如七十四中秉承"多彩教育"理念，围绕"质量、品牌、服务"三大主题，以实施"核心习惯养成年"活动为载体，深入开展"六名工程"建设，坚定发展信心，增强发展本领，落实发展举措，进一步深化理解课堂和养成教育改革，努力构建新的竞争优势，促进学生全面而有个性地发展。八十一中围绕"成功教育"理念，创新开展了四大主题教育，即生存教育、生命教育、情智教育和感恩教育，力求通过每一个活动，在学生的情感体验上多下功夫。每一项活动的方案均经过反复论证、巧妙安排，力求程序规范、内容精当，收到了良好的效果，在全校营造了良好的德育氛围。同时，二七区持续加大高中阶段教育发展政策支持力度，积极引进国内外优质高中教育资源，扩大普通高中优质教育资源总量，开展国际理解教育活动，促进高中阶段教育的优质化、多样化、特色化发展。落实《国务院关于深化考试招生制度改革的实施意见》，深入推进课程教学改革，做好综合素质评价和学业水平考试工作，提高教育教学质量。逐步形成普通高中和职业高中相互促进、共同发展的良好格局。

（4）丰富灵活的社区教育。探索运用现代信息技术推进社区教育现代化，建设数字化学习服务平台，通过电脑终端、移动终端，向全区各类人群推送适合其学习需求和习惯的优质学习资源，并探索线上线下结合的学习激励机制，支持社区居民自主学习、自我教育，引导形成居民学习共同体，进一步激发社区教育活力。增强社区教育的服务力和引导力，近年来，二七区扎实开展"社区阵地建设年"活动，各社区按照"办公最小化、服务最大化""标准统一、服务贴切"的理念，在便民服务中心、文体活动室等核心功能建设上实现规范化、标准化。在托老托幼、亲子活动等拓展功能上凸显个性化、特色化。大力推行以街道大工委、社区大党委为领导核心的"区域化党建"模式。全面推行"一刻钟"速递服务。依托网络、微信等信息化平台，建立集休闲、娱乐、文化、餐饮于一体的"一刻钟速递圈"，实现辖区居民步行15分钟享受各类服务。引导各社区立足实际，创设形式多样、务实管用的服务项目，一个支部至少有一个服务品牌。加快大型青少年校外综合实践基地和社区多功能文化教育中心建设，基本建立人人可享有优质教育资源的信息化学习环境，构建学习型社会的信息化支撑服务体系，形成基础设施配套、中介服务完善、信息化水平高、学习资源丰富、管理规范的社区教育体系，逐步建成以终身教育体系和学习型组织为基础，以提升广大社区居民文明素养为核心的全民学习、终身学习的学习型城区。

(5) 推进民办教育多元化、规范化发展。制定和完善促进民办教育发展的扶持政策，鼓励社会力量出资、捐资办学，积极探索民办公助、公办民助等多种办学模式，推动民办教育规范化、多元化、生态化发展，民办教育规范化办学水平和管理水平进一步提升，民办教育发展环境进一步优化。打造民办教育特色品牌，民办教育机构数量、质量与区域经济社会发展相适应，充分满足广大人民群众对优质多元教育的需求，形成门类齐全、布局合理、适应需求、发展科学、社会效益与办学效益双高的民办教育办学体系。加强民办学校章程和法人治理结构建设工作，健全准入制度和退出机制，加强相关联合执法，加强民办学校安全和财务监管，完善民办学校资产管理与内控制度，完善民办学校师生争议处理机制，规范民办学校办学行为。依法加强对民办幼儿园、中小学办学的政府督查，加强第三方评价机制建设，定期对民办学校的办学状况进行诊断性评估，建立评价信息公开机制，逐步建立民办教育办学风险防范、危机预警与外部干预机制。

(6) 打造开放多元、立足服务的职业教育。党的十八大关于建设中国特色社会主义"五位一体"的总体布局和全面建成小康社会的宏伟目标，对职业教育的改革与创新提出了全新要求。要办好人民满意的教育，让每个孩子都成为有用之才，就必须加快发展现代职业教育。现代职业教育是一种以培养技术技能人才为主的教育类型，它满足的是经济社会对技术技能人才的需求，体现的是终身教育的理念。发展现代职业教育，就要改变过去只给人一技之长、培养廉价劳动力的观念，要以人的全面发展为目标，为学生打造终身发展、全面发展的知识基础和能力素质。这就需要深化人才培养模式的改革，强化职业教育的内涵建设，加快构建现代职业教育体系，整体提升服务全面建设小康社会的能力和水平（葛飞，2013）。进一步落实职业院校的办学自主权，引导和促进职业学校更好地面向社会、面向市场办学，增强自主办学的活力和自我发展的能力，为职业教育的生存与发展提供更广阔的空间。全面推行学校制度改革，在政府监督和指导下，出台税收、经营以及学校对财政资金的支配办法等相关政策，鼓励学校创办经济实体，带动学校专业发展和人才培养，以实现服务社会的宗旨和目标。

(7) 加快建设富含科学人文精神的特殊教育。完善特殊教育是教育公平的基本体现，特殊教育需要全社会给予更多的关注、支持和帮助。让每一个孩子能体验、享受到社会发展的成果，是现代文明的体现。二七区始终把发展特殊教育作为工作中的重点，坚持全面推进全纳教育，进一步完善政府主导、部门协同、各方参与的特殊教育工作机制，加大经费投入，改善特殊教育办学条件。健全学段衔接的特殊教育体系，高标准建设随班就读资源教室，加大特殊教育教师培训力度，提高特殊教育教师的专业化水平和工资待遇，给予他们更多的政策支持，满足特殊群体随班就读需求。注重学生的潜能开发，加强特殊教育教材建设，深化特殊教育课程教学改革。

（四）大力推进城乡教育一体化建设

（1）坚持把教育摆在优先发展的战略地位。区政府出台《二七区关于推进义务教育均衡发展的实施意见》，成立"义务教育均衡发展工作领导小组"，对全区义务教育均衡发展事宜进行统筹协调，强化部门联动，纳入全区综合考核，并与各乡（镇）、街道办事处、有关局委签订目标责任书。坚持教育发展"六个优先"，即：教育发展优先规划，教育投入优先安排，教育用地优先保障，教育人才优先引进，教师待遇优先落实，教育问题优先解决。

（2）加大教育投入。近年来，二七区先后投入资金近 10 亿元，新建和改扩建中小学、幼儿园 36 所，全区教育规模、班级、学位实现翻一番。先后撤并 15 所农村中小学。对于"小、散、多"、班级规模不够的乡镇学校，结合村庄改造，进行"撤、并、改"整合；对一些生源丰富、有良好发展前景但小而旧的学校进行改建，以满足学生就学需求，提升规模办学效益。2011 年以来，依托优质教育资源促进计划，安排资金 4298 万元，为辖区中小学更新、配备图书仪器和教学设备，全区办学条件趋于均衡。

（3）引进优秀教育人才，为高位均衡、优质特色发展提供人才支撑。尽可能缩小城乡学校之间教师资源的差距。在全省率先采取公开招录的办法引进优秀教师 838 名；制定《二七区教育系统开辟绿色通道引进优秀人才工作方案》，每年引进 15 名"高、精、尖"优秀教育人才，有效提升了城乡学校教师队伍的整体水平。

（4）搭建信息技术教育平台，实现城乡教育资源共享。全区投资

3000 余万元建起了二七教育信息网，建设多媒体教室近 500 个，并对全区教育信息技术装备进行了升级改造。

（5）切实保障特殊群体接受义务教育的权益。在建成区内设置 14 所公办学校，妥善解决全区 3 万多名外来务工人员随迁子女入学问题。成立全市首家贫困学生资助中心，并在全省率先建立健全从幼儿教育到高等教育全覆盖的资助家庭经济困难学生就学制度，从财政预算中安排专项资金，开设专户，做到专款专用，累计资助学生 9830 人次，发放资助金近 974.9 万元。开展"三类残疾"儿童的随班就读工作，投资 2000 多万元，高标准迁建了郑州师范学院附属培智学校，进一步改善残疾青少年的成长环境，保障残疾儿童平等接受教育的权利。

（五）积极探索"多彩教育"落地措施

二七区以科学发展观为指导，围绕"品质化、信息化、国际化"发展目标，构建"多彩教育"，着力打造现代化教育体育强区、名区，追求二七区基础教育的高品质发展。

"多彩教育"的概念："多"指多样、多元；"彩"指出彩、精彩。"多彩"意味着色彩之多、特色之多、精彩之多。"多彩教育"的核心价值观是"为每位受教育者提供适合的教育，使每位受教育者做最好的自己"，其核心特征是"多元共生、和而不同、优质特色、高位均衡"。

"多彩教育"的发展目标：发挥教育的最优化功能。在个人层面，让每位受教育者都享有适合其先天禀赋的教育，让每位受教育者都享受到现代教育带来的成功、快乐与幸福；在学校层面，坚持特色化办学，通过课程多样化、课堂个性化、评价多元化，使受教育者实现"按需选学"；在区域层面，通过构建多彩的学校教育、家庭教育、社会教育"三位一体"教育网络，使受教育者获得与其全面成长及个性发展需求相匹配的教育，构建社会主义现代化学习型社会。

二七区在以"多彩教育"理念促进基础教育高位均衡发展方面进行了一系列改革探索（见图 3-4）。

1. 创新理念

着眼于学生的个性化发展，让学生做最好的自己；致力于学校的特色化发展，形成学校独特的办学风格；呈现区域教育的"多彩"，实现区域教育的高位均衡，构建良好的教育生态。进一步优化配置教育资源，不断提高二七区义务教育均衡发展水平，努力办好人民满意的教育。

2. 工程推动

（1）学校标准化建设工程，促进校际硬件均衡。加大中心城区、运河新区新建学校和改扩建学校力度，有效解决适龄儿童"入学难"问题和大班额问题。着力使各学校经费投入、办学条件、班级人数与校长、教师的配备及其待遇大致均衡。

（2）教育信息化建设工程，打造"教育云"平台。利用信息网络系统，开发"微媒体"教育资源，推进信息网络智能终端在教育教学中的应用，升级以二七教育信息网为核心的信息服务和公共电子政务系统，实现教育教学手段、教师培训、教育教学资源和教育管理信息化。

（3）学校特色发展工程，突出学校特色，让学生自主选择适合的学校。按照"建项目、创特色、树品牌"的思路，实行错位发展、特色办学，推动城乡义务教育学校"在特色中发展，在发展中均衡"，逐步形成"一校一特色""一校一品牌"格局，涌现出"国学经典""教育惩戒""理解课堂""快乐英语"等一批品牌特色学校。同时，设计学校个性化课程方案，设置"多彩课程超市"，设计动手实践类、学科拓展类、科技创新类、生态发展类、活力艺体类 5 个类别 60 多种特色课程，让学生"按需选课"，选择最适合自己的课程。

（4）"六名工程"，培育优质资源。"六名工程"指"名学校拓展工程""名校长塑造工程""名教师培养工程""名学科构建工程""名学生培育工程""教育名区创建工程"。三年运作的事实证明，这种以非均衡化措施促进教育均衡发展的做法行之有效，通过适度的竞争为二七区储备了大量的优质资源，为教育注入了强大的活力。

（5）优质教育资源倍增工程，扩大优质资源总量。通过多种办学模式，以强校带弱校、以强校带新校，通过在硬件上向薄弱学校倾斜的方式，为均衡发展奠定基础。

3. 机制创新

（1）一人双岗。早在 2009 年 8 月，二七区就在全国率先推出了"一人双岗"用人机制，即一人同时兼任农村学校与城市学校、优质学校与薄弱学校、传统名校与新建学校两所学校的业务领导。经过三年的实践和推进，"一人双岗"由最初的以副校长的职务使命促事业良性运转，到创生城乡学校"一体四动"，即学校联动、教师联动、学生联动、家长联动的发展模式，再到实施城乡学校集团发展，以"软联动"破解了城乡均衡的硬壁垒。

（2）教育发展共同体。"一人双岗"是点与点的联动发展，"教育发展共同体"是片与片的联动发展。它以现有学区和优质教育资源促进计划项目学校为基础，在全区共组建了9个共同体，每一个共同体内兼顾传统名校、新校、薄弱学校、农村学校等处于不同发展阶段和属于不同类型的学校。建立教育发展共同体运行机制，共同体内通过管理联动、教学一体、共享资源、沟通理念、借鉴方法等渠道，实现品质共升。

4. 制度保障

（1）完善教育投入保障机制。在教育经费、教学设备向区域内薄弱学校和农村学校倾斜的同时，教育发展共同体内各成员学校以教育发展共同体为单位，统一申报基建和设备采购项目，发挥好"教育名区"建设500万元专项资金的作用，促进二七区基础教育高位均衡发展。

（2）建立干部队伍保障机制。建立教育发展共同体理事会集体领导下的理事长负责制，成立教育发展共同体理事会。以人、财、物的合理均衡配置为重点，建立并不断完善共同体管理制度。建立长效机制，促进共同体健康有序发展。

（3）建立更加灵活的教师管理机制。教育发展共同体学校之间每年教师流动比例原则上不低于学校教师总数的10%。结合各共同体的不同情况，围绕课程、课堂、课题等核心领域，开展专项精品课程培训。完善"名教师培养工程"，加强教育科研，促进教师由"经验型"向"专家型""学者型"转变。

（4）建立教育发展共同体发展水平监测督导评估和创新奖励机制。完善督导评估体系，探索基于共同体发展的奖惩机制，对为共同体建设做出突出贡献的单位和个人，在干部晋升、职称评定、评优评先等方面予以优先考虑。

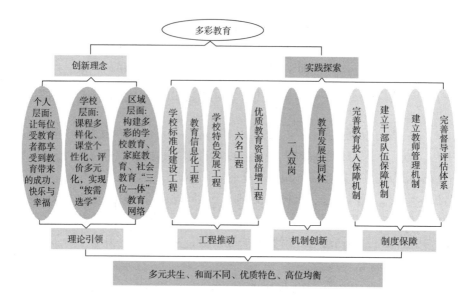

图3-4 二七区"多彩教育"落地措施

第四章

以教育决策力提升
推动区域教育均衡发展

区域基础教育改革与发展是一个不断求新求变的过程，在这一过程中，旧问题不断被解决，新问题又不断涌现，区域教育行政部门担负着重要的管理职责，而管理的核心任务就是根据不断变化的变革过程做出科学、合理的决策，对未来一定时期内改革的方向、内容及方式做出判断与选择，并进行适当的调整。可以说，区域层面的教育决策力在推进基础教育均衡发展的过程中发挥着举足轻重的作用。如果在区域层面缺少了教育决策力的影响，改革将迷失方向，失去保障，要么变成一潭死水，要么变成一盘散沙；如果教育决策力作用不到位，有时候也会对改革造成致命的影响，会直接增加改革的风险成本，降低改革的成效。因此，在探索区域基础教育均衡发展的过程中，区域教育行政部门需要不断提升自身教育决策力，切实做好改革的顶层设计和对实践的管理指引。

在回应城镇化、城市化、信息化和国际化发展要求，适应区域性社会经济发展根本变革的历程中，郑州市二七区基于中部地域特色和城乡二元结构特点，着力解决城乡教育发展不均衡问题，不断思考提升区域教育决策力解决城乡教育不均衡问题的基本设想，并探索提升区域教育决策力解决城乡教育不均衡问题的重要举措，形成了"内涵发展、均衡发展、特色发展、生态发展"的区域基础教育高位均衡发展的当代形态及模式。

一、区域教育决策力要解决的核心问题

我国地域辽阔、地域类型多样、区域差别大，使我国的发展内容多样化、目标多元化、区域差异化。由于教育与社会经济发展、人口结构、资源环境、地域文化等社会因素关系密切，区域社会经济发展的不均衡在一定程度上导致了教育发展的不均衡。在以县为主的管理体制背景下，国家基础教育的均衡发展和质量提升主要依靠基础教育区域性战略推进，只有区域推进才能使教育发展适应不同地区的不同地域特色、不同历史文化传承、不同资源和环境。区域教育能否满足人民群众对多元化优质教育资源的需求与社会经济发展对多样化人才的需要，能否实现优质特色、高位均衡发展，关系到我国基础教育的未来发展，也是区域教育行政部门要深入思考和逐步解决的问题。

决策力是指区域性战略规划与推进的能力，决策力由理念、结构、资

源、制度和质量五要素组成。进行区域性基础教育战略性谋划、做出高质量的区域性教育顶层设计是区域教育实现优质特色、高位均衡发展的关键。教育是系统化、关系性的存在，区域应关注教育的各种内外部联系，"既探讨教育自身构成因素之间的各种关系，更把这些多样、丰富的关系嵌入社会性、历史性的教育发展之中加以审视、探讨，力图在教育编织的丰富而全面的关系网络中，系统、综合、动态与创造性地把握教育本质"（李润洲，2010）。区域层面教育主体功能区的构建和区域教育决策力的提升，要基于区域自身的经济、社会、文化等发展特点，考虑教育的发展基础、教育的发展需求、教育的发展潜力等，科学统筹谋划未来教育发展战略，教育与经济、社会、文化发展和人才培养关系，教育规模、质量、结构、效益的关系，确定区域教育决策力要解决的核心问题，推动教育优质特色、高位均衡、有序协调、生态和谐发展。

二七区地处国家中部一般发展水平地区，城乡差异比较突出，随着城镇化进程的加快，人民群众对优质教育资源的需求不断加大，如何解决教育需求多元化与教育发展同质化的矛盾、有效推动二七教育特色发展成为亟待解决的重要课题，如何实现城乡教育高位均衡发展成为二七区区域教育决策力要解决的核心问题。反观二七区教育发展现状，在学校硬件设施、课程与教学质量、师资水平、社会教育资源等方面还需要进一步改进和提升。

（一）学校硬件设施需进一步完善

随着城区薄弱学校改造的逐步完成和农村新学校建设力度的不断加大，全区办学条件差距逐步缩小。目前，二七区城乡学校教室大部分装备了空调，基本实现了"校校通"和"班班通"。但是，按照运动场地面积要求，小学生均要达到 2.3 平方米、初中生均达到 3.5 平方米、高中生均达到 8.6 平方米，二七区只有部分学校符合标准，其他大部分学校运动场地为泥土地或煤渣地，尚未完成塑胶化，多数运动场地面积和跑道长度不符合标准化运动场的要求。二七区体、音、美器材配备是按照"普九"标准配备的，已经使用了十几年，虽然 2009 年郑州市教育局为农村中小学配备了体、音、美器材，在一定程度上完善了农村学校教学设备，但还不能满足日常教育教学活动的要求。有部分学校的仪器设备和图书未达到《河南省中小学教育技术装备标准（试行）》，没有校医室、实验室等功能教室，不符合《河南省义务教育学校办学条件基本标准（试行）》的要求。同时，学校维修资金不能足额拨付到位。

同时，适龄儿童入学难问题短期内难以彻底解决。尽管二七区在中小学校规划建设方面已经做出了很多努力，大班额现象也得到了有效缓解，但是郑州市城市化进程的加快、城市框架的迅速拉大促使进城务工农民大量涌入，大班额问题短时间内难以解决，与《河南省县域义务教育均衡发展督导评估实施办法（试行）》中"小学班额不超过45人，初中班额不超过50人"的规定还有一定的距离，城市新增人口的集中区域，如长江路沿线学校的大班额问题在短期内无法彻底解决。

（二）课程与教学质量需进一步提升

全区课程与教学质量整体良好，部分学校较为突出。小学中 LX 校、XF 校、CH 校、RH 校、CD 校、JX 校、HD 校、ZT 校、XH 校、JG 校等学校教学质量突出；中学中 BE 中、BY 中、QS 中、MY 中等学校教学质量领先；三所中心校中 MZ 中心校教学质量最好（见图 4 - 1、图 4 - 2）。

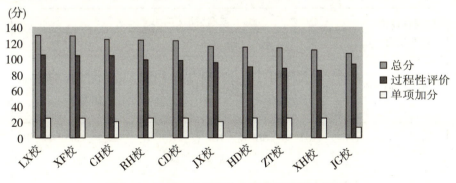

图 4 - 1　2014—2015 学年小学教学质量综合评价

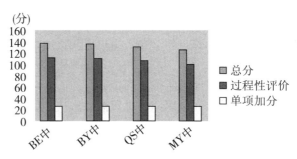

图 4 - 2　2014—2015 学年中学教学质量综合评价

从过程性评价结果来看，小学各校间过程性评价总分极差为 35.21，中学为 29.2。单项加分方面差距较大（一学年在各级教学活动中获奖情况的加分），一些学校加满了 25 分，而一些学校只有 2—5 分。这说明不同学校对教学活动的重视程度不同，各校间教学管理的质量存在差异。一些学校（见表 4 - 1）具有清晰的教学管理思路，有效的教学管理措施，突出的教学管理成效，从而提升了课程与教学质量。然而，还有些学校教学管理无序，要么缺乏布置与安排，要么没有严把参与的质量关，要么平时培养教师的成效不佳，出现"无兵可用"的现象，制约了课程与教学质量的提升。

表 4 - 1　过程性评价中成绩突出的学校

过程性评价部分项目	成绩突出的学校	
	小　学	中　学
业务管理	XF 校、RH 校、JF 校、LX 校、CH 校、LZ 校、ZT 校、JX 校、HC 校、YS 校、RH 校、NB 中心校	BY 中、MY 中、QS 中、JE 中
课堂教学	LX 校、RH 校、CH 校、HD 校、XF 校、HC 校、SY 校、YA 校、RH 校、JX 校	BE 中、MY 中、BJ 中、QS 中
教育科研	CH 校、CD 校、LX 校、JX 校、LN 校、HC 校、RH 校、XF 校、JG 校、LZ 校、NB 中心校	BY 中、BE 中、QS 中、WS 中
质量监测	LX 校、HD 校、RH 校、LN 校、XF 校、SY 校、JG 校、YA 校、XH 校、JX 校	BE 中、BY 中、QS 中、MY 中

续表

过程性评价部分项目	成绩突出的学校	
	小　学	中　学
"三课"建设	XF校、CD校、CH校、LX校、JG校、JF校、JX校、RH校、SY校、ZT校、WY校	BY中、QS中、BE中、MY中、SS中

　　课程与教学质量一直都是区域教学质量综合评价的重中之重，其在整个评价体系中所占的比重也最大。但就近三年来的考察情况来看，区教研室通过听课、查看教案和作业、访谈学生与教师等多种方式对学校的课堂教学情况进行考察并打分，各校在这一维度上存在着一定的差距，如2015年的综合质量评价中课堂教学占到25.0分，但全区37所城区中小学中最高分达到23.0分，最低分只有16.2分，校与校之间的差距还是比较大的（见表4-2）。再如2014年教育科研满分20.0分，有学校只得5.0分；"三课"建设满分25.0分，有学校只得15.0分。这些都表明各校的课程与教学质量存在较大差异。

表4-2　二七区中小学2015年"课堂教学"单项得分（单位：分）

序号	学校	课堂教学			总分	序号	学校	课堂教学			总分
1	RH校	12.7	4.6	4.7	22.0	13	WY校	11.9	3.7	4.4	20.0
2	LX校	13.6	4.0	4.5	22.1	14	XF校	12.4	4.3	4.3	21.0
3	HD校	12.9	3.9	4.5	21.3	15	MG校	11.9	3.7	3.2	18.8
4	CD校	10.8	3.6	4.0	18.4	16	JG校	11.9	3.9	4.2	20.0
5	CH校	13.3	4.1	4.3	21.7	17	RH校	12.3	4.0	4.3	20.6
6	LZ校	11.7	3.3	3.8	18.8	18	LN校	11.7	3.7	4.0	19.4
7	ZT校	11.4	3.7	4.0	19.1	19	JF校	11.5	3.8	4.0	19.3
8	JX校	12.3	3.9	4.3	20.5	20	MF校	11.6	3.7	4.0	19.3
9	XH校	11.8	3.8	4.1	19.7	21	HC校	12.8	3.9	4.3	21.0
10	SY校	12.5	4.2	4.2	20.9	22	YA校	11.9	4.0	4.8	20.7
11	HH校	12.2	3.7	4.5	20.4	23	DX校	12.5	3.9	4.0	20.4
12	YS校	11.9	3.9	4.2	20.0	24	MP校	10.7	3.2	3.7	17.6

续表

序号	学校	课堂教学			总分	序号	学校	课堂教学			总分
25	GN校	9.7	3.1	3.4	16.2	32	HY中	12.9	3.6	4.1	20.6
26	JE校	10.8	3.3	3.5	17.6	33	BJ中	13.6	3.9	4.6	22.1
27	BE中	13.9	4.4	4.7	23.0	34	HE中	12.9	4.1	4.7	21.7
28	BY中	12.9	3.9	4.6	21.4	35	EE中	11.1	4.0	4.5	19.6
29	QS中	13.4	4.3	4.3	22.0	36	JE中	10.1	3.8	4.5	18.4
30	MY中	13.0	4.5	4.8	22.3	37	WS中	11.5	3.7	4.4	19.6
31	SS中	12.9	4.4	4.6	21.9						

（三）师资水平需进一步提高

"以县为主"的管理体制建立后，二七区把全区中小学教师纳入统一管理，全区缺编教师统一招聘，新进教师优先到农村任教，第一年不留城区，三年内不能调往城区，引导鼓励优秀教师到边远的农村和薄弱学校任教。但是城乡教师编制不统一，限制了农村教育的发展。目前，河南省农村小学教师生师比为 23.5∶1，城市为 20.0∶1，农村初中 16.5∶1，城区为 13.5∶1。由于农村地区地域广大，生源较少，班额较小，教师需求相对较大，教师编制配备与之倒挂，造成农村教师超编，但是实际上教师编制无法满足教育教学需求，例如，有的农村小学每个班只有 20 名左右的学生，按生师比只能配备 1 名教师，这样很难开展教学工作。

同时，很多初任教师在教学和班级管理上积累了一定经验、个人专业等各方面发展相对成熟时，会流动到城市学校或者跳槽，加剧了农村学校教师队伍的不稳定。教师断层、教师年龄与职称两极分化已是二七区农村教师结构的现状，而初任教师的单向、频繁流动，对处于弱势地位的农村学校来说更是雪上加霜。城乡教育高位均衡发展离不开高水平教师队伍的有力支撑，城乡师资水平需要进一步提高。

（四）社会教育资源需进一步丰富

改革开放以来，农村发生了很大的变化，农村的物质文化生活水平有了很大改变，但是城乡家长在家庭教育文化投入、家庭教育文化用品添置、家庭教育时间投入等方面都有很大的差距。农村家长认为教育是学校的事情，自己更关注孩子的吃喝问题，对于孩子的学习、卫生、文明习惯的培养以及言行举止的规范很少关注。学校教育和家庭教育严重脱离，普遍出现"5＋2＝0"的现象。很多家长因为忙于出外打工或做生意，把孩子留给家里的爷爷奶奶照顾，致使留守儿童增多。还有的家长没事就在家里打麻将，没有给孩子提供一个良好的家庭教育环境。农村家长的文化程度普遍较低，对家庭教育认识不足和重视程度不够，对孩子教育的经济投入和时间投入少。家长很少监督和辅导孩子学习，甚至在作业上签字都很难做到。

从城乡社会教育资源来看，农村水、电、路、通信、学校、医院、图书馆等公共基础设施的供给与城镇有很大差距。农村公共基础设施建设资金主要靠农村和农民自行解决，各级财政对农村投入相对较少；公共文化设施主要集中于城市，农村文化建设相对薄弱。城市学生可以享受图书馆、博物馆、科技馆、青少年宫等社会教育资源，可以参加多种多样的培训辅导机构，可以享受社区提供的"四点半"课堂等。虽然农村也有丰富的乡土资源，但是公共社会教育资源比较欠缺。城乡社会教育资源需要进一步丰富。

二、提升区域教育决策力推进城乡教育高位均衡发展的基本设想

理念是行动的先导，科学的区域教育发展理念能够引领区域基础教育均衡、优质、特色发展。城乡教育高位均衡发展需要区域教育的顶层设计与规划，需要区域教育理念的正确引领和指导。近年来，围绕城乡教育发展不均衡这一区域教育决策力要解决的核心问题，二七区立足区域社会及教育发展实际，提出了"突出'质量、品牌、服务'三大主题，实施'六名工程'，创建'现代化教育体育强区、名区'"的战略构想，并在推进"六名工程"建设的过程中，逐步生成了以"多元共生、和而不同、优质特色、高位均衡"为核心特征的"多彩教育"发展理念，提出了二七教育"品质化、信息化、国际化"这一更高发展目标，重构了区域教育发展生态，促进了二七教育优质特色、高位均衡发展。

（一）区域"多彩教育"理念的创生与提升

随着"普九"目标的实现，区域基础教育的重心由"有学上"过渡到"上好学"，"优质"和"均衡"成为基础教育发展的必然诉求，然而，城乡教育不均衡问题仍比较突出，由于没有系统的理念作为支撑和引领，区域教育的优质均衡发展受到了制约。

世界是丰富多彩的，学生的兴趣爱好、个性特长也是有差异的，只有提供多姿多彩的教育，才能满足学生多元化、个性化的发展需求。二七区在正确解读党和国家教育发展战略的基础上，基于建设现代化田园城区的现实需要，结合教育发展趋势，提出了区域教育发展理念——"多彩教育"。

"多彩教育"是二七教育长期变革实践的思想结晶和理论创生。"多"指多元、多维，"彩"指出彩、精彩。该理念具体体现在三个层面：在个人层面，追求教育参与者全面发展、个性发展、终身发展，努力做最好的自己；在学校层面，坚持特色化办学，丰富课程教学资源，使受教育者实现按需选课、按需选学；在社会层面，通过构建立体多元的公共教育服务体系，为受教育者提供丰富多样的教育资源，满足其终身学习需求。

"多彩教育"的核心理念是均衡、优质、特色，最终追求是求真、多元、开放。

（二）"多彩教育"的基本特征

1. "均衡"的教育

《教育规划纲要》指出，"均衡发展是义务教育的战略性任务"。教育均衡发展分为四个阶段：（1）低水平均衡阶段，主要以追求教育机会的均等为目的；（2）初级均衡阶段，主要以追求教育资源合理配置为目的；（3）高级均衡阶段，主要以追求教育质量的均等为目的；（4）高水平均衡阶段，主要以人的培养和发展为目的，每个学生都能最大限度地发挥自己的特长和学习潜能、获得学业成功。"多彩教育"不仅关注学校硬实力的提升，更重视软实力的提升，在顺利通过国家义务教育发展基本均衡县（区）评估验收的基础上，追求区域教育的"多元共生、和而不同"，努力让每所学校办出特色、办出水平，走内涵建设、自主创新、特色发展之路，朝着优质特色、高位均衡目标迈进，实现从"有学上""上好学"向"按需选学"过渡，追求高水平的均衡，让每个学生都能发挥自己的特长及潜能，做最好的自己。

2. "优质" 的教育

教育质量是教育工作的根本问题和核心价值，是教育的立业之本、学校的立校之本，教师的立身之本，是教育事业发展的第一主题。"多彩教育"契合了社会发展对教育及人发展的多样性需求，追求高质量、高品质的全民终身教育，追求教育的内涵发展。"多彩教育"不仅关注学生的学业发展水平，更关注其身心发展水平、品德发展水平、兴趣特长养成、学业负担状况等综合指标，在尊重生命的基础上让学生养成阳光心态和健康人格，享有多元化、可供选择的课程资源，享受幸福的学习生活，实现全面而有个性的发展，成就最好的自己。

3. "特色" 的教育

《教育规划纲要》指出，"鼓励学校办出特色、办出水平，出名师，育英才"。"多彩教育"倡导的是各元素、各主体结合自身实际，扬长避短、原生原创，为自己量身定制一套发展方案，创出特色，满足不同人群发展需求。通过学校教育教学理念、模式、制度的革新，从根本上解决"千校一面"的学校"同质化"问题，积极引导和鼓励学校特色化办学，实现校校有特色、校校有品牌，使二七教育成为一个千姿百态、姹紫嫣红的百花园，让每一个身在其中的孩子都能摘得他最喜欢的花朵，形成"校校有特色、教师有风格、学生有特长"的局面。

4. "求真" 的教育

科学发展观的核心是以人为本，基本要求是全面协调可持续发展。十八大提出要深入推进教育系统综合改革，落实立德树人根本任务，实现中华民族伟大复兴的中国梦。教育部部长袁贵仁在 2013 年全国"两会"期间也明确指出，推进中国教育的改革与发展，要着力实现中国的教育梦——"有教无类、因材施教、终身学习、人人成才"。"多彩教育"理念以科学的态度和方法实现人人成才，回归教育本真。"多彩教育"认为，教育要"尊重生命、以人为本、基于生活、生态发展"，要遵循教育发展规律和人的身心发展规律，科学地进行教育活动，真正做到有教无类、因材施教，为每位受教育者提供适合的教育，帮助每位教育参与者做最好的自己。

5. "多元"的教育

加德纳（H. Gardner）指出，人类的智能是多元化而非单一的，每个人都在不同程度上拥有八种基本智能，智能之间的不同组合导致了个体间的智能差异。既然教育的对象——人是不一样的，教育者就要给予他们不同的教育。人的多样必然带来教育的多彩。"多彩教育"就是以"六名工程"创建为主要载体实现教育的多元和谐生态发展，在宏观上，学前教育、基础教育、高中教育、职业教育、社区教育等各级各类教育协调发展，公办、民办等多种办学体制兼容并蓄、和谐共生；在中观上，各级各类学校在提升硬实力的同时，注重内涵特色发展，形成"和而不同"的多元发展局面；在微观上，通过了解每一个、关注每一个、激励每一个、成就每一个，使每一个办学主体和生命个体实现自身全面、多元、个性、和谐发展。

6. "开放"的教育

"开展多层次、宽领域的教育交流与合作，提高我国教育国际化水平"是《教育规划纲要》明确提出的要求。"多彩教育"需要以开放的眼光、全球化的视野、国际化的理念，不断拓宽交流合作渠道的教育，努力打造富有生命力的教育生态。"多彩教育"在教育管理中，努力实现教育民主决策和管理；在教育过程中，积极构建人与人之间民主和谐的关系；在办学与交流中，树立大教育观，借鉴国内外先进教育思想，整合国内外、校内外的教育资源，建立开放的区域资源交流与共享机制，全力打造既具地方特色、又有国际视野的大教育生态。

（三）区域"多彩教育"的总体开展思路

"多彩教育"是一个教育生态发展系统，由理念系统、运行系统和反馈系统三个子系统组成，三个子系统之间密切联系、相互作用，共同促进"多彩教育"品质化、信息化、国际化生态发展（见图 4-3）。

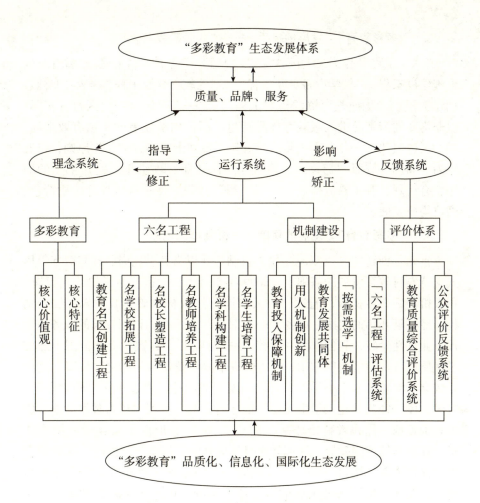

图4-3 "多彩教育"生态发展体系

1."多彩教育" 发展的主题—— "质量、 品牌、 服务"

"质量、品牌、服务"三大主题，质量是基础，品牌是方向，服务是目的。质量是教育工作的根本问题和核心价值，是教育的立业之本、学校的立校之本、教师的立身之本。品牌是教育特色、文化、传统及品质的集中体现，是长期积淀的标志与符号。服务是教育的出发点和落脚点。为构建"多彩教育"区域教育文化，二七区坚持突出三大主题，通过"抓质量、铸品牌、重服务"，实现"高质量、名品牌、优服务"。

2. "多彩教育"发展的抓手——"六名工程"

"六名工程"作为二七区教育"六大工程"（"六名工程""教育基础设施建设工程""教学设备更新工程""基础教育普及工程""学习型社会创建工程""优质教育资源倍增工程"）之一，是结合二七区教育实际，以非均衡的措施促进区域教育优质特色、高位均衡发展的一项有效举措。二七区遵照"干一年、看三年、想五年、规划十五年"的工作原则，以五年为一周期，按照"启动年、推进年、深化年、攻坚年、提升年"的顺序，有计划、有步骤地推进"六名工程"建设，促进区域教育优质特色、高位均衡发展。

3. "多彩教育"发展的保障——机制体制创新

首先是创新"一人双岗"用人机制。在以支教、轮岗、挂职锻炼等形式支持农村教育发展的基础上，2009年8月，二七区开始了"一人双岗"用人机制的有益探索，通过"一人双岗"用人机制破解城乡教育二元结构。经过近几年的实践，城乡"一人双岗"由最初的以副校长的职务使命促事业良性运转，到创生城乡学校"一体四动"，在数量上和范围上加大了优质教育资源的辐射作用，有力促进了城乡教育"一体化"发展。其次是成立了涵盖城乡中小学的9个教育发展共同体，通过建立"管理联动、教学一体、师资共建、学生互动"的运行机制，实现"优秀教学设施、优秀教师资源、优秀教科研成果"的"三共享"，形成了城乡学校携手共进、强弱学校抱团发展、区域教育整体提升的良好态势。同时，建立健全教育评价体系，构建了由"六名工程"评估系统、教育质量综合评价系统、公众评价反馈系统组成的多元评价系统，促进区域教育健康、有序发展。

4. "多彩教育"发展的目标——"品质化、信息化、国际化"发展

区域基础教育改革与发展的重要任务是由外延发展转向内涵发展，由规模发展转向质量提升。随着大数据时代的到来和教育对外开放不断深入，教育信息化和国际化发展越来越重要。二七教育面对时代发展新趋势，立足教育发展实际，将品质化、信息化和国际化发展确定为区域"多彩教育"发展新目标。教育的"品质化、信息化、国际化"发展，内在是"一体两翼"的关系，其中，"品质化"是主体，"信息化"和"国际化"是两翼。

（1）区域基础教育的品质化发展

教育品质化，是指在均衡发展基础上铸品牌，在内涵发展基础上强品质，在特色发展基础上提品位。教育品质化有三个维度：一是各级各类教育实现协调健康发展，不同的教育主体、教育类型都获得最好的发展，呈现多元共生、高位均衡的发展生态；二是校长、教师队伍的专业素养和能力显著提升，人人实现专业化发展，进而实现校校内涵发展、特色发展；三是实现教育的高质量，因材施教，人人成才，人人做最好的自己。重点是以建设为有效载体，以"三课一评"建设为核心要素，以"信息化、国际化"为重要手段，以"教师专业发展"为有力保障，推进教育品质化发展。

（2）区域基础教育的信息化发展

教育信息化，是指在教育系统全面深入地应用现代信息技术，推动教育的改革和发展，加速实现教育现代化。教育信息化有三大任务：完成硬件建设任务，建设泛在、智能、实用的信息化环境；完成教育资源整合任务，推进信息技术与学科整合，教育资源共建共享；完成教与学方式变革任务，利用信息技术优化教育教学过程，探索提高教育教学效益和质量的方法，培养创新型人才。重点是推进数字化校园建设，实现优质教育资源共享；提高教师信息技术应用能力，促进信息技术与教育教学深度融合；以信息化推动教学方式变革，推进教育手段、课堂形态的现代化。

（3）区域基础教育的国际化发展

教育国际化，是指以实现人的国际化为目标，以国际交流与合作为载体，加强与不同国家、不同意识形态进行教育理念、教育方法、教育制度、教育模式的相互学习与交流合作。教育国际化有三个目标：有"国际化"视野，用国际视野来把握和发展二七教育；有"国际化"行动，开展广泛的国际交流与合作，培养能够关心世界、了解世界、融入世界的国际公民；有"国际化"质量，在打造国际特色的同时，拥有国际一流的教育质量。重点是加强国际交流合作，开阔国际化视野；创引国际化办学机构，提升国际化办学水平；开设国际化课程，更新人才培养模式。

二七区提出的"多彩教育"契合了人们追求教育公正的价值渴望和社会发展的多元性对教育及人发展的多样性需求，旨在破解城乡教育发展不均衡难题，追求教育的高位均衡、多元特色发展。目前，二七区已经走过了区域教育高位均衡的第一个阶段，即"有学上"的教育机会均衡阶段，已经在第二个阶段即就读优质学校的机会公平阶段进行了很长时间的卓有成效的探索，正在朝着第三个阶段"按需选学"的奋斗目标迈进。这些都是二七区以教育决策力促进区域教育高位均衡发展的理论思考和有益尝试。

三、提升区域教育决策力推进城乡教育高位均衡发展的重要举措

区域性推进基础教育战略性规划的有效实施，包括确定教育目标与价值选择、对教育结构进行改革创新、对区域内教育资源进行开发整合、完善教育管理机制和体制，以及进行教育质量的评估检验等，这些是区域推进战略规划的基本要素和过程。近年来，二七区结合城乡教育高位均衡发展这一核心问题，根据提升区域教育决策力推进城乡教育高位均衡发展的基本设想，围绕理念、结构、资源、制度和质量五要素，在加大教育经费投入、创新干部队伍任用、加强城乡教师流动、实施"六名工程"建设、开展"三课一评"活动、构建资源共享平台等方面进行了有益探索，取得了较为显著的成效。二七区被评选为"河南省义务教育均衡发展先进县（区）"之后，2014年又作为河南省158个县（区）的代表，顺利通过了国家义务教育发展基本均衡县督导验收，成为全国首批、郑州市区首家达标单位。

（一）加大教育经费投入

均衡发展是义务教育的战略性任务。办学条件不均衡是导致教育失衡的重要原因，办学条件均衡是实现教育高位均衡的前提和基础。推进区域教育高位均衡发展首先要努力做到区域内学校经费投入、资源配置基本均衡，保证每一所学校办学条件、教育水平基本一致。根据弱势补偿原则，尤其要注重对区域内薄弱学校的扶持，通过设立薄弱学校建设专项资金，做到薄弱学校建设资金优先安排、重点保证，努力缩小区域内学校尤其是义务教育阶段学校之间的差距。为了促进区域教育均衡发展，二七区不断加大教育投入，落实义务教育保障机制，规范教育费附加使用办法，根据各教育发展共同体的具体情况，将教育经费、教学设备的投入重点向教育发展共同体内的薄弱学校和农村学校倾斜，初步实现区域基础教育均衡。

1. 落实义务教育经费保障机制

义务教育经费保障是区域基础教育均衡发展的基础。二七区全面落实义务教育经费保障机制，年初将义务教育经费编入财政预算，连年确保教育经费"三个增长"。每年安排一定的财政预算，设立"教育名区"建设专项资金，为提升教师培训、名校长培养、名学校创建、教育科研、信息传媒等"软实力"提供坚实的经费保障。同时，对担任"一人双岗"工作的青年教师和到薄弱学校、农村学校支教的教师进行奖补，在有条件的乡镇，建设教师宿舍区，改善教师住房状况，为区域基础教育均衡发展提供保障。

2. 积极改善中小学基础设施建设

增加教育投入、改善薄弱或农村学校办学条件是提高教育水平、推进区域基础教育高位均衡发展的重要措施。二七区先后投入 8 亿多元，新建、改扩建学校 23 所，建教学楼、住宿楼、综合楼等 28 栋。扎实开展农村学校设点布局工作，在农村先后新建、改扩建了樱桃沟小学等一批学校，先后撤并了 15 所农村中小学，对教育资源进行有效整合。为所有农村中小学和城区薄弱学校配备新课桌椅近 2 万套，购置图书近 30 万册，配备实验器材约 1000 个品种、18 万件。先后投入 457 万元，为城乡所有中小学安装空调设施。并借助郑州市优质教育资源促进计划，争取上级资金扶持，保证配套资金投入。2012 年以来，二七区争取上级资金 624 万元，安排资金 8990 万元，用于 34 个项目学校建设，中小学共新增优质教育学位 5930 个，为辖区中小学更新、配备图书仪器和教学设备，使全区办学条件进一步均衡。

3. 完善各级各类教育资助体系

满足学生发展需求是区域教育的出发点。二七区积极落实"两免一补"等资助政策，为义务教育阶段学生 23 万余人次免除学杂费 4047.96 万元。二七区成立贫困学生资助中心，率先建立健全了从幼儿教育到高等教育全覆盖的资助家庭经济困难学生就学制度和考入省外大学生生源地信用贷款工作，从财政预算中安排专项资金，开设专户，做到专款专用，发放资助金 974.90 万元，资助学生 9830 人次，确保辖区每一位家庭经济困难学生顺利完成学业，保障学生的受教育权利。二七区认真开展"三类残疾"儿童随班就读工作，投资 2000 多万元，高标准迁建了二七区辅读学校（现更名为郑州师范学院附属培智学校），进一步改善残疾青少年的成长环境，保障残疾儿童平等接受教育的权利，为每位受教育者提供适合的教育。

（二）创新干部队伍任用

人是生产力中最为活跃的要素，人的因素在区域基础教育高位均衡发展中起着至关重要的作用，用人机制的创新有利于盘活区域基础教育的人力、财力、物力和智力资源。区域教育规划的有效推进与实施离不开区域干部队伍的改革意识和执行力，离不开校长的领导力，离不开教师的创新实践能力，因此，要创新干部队伍任用机制和教师流动机制，激发干部队伍和教师队伍的积极性和活力。为破解城乡教育二元结构难题，二七区在原有教师支教和轮岗制度的基础上，创新干部队伍任用机制，2009年开始启动"一人双岗"用人机制，即一人同时兼任农村学校和城市学校、优质学校与薄弱学校、传统名校与新建学校两所学校的业务领导。"一人双岗"在2010年全面铺开，农村学校全覆盖，2011年，城区倍增项目学校之间全面实施"一人双岗"，形成了区域内网状交织的全覆盖。"一人双岗"实现了城乡联动的无缝对接，城区倍增的高效联动，区域内优势学校与薄弱学校的管理品质同提升、教学质量同提高，促进了城乡之间、学校之间教育的优质特色、高位均衡发展。

1. "一对多"：点上带动

2009年8月，二七区开始实行"一人双岗"，首批入选的两人分别兼任农村中心校和城市学校的业务副校长。"一人双岗"以实现"城乡教育一体化发展"为目标，立足自身业务优势，深挖城乡学校的教育资源优势，促进城乡学校全方位立体联动，实现"学校管理文化联动、教师教学教研联动、学生互动交往成长联动"的城乡学校无缝隙对接（见图4-4）。"一人双岗"用人机制实行后，城乡学校均发生了可喜的变化，在破解区域基础教育均衡发展难题上取得了突破性进展。

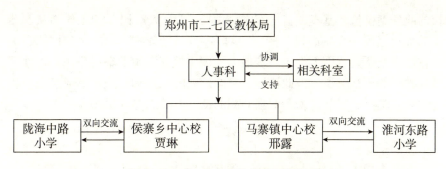

图4-4 "一人双岗"初期开展模式

2. "多对多"：点上辐射

2010年7月，二七区铺开"一人双岗"，进一步扩大城乡交流的深度和广度（见图4-5）。选派14人兼任城市学校和农村中心校下辖农村学

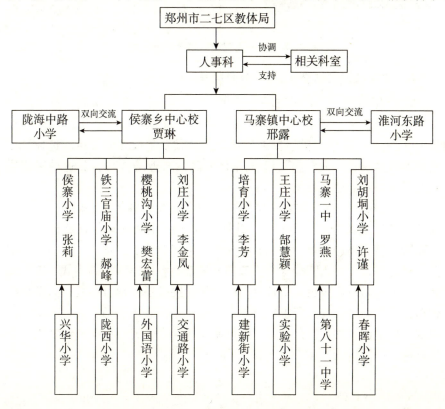

图4-5 "一人双岗"中期开展模式

校的业务副校长，基本覆盖全部农村学校。"一人双岗"的工作面从起始年"城市名校＋乡中心校"的"一对多"发展到推进年的"多对多"，无论在数量上还是范围上都进一步加大了优质教育资源的辐射作用，加强了城乡教育的相互融通、彼此协调、共同发展的探索和实践，形成了城乡教育的双向交流、互利共赢和双强共赢的良性发展态势（见图4－6）。

罗马数字Ⅰ："一人双岗"的首写字母，彰显着二七"一人双岗""争第一""创唯一"的团队精神。写意的Y：表示"一人双岗"身兼两职，奔走城乡之间，用教育教学的软联动破解城乡教育二元结构的硬壁垒。绽开的并蒂花：预示着二七城乡教育多元共生、生态互动、城乡和谐、花开并蒂。彩虹桥：架起城乡教育彩虹桥，建设二七"多彩教育"，促进城乡教育"和而不同高位均衡"发展。

图4－6　"一人双岗"城乡均衡标志

3. "网格状立体交互"：全面覆盖

2011年8月，二七区进一步深化"一人双岗"工作机制，成立"一人双岗"办公室，拓展"一人双岗"岗位设置方式，再次由城区破格选拔10位副校长兼任农村学校副校长，实现城乡学校无缝对接。选拔城区倍增项目学校"一人双岗"12人兼任城区两校业务领导，促进城区优质教育资源裂变倍增（见图4－7）。

"一人双岗"逐步建立多层级多向城乡交互管理体系，由"一对一"的学校联动发展为"抱团发展、共性合作"的团队联动，有效整合"一人双岗"共同体内的城乡学校教育资源，形成合作、互动、共赢的发展团队。同时探索"一人双岗×一人双岗＝城乡教育网络"的新模式，以干部队伍任用机制破解区域基础教育高位均衡发展难题，通过名校、名师辐射带动，提高农村学校师资水平、教育教学质量，共培名师，共育名生，共建城乡名学科，共筑特色品牌，促进城乡教育"多元共生、和而不同、优质特色、高位均衡"发展（见图4－8）。

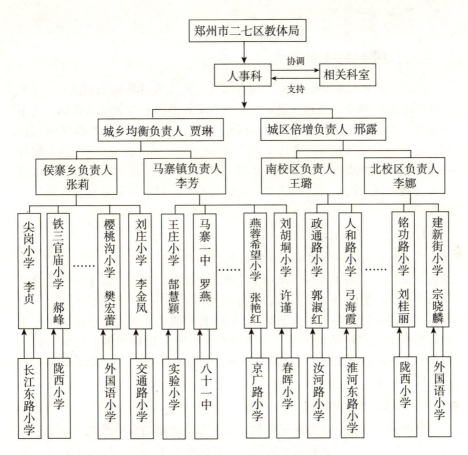

图4-7 "一人双岗"后期开展模式

动感的人体：寓意"一人双岗"担当大任、追求卓越的团队精神。

舒展的双翅：喻示"一人双岗"联动，二七城区倍增学校多元共生、共建共享、优质特色、高位均衡的发展。

展翅的倍增彩蝶：预示区域教育创新创效，重构"研发、共享、普惠、群升"的大循环、大系统、大倍增圈，以优质资源规模化增长及灵动的穿越，开创没有"墙壁"的二七新教育！

图4-8 "一人双岗"城区倍增标志

（三）加强城乡教师流动

师资不均衡是制约区域基础教育高位均衡发展的瓶颈问题之一。《教育规划纲要》指出，要建立健全义务教育学校教师和校长流动机制。为解决城乡学校间师资力量的不均衡问题，二七区不断健全城乡教师流动机制，在教育发展共同体内推进干部、教师"一人双（多）岗"，将共同体内教师流动、优质教育资源促进计划、城区教师下乡支教等相结合，加强教育发展共同体内学校之间的师资交流与共享，促进区域基础教育高位均衡发展。

1. 建立共同体流动机制

二七区在教育发展共同体内加强学校间的交流与合作，促进教师个体的合理流动。共同体内各学校每年教师流动比例原则上不低于学校符合流动条件教师总数的10%，支教教师作为共同体内部流动教师纳入统计。暑期教师调动比例原则上不低于5%，同时教师调动和流动的总比例不低于教师总数10%，流动程序为"个人申报—教育共同体理事会协调确定—教体局人事科备案"，流动人员的人事关系原则上不动，流动时间根据形式不同而确定。

2. 创新教师流动形式

教师流动采用分批有序流动和区域多元流动相结合的形式。一是分批有序流动。在基本保证各校正常教学工作的前提下，共同体每年确定一定数量且缺少农村工作经历的教师到农村中小学任教，计划用三年左右的时间使全区教师流动比例达到90%。同时，每月派出2—3位优秀教师到共同体内农村学校开展业务讲座、上示范课和组织研讨会等，加强城乡学校教师间的交流与合作。二是区域多元流动。变单一的城乡教师流动模式为多样多层的流动模式，参与流动的教师分为学校中层以上领导干部、名优教师、普通教师、新任教师四种类型。一年来，共同体内交流人数达269人，其中学校中层以上领导干部22名、城乡流动教师247名，有效推动了区域基础教育高位均衡发展。

3. 提高流动人员待遇

教育发展共同体内表现优秀的流动教师经教体局研究具体情况，可延长流动时间或予以调动，流动时间满三年且表现优秀的教师可优先提拔。

对参加共同体内部流动的教师，绩效工资按照规范程序和要求予以倾斜，由教育发展共同体研究决定。

（四）实施"六名工程"建设

区域基础教育高位均衡发展不是"削峰填谷"而是"高峰扬谷"，不是"千校一面"而是"多元特色"，在均衡发展、教育公平的过程中求优质，在高水平、高层次的优质发展中求均衡，追求优质和均衡的和谐统一。二七区以"六名工程"建设为抓手，以非均衡的措施促进区域教育优质特色、高位均衡发展，提升区域教育质量。

1. 实施教育名区创建工程， 打造教育成果人民满意区

二七区基于教育发展现状，对区域教育进行了整体顶层设计，从"质量、品牌、服务"三大主题的提出，到"六名工程"的深入实施，到"多彩教育"发展模式的基本形成，再到二七教育标志的设计，二七教育之歌的谱写，"志存高远、知责奋进、锐意创新、永争第一"的二七教育体育精神的生成，以及从精神文化、物质文化、制度文化和活动文化四个层面构建的具有二七标志的"多彩教育"区域教育文化，二七教育顶层设计趋于完善。

2. 实施名学校拓展工程， 打造各具特色的名校集群

二七区按照"建项目、创特色、树品牌"的建设思路，引导各校结合实际科学地进行品牌规划，不断丰富品牌内涵，形成独特的办学特色。各校以"梳理、提升、完善、推介"为主题，围绕办学理念、学校文化、课程建设、课堂教学、师资队伍、教育科研、评价机制等品牌建设内容持续开展"一校一品"暨"美丽校园"创建活动，举办学校品牌发展论坛，加快学校品牌定型和推介步伐，实现校校有特色、校校有品牌。依托优质教育资源促进计划，借助高校和科研机构的力量，通过经验交流、名校观摩、一帮一活动等方式，打造了二七各具特色的名校集群，如春晖小学的"国学教育"、陇西小学的"美乐爱"教育、七十四中的"理解教育"、汝河路小学的"和谐教育"、侯寨中心校的"乡土大课堂"、马寨镇培育小学的"小刻刀"等。

3. 实施名学科构建工程， 形成风格各异的精品学科

学科建设是区域基础教育内涵发展的关键。二七区制定了《关于加强名学科建设的实施方案》，以学科教研组为主体，以课堂教学为主阵地，以教研科研为抓手，健全制度，规范管理，逐步构建学科教学模式。各校结合校情、师资专长，有侧重地进行名学科建设，同时成立名学科建设共同体，依据优势互补、合作并进原则在学校之间共建名优学科，使每个学科都有自己的学科标准、学科理念、学科思想、学科风格和有效的学科教学方法。三年来，二七区分步骤培养出一批优势学科和特色学科，重点扶持了30个特色学科建设优秀教研组，积极打造风格各异的精品学科。大批新兴课堂教学模式迅速形成：陇西小学被授予"河南省语文教学实验研究基地学校"，春晖小学的语文"瘦身课堂"吸引了多家教育考察团前来学习参观。在郑州市学科课程研究基地评选中，二七区小学数学、小学英语、小学美术、初中政治、高中物理五个学科被确定为郑州市首批学科课程研究基地。

4. 实施名校长塑造工程，成就具有全方位领导力的校长队伍

积极启动"名校长工作室"，设立专项培养经费，分梯次遴选名校长培养对象，实行以高培、高导、高派、自修为主的"三高一自"培养模式，分批次组织校长封闭学习、挂职培训。同时，在校长队伍中开展"五个一活动"，即：每天学习一小时，每周参加一次研讨活动，每月参加一次学习培训，每学期做一次公开讲座，每学年组织一项课题研究。设立校长优秀成果奖，通过"汉语桥"、回访交流等项目，选派名校长到英国、新加坡、美国等教育发达国家，或北京、上海等国内教育先进地区考察学习，鼓励校长发表文章，著书立说。近年来，二七区已建立10个名校长工作室，以汝河路小学张卫东、陇西小学郭文祥、幸福路小学胡建玲等为代表的一大批专家型、学者型校长迅速成长，多次受邀到省内外交流先进办学经验。张卫东校长入选郑州市"十大教育新闻人物"。郭文祥校长引领广大教师在《郑州日报》开设"美乐爱教育在线"专栏，并在《小学教学》连续发表多篇文章，成为"河南省中小学名校长培育工程2014年培养对象"。

5. 实施名教师培养工程，打造名师团队

以"名师工作室"为载体，组建城乡教师三级发展梯队（名师工作室主持人、核心成员和发展对象），构建了"三三"名师培养模式（见图4—9），促进各级教师的梯级攀升和名优教师的持续集群发展。开辟人才绿色通道，每年引进15名"高、精、尖"优秀人才，同时，依托名师工作室、名班主任工作室，构建二七"多彩"名优教师人才库，将现有各级名优教师共 1200 人次分别纳入教育专家、名师、骨干教师、学科带头人、绿色通道引进人才、博客团队、名师讲学团等不同的人才库，将他们确定为不同层级的名师培养对象；还建立了含有 334 人的最具发展潜质人才库，从中选拔出了 328 名首席教师，为他们确定梯级攀升目标。通过设立"名教师培养工程"先进团队奖励经费，组织"我身边的好老师""感动二七教育人物（团队）"评选，开展美国田纳西州约翰逊大学研究生班学习、哈佛大学教育研究生院"TFU"课程学习、赴澳双语教师培训，鼓励教师坚持撰写博客反思等活动，提升二七区教师的反思能力和专业发展水平。目前，全区现有教师教育学科专家达 26 人，国家级名师 1 人，省级名师 17 人，国家级、省级骨干教师 226 人，市级终身名师 1 名、杰出教师 4 人、名师 20 人、骨干教师 127 名、学科带头人 58 人，区级名师 68 人。120 余名教师在省级以上优质课比赛中获奖。陇西小学和外国语小学获得"郑州市普通中小学名班主任工作室"荣誉称号。在郑州市第五届、第六届教育博客大赛中，二七区教师入围人数及金奖、银奖、优秀奖等各类奖项获奖人数均占郑州市教师总人数的 50% 以上。二七教育精品反思集《在路上》《木铎金声》已正式出版，并面向全国公开发行。

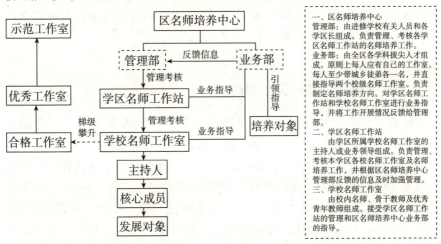

图 4-9　"三三"名师培养模式

6. 实施名学生培育工程，培养具有个性特长的复合型人才

在推进素质教育的过程中，二七区充分利用教育基地多、人文资源多，驻军、大学和科研机构多的优势，推行"厚德养习"培养计划，实施"2＋1＋1"项目计划，开展丰富多彩的社会实践活动和社团活动，组织"四好少年""体育小健将""艺术小明星""小小发明家"等评选展示活动，促进"名学生"培育工程有序开展。各校积极组建多彩社团，并将名学生社团特点与学校教学工作相结合，完全实现了学生按照个人兴趣爱好自由选择社团的目标。2010 年至今，全区已组建 202 支社团，从城区的长江东路小学"天骄排球队"、建新街小学"新创意"动漫社团，到农村的培育小学"小刻刀大天地"艺术社团、刘胡垌小学"翰墨书香"书法社团，等等，全区城乡优秀学生团队特色突出。近年来，全区学生获奖达 7600 项，其中国家级以上奖励达到 2000 余项。铭功路小学成立了全市首家戏剧社，淮河东路小学"黄河少年"机器人代表队连年荣获国际金奖，航海路小学"太平洋"海模队在全国海模大赛中成为河南省获奖最多、获奖级别最高的一支代表队，辅读学校田径队代表河南省在 2011 年全国特奥田径比赛中摘得 7 金 4 银 7 铜共 18 枚奖牌，刷新了河南省在历届全国特奥田径比赛上的获奖纪录。

（五）开展"三课一评"活动

随着"两基"目标的实现，基础教育由"规模发展"转向"内涵发展"的新阶段，提高教育质量逐步成为教育改革和发展的重心。二七区积极探索提高教育质量的载体和路径，下发了《郑州市二七区教育体育局关于切实加强"课程、课堂、课题"建设，深入推进"多彩教育"的实施意见》，强调区域要以"三课一评"为载体提升教育质量，构建多元的、满足学生需要的课程体系，发展多样的、适合学生学习的教与学方式，生成开放的、独具二七标志的"多彩课堂文化"，提升教育质量和品质，追求让所有人享受到教育的恩泽，体验幸福的教育生活。

1. 建设 "多彩课程"

课程是学校教育的载体，是学校的核心竞争力，是承载教育理想、落实素质教育、实现教育目的的重心和基础。二七区秉承区域"多彩教育"

理念，着眼于学生的全面而有个性的发展和区域教育的优质特色、高位均衡发展，在区域教育的统筹布局下，以"开发多彩的课程，营造多彩的生活，滋养多彩的生命"为课程建设的总目标。在顶层设计上，提出构建"适合每一个学生发展"的和而不同的区域"多彩课程"；在底层设计上，强调基于校情、学情开发课程，以课程树特色，以课程育文化，使学校师生都能够在"多彩课程"中"做最好的自己"。

二七区以系统思维优化顶层设计，加强教育行政部门的课程决策力，发挥教研室课程研究与指导能力，提升学校课程领导、规划能力；以抓好国家课程校本化实施和校本课程特色化开发两大任务为重点，以郑州市校本课程建设奖评选、课程建设推进会、校长校本课程答辩会为契机，以学校课程规划编制为抓手，以"培训—编制—审议—反馈"为行动链条，构建适合学生的、独具特色的个性化课程体系。如淮河东路小学的多彩特色课程、铁三官庙小学的多彩课程超市，就是通过选课平台、走班制度让学生选择喜欢的课程，促进学生全面而有个性的发展。

近年来，学校课程规划能力逐步提升，教师的课程意识和校长的课程领导力得到增强，全区各校都制定了《学校课程规划方案》和《校本课程规划方案》，构建了独具学校个性特色的"多彩课程"体系，涌现出了淮河东路小学"我爱机器人"、建新街小学"创意动漫"、汝河路小学"研学旅行"等一批适应学生发展的校本课程，形成了"校校有课程规划、教师人人会编写课程纲要、学生人人可选择课程"的局面。二七区课程建设经验在郑州市课程与教学工作会上被作为典型案例进行了宣传推广。

2. 开展 "多彩课堂"

课堂是教育教学质量提升的主阵地，课堂教学改革的根本目的是提高课堂效率。二七区遵循"尊重生命、以生为本、基于生活、生态发展"的理念，以提升学生有效学习的质量为重点，以明确认识引领课堂改革，以专业方式推进课堂改革，以重点项目提升课堂质量，持续推进课堂教学改革。"多彩课堂"是尊重差异、鼓励特色、释放个性、精彩纷呈的课堂。它不是模式，而是一种多元和谐、动态生成、可持续发展的课堂状态，应体现出"三重课堂境界"。第一重境界：固本强基，打好基于标准、以学定教之"底色"；第二重境界：尊重差异，凸显个性张扬、特色鲜明之"亮色"；第三重境界：生态发展，追求轻负高质、生命幸福之"绿色"。

在践行"多彩课堂"的过程中要特别抓住三个关键点：设置层次化的学习目标；形成多样化的学习方式；实施多元化的教学评价。"多彩课堂"，反映的是共同的课堂追求，即先学后教，以学定教；追求的是生态的课堂文化，即呵护生命，关照成长。

近年来，二七区相继编写了《多彩课堂文化知识手册》，组织校长、业务领导开展课堂教学展示、"百节精品课"展示等活动，举办了五届"多彩课堂文化节"，形成了七十四中的"理解课堂"、淮河东路小学的"尝试课堂"、建新街小学的"行知课堂"等多种课堂形态，5所学校的课堂形态被评选为"郑州市优秀道德课堂形态"，春晖小学的"瘦身课堂"作为郑州市道德课堂范式被《基础教育课程》杂志报道，陇西小学被授予"河南省语文教学实验研究基地学校"，等等，课堂建设成果日益凸显。

3. 深化课题研究

教育科研是推动教育改革的强大动力，是提升教师素质的必然选择，是品牌学校建设的催化剂和推进器。二七区依托国家社科基金重点课题"我国基础教育未来发展新特征研究"、中国教育学会教育科研规划重点课题"以多彩教育推进区域教育高位均衡发展的理论与实践研究"和省级重点课题"多彩课堂文化建设的实践研究"等，在有效整合的基础上确定区域研究框架，形成教师、学校、区域联合互动的研究网络，建立网格化课题管理制度，加强科研成果的推广和转化。

同时，坚持思考与行动相结合、教研与科研相结合，强化主题式、系列化校本教研，通过课堂观察、课例研究、问题会诊等形式，以"问题—设计—行动—反思—提升"为路径，将研究细化到课堂教学的关键节点上，鼓励教师进行小课题研究。建立"区域—学校—教研组"三级课题研究网络，立足课堂教学实际选择研究方向，做到"人人有课题"。通过一系列课题培训、调研交流，以课题研究的品质助推课堂教学改革。

4. 探索评价改革

评价直接影响区域基础教育改革质量的提升。郑州市二七区积极探索评价改革，下发了《郑州市二七区教育体育局关于推进学业质量评价改革的指导意见》，从"六名工程"考核评估系统、教育质量综合评价系统、公众评价反馈系统等多个维度进行全方位评价，促进区域基础教育高位均衡发展。

（1）健全"六名工程"考核评估系统

制定并不断完善《二七区教育体育局"六名工程"考核细则》，对"六名工程"的推进情况进行评估。评估采取制定指标、量化标准，过程性评价与终结性评价相结合的方法进行。各项工程实行分类考核，全程量化评分，注重过程性评价，过程性评价占总分值的30%，终结性评价占总分值的70%。通过班子汇报、民主测评、教师座谈、问卷调查、查阅资料等形式，评估各单位申报的项目，对评估合格的项目进行命名和表彰，优先安排参加国内学术考察和科研活动。

（2）完善教育质量综合评价系统

近年来，二七区在区域与学校两个层面开展了多角度的评价改革，促进教育质量提升。

区域主导，激发评价改革活力。引导学校、教师改变评价观念，树立"评价是为了更好的学习"的评价观，强调对学生全面而有指导的评价改革；引进教育部《区域教育质量健康体检项目》，对学生学习动力、学业负担、师生关系等14个维度进行检测和评价，建立区域教育质量监控体系，科学运用监测结果。二七区推出了"大调研、小诊断"的学校评价模式，通过评价反馈单，诊断学校问题并为学校提供建议，使用"增值评价"，以进步的幅度来评价学校努力情况；改革统考，由全区统一命题考试逐步过渡为教研室审核与指导各校评价。目前已经取消一年级语文和数学、三年级英语统一命题，统考年级尝试采用一张试卷加一张问卷的评价方法。

学校主体，科学探索评价创新。在研究质量评价标准的基础上，以大量数据和科学分析为基础，科学设计评价方案，改革教育评价方式方法。在改革前期二七区已进行了不少有益的探索，如汝河路小学的"游园式评价"，学生手拿游园卡在闯关中解决有关数学问题，在和老师的对话中检验语言的运用，系红领巾、收拾书包、递剪刀都是评价项目。"玩中评、评中玩"的乐考情景减轻了考试带来的紧张情绪，激发了学生参与学习生活、校园生活的热情和动力，发挥了评价对学生学习力的促进作用。此外，陇海中路小学的"手册式"学业评价、政通路小学的期末音乐会评价等，都是着眼于学生长远发展的评价方式。

（3）建立健全公众评价反馈系统

探索建设"管、办、评分离"的现代教育管理体系的路径与方法，开通多种意见反馈通道，建立健全公众评价反馈系统，吸纳家长、社会人士等组成多元评价主体，形成多元督导评估体系。每年通过"人民满意公仆单位"评选等活动，征求人大代表、政协委员对教育的意见及建议。定期收集整理媒体关于学校办学、教师师德、学生培养等方面的报道，及时追踪调查负面报道并调整改进。定期通过家长会、行风评议等方式，向家长、社会人士发放问卷，调查教育质量的相关情况。通过市教育局网络政务平台、心通桥、局长信箱等途径了解网络舆情，及时受理群众投诉。依托网格化管理，通过驻村工作队了解公众对教育的意见和建议。通过五种通道为教育做详细的评估，并进行有效改进提升，促进区域教育健康快速发展。

二七区评价改革初步取得了一些成效。2014 年 1 月，郑州市教育局在工作计划中特别指出：重点支持二七区开展小学阶段的学业质量评价改革。教研室指导学校形成以校为本的学业质量评价方案，涌现出了汝河路小学的"游园式"评价、陇海中路小学的"手册式"评价等新型评价方式。2014 年 5 月，湖南株洲市教育局专程组织团队来二七区参观、交流学业质量评价改革工作，《中国教师报》《大河报》及中国新闻网等多家媒体对二七区的学业质量评价改革工作进行了相关报道。教研室、汝河路小学等应邀到郑州市校本教研推进会、全国评价改革交流会、第二届全国数据驱动教学改进专题研讨会上发言。全区各校由原来的被动接受评价转变为现在的主动开展评价改革。

（六）构建资源共享平台

教育资源是自有教育活动和教育历史以来，人类在长期的文明进化和教育实践中所创造和积累的教育知识、教育经验、教育技能、教育资产、教育费用、教育制度、教育品牌、教育人格、教育理念、教育设施以及教育领域内外人际关系的总和。区域教育资源共享的要素概括起来主要是区域内的人力、物力、财力、智力资源。区域教育资源共享的方式在于通过有效地利用资源整合，使区域内各种教育资源要素之间建立不同形式的联系，实现资源的优势互补和共建共享，满足多样化的教育需要。

教育资源均衡是区域基础教育高位均衡发展的条件保障。由社会经济发展的不平衡性等原因造成的教育资源分布的不平衡和差异，明显地、普遍地存在于地区和城乡之间，是区域基础教育高位均衡发展面临的一个突出问题，直接影响着区域基础教育整体高位均衡发展。二七区结合城乡二元结构特点，依托"一人双岗""教育发展共同体""区域—学校—社会联动"平台，构建了点对点、面对面、全方位的资源共建共享平台，为区域基础教育高位均衡发展提供了有力保障。

1. 构建点对点的资源共建共享平台

结合区域内城乡教育二元结构特点，二七区系统梳理了以往零散的城乡教育交流政策与举措，全面总结了各地的城市支持农村教育的经验与做法，在全国范围内率先开展城乡教育均衡化探索，启动"一人双岗"工作，构建点对点的资源共建共享平台，着力破解区域城乡教育均衡发展难题。

"一人双岗"用人机制是面向全区教育系统，公开选拔"思想素质过硬、业务能力突出"的中层干部（或优秀的一线优秀教师），同时兼任农村和城市两所学校的教学副校长，发挥城市学校辐射带动优势和城乡之间的关联优势，以城带乡、城乡互惠的一种工作机制。二七区"一人双岗"用人机制自 2009 年启动实施以来，已分 6 批安排了 55 人次，实现了此项工作由点对点、点对面，到网状交织的"立体化网络"全覆盖。在二七区"一人双岗"管理办公室的统领下，"一人双岗"干部立足城乡教育实际，紧紧围绕"学校管理理念、师资队伍建设、学生培养、家校力量聚合"这四个城乡教育均衡着力点，探索创建了"一体四动"城乡教育一体化工作模式，有效促进了城乡学校之间的互动交流、资源共享和优势互补（见图4－10）。

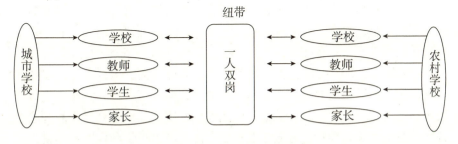

图 4－10　"一体四动"工作模式

（1）加强城乡学校联动，促进教育理念深度交融

以城乡两校的业务副校长、教导主任为管理团队，以城乡两校为具体

组织实施单位，建立多层级的、双向的城乡交互管理体系，开展城乡学校管理连线系列活动，进行城乡校长管理理念对接、城乡学校中层思想对接、班主任治班理念网络论坛对接等，把先进的教育管理理念传播到农村校园，增强农村教育的核心竞争力。马寨镇培育小学的特色是刻纸文化（剪纸文化的一种），而建新街小学的特色是动漫。"一人双岗"干部结合两校办学特色，创造性地将传统刻纸技法与现代动漫形象元素相融合，既开拓了幻想的空间，又创设了动手实践的舞台，使两校的办学特色都得到了丰富和发展，培育小学依托小小刻刀队还获得了"河南省特色学校"荣誉称号。校校联合、谋求共赢的例子还有很多。例如，二七区淮河东路小学带动了共建学校马寨镇刘胡垌小学管理品质的提升，使刘胡垌小学"翰墨书香"校园文化特色得以进一步彰显；二七区艺术小学以艺术特色见长，把艺术特色办学的思想带到了侯寨乡张李垌小学；二七区兴华小学推行"精细化管理"，以此带动了侯寨小学和郭小寨小学管理效能的提升；二七区实验小学与马寨镇王庄小学共同申报课题，结成了"科研兴校"共同体；等等。

（2）加强城乡教师联动，促进教师素质共同提升

发挥"一人双岗"干部自身学科优势，整合城乡两校的优秀师资力量，开展主题教研、会课诊课、说课评课、网上交流、同课异构、科研联动等多种形式的活动。吸纳100多位名师，建立起了"二七区城乡名师共享大菜单"，各个学校根据实际需要"定制名师"进校授课，提升城乡教师的业务水平，促进了城乡教师的专业共同发展。如侯寨乡"一人双岗"干部借助"扬帆起航工作室""睿峰名师工作室"等平台，组织了城乡多校联动教研活动，在名师的引领下，通过数次研课、磨课，城乡教师教学能力得到了很大提高。几年来，先后有60余位农村教师站到了省、市级优质课的领奖台上，跳出了以往农村教师只在区内获奖的怪圈。同时，"一人双岗"干部还在开发乡情教育课程、实现课程资源共享方面发挥了重要作用，让城市与农村教育元素相互融合，向城市学校开放本土性教育资源、输入特色化教育经验。如"一人双岗"团体和侯寨乡骨干教师联合开发了乡土大课堂和特色寒假作业；二七区外国语小学和侯寨乡樱桃沟小学联合开发了校本课程——户外磨砺课程；等等。在2013年二七区首届校本课程先进学校评比中，马寨镇培育小学、侯寨乡铁三官庙小学等农村学校都榜上有名。

（3）加强城乡学生联动，促进学生多元交互发展

挖掘农村教育资源，在学生教育内容、实践活动等方面实现共建共享。每年8月底是葡萄成熟的季节，侯寨的万亩葡萄基地成了城市孩子的乐园，学生亲切地把这些实践基地叫作真实版的"开心农场"。孩子们在开心农场剪花椒、挖土豆、拔白菜、刨花生，感受到劳动的愉悦与辛苦。此外，还有实地观察樱桃花、实地测量土地面积等乡土教育实践活动，将城乡学生的课堂搬进了农村广阔的天地，让学生在真实的体验中开阔视野、增长技能。利用城区教育资源优势促进农村学生发展，樱桃沟小学把每年的11月定为学校的"科普月"。为提高孩子们的学习兴趣，"一人双岗"的干部联合外国语小学和樱桃沟小学，带领师生共赴郑州科技馆参观学习，感受科学的奥妙与神奇。如今，"七色花"戏曲艺术团、疯狂英语等落户农村学校，农村娃随城区学生团参加2010年FLL国际机器人大赛获得金奖，在全国定向越野比赛中勇得佳绩等，极大地丰富了农村学生的学习生活。另外，通过城乡学生"共读《弟子规》""好书漂起来""励志卡片寄真情"等形式多样的交流互动活动，实现了城乡学生学习、生活的互通互联，从思想道德、审美情趣、实践操作等方面，开启了城乡学生立体多维的互动交往成长空间。

（4）加强城乡家长联动，促进家校教育力量聚合

"一人双岗"的用人机制还推进了城乡家长互动，架设了城乡家长之间的交流桥梁。2011年6月，由"一人双岗"干部连线，兴华小学的优秀家长来到侯寨小学，以"快乐工作、快乐生活"为主题，针对如何正视工作中的压力、如何多角度观察孩子等方面的问题，运用心理测试、小组合作活动等方式，使参与者在轻松愉快的氛围中学习科学的教子方法。"一人双岗"的干部们通过开展"城乡携手聚焦家庭教育""城乡家长座谈会"活动，邀请城市学校家庭教育经验丰富的家长与农村家长分享家庭教育方法，引导城乡家长更新家庭教育观念。开展"城乡家长共享阅读之花"活动，邀请家长参与"名师阅读引领""阅读互动交流"等活动，激励家长广读书、读好书。开展"城乡共享亲子活动"，举办跳绳、夹球、踢毽子、"农家活"体验活动等，搭建城乡家校之间的合作交流平台，让家庭教育与学校教育形成合力，促进城乡孩子德、智、体、美、劳全面健康发展。

2. 构建面对面的资源共建共享平台

教育资源的最优化配置和最合理运用能够发挥教育资源的最大效益，二七区依托教育发展共同体平台，秉承"多元共生、和而不同、优质特色、高位均衡"的发展理念，统筹共同体内城乡学校的规模、结构、质量和效益，强化校际资源的整合，促进合作、交流和互动，逐步建立资源共用、责任共担、利益共享的有效工作机制，搭建了面对面的资源共建共享平台。各教育发展共同体结合实际，搭建了管理联动平台、教学教研平台、师资共享平台、活动共建平台，通过"教学计划、教学管理、校本教研、教育科研、质量分析、质量考核"的"六统一"，实现"优秀教学设施、优秀教师资源、优秀教科研成果"的"三共享"，促进教育发展共同体内教学质量和办学水平的同步提升。

（1）校际管理联动，协同发展

学校管理的规范化、精细化直接影响学校的教育质量提升和内涵特色发展，教育发展共同体积极搭建多样化平台，提升共同体内学校的管理水平。一是定期召开共同体联席会议，深化管理团队间的沟通交流，针对共同体各校现状及改进措施进行广泛而深入的研讨，完善各校发展规划和路径。二是开展"一校一品"诊断活动，成立专家团队，分学校自评、团队诊断、整改提升三个阶段梳理和总结品牌创建的成果与问题，集中力量打造独具特色的校园文化、生动和谐的师生课堂等，实现校校有特色、校校有品牌。三是健全课程共建共享平台，发挥课程建设先进校的示范作用，分享多彩课程开发与实践经验，挖掘共同体各校课程资源，共建共享学生需要的各项特色课程，在共同体范围内实现按需选课。

（2）教学教研深融，共同提高

各教育发展共同体紧紧围绕课堂教学进行研讨交流，充分利用教学教研平台促进教学质量提升。一是建立共同体教研平台，共同体举行课堂形态研讨会，各校从课堂形态汇报、课例展示、课后反思及团队阐述等环节分享自己对课堂形态的认识、理解、实践、思考，共同提炼、总结适合校情及学生发展的课堂形态。此外，共同体还开展了主题教研、会课诊课、说课评课、学科研讨、同课异构等教育教学专题活动。二是建立科研互动平台，立足教育管理和教学实践中的共性问题，以共同体为单位统一申报课题，各校共同研究解决问题，形成共同体城乡各校共研机制，以科研一体化破解各类教育难题。三是建立学业质量统一测评平台，共同体在分析各校学科水平、师资情况和评价现状的基础上进行联合命题、互换评卷，加强对各校评价改革过程的督促，共同建立以学生发展为核心的、科学多元的学业质量评价制度。

（3）师资队伍共享，辐射带动

为发挥名优教师的辐射带动作用，促进共同体学校间教师的共享共成长，二七区搭建了三个师资共享平台。一是成立共同体名师工作站，由名师工作站主持人、核心成员和发展对象组成教师培养三级发展梯队，组织培养对象参加高层次培训、高水平论坛，外聘知名专家引领指导，共同培养名优教师。二是建立共同体名师资源库，成立名师讲学团，打破校际界限，形成名师共享圈，分批次、分主题轮流讲学授课，最大限度地发挥名优教师的作用。三是设立共同体教师储备库，通过教师走教共享教师资源，缓解学校部分学科教师短缺现状，实现共同体教师间的共享共用。

（4）学生活动共建，城乡互融

各教育发展共同体采取多校联动的方式，统筹城乡学校间学生的实践活动，促进城乡学生的共同成长。一是共同举行体育艺术节，共同体以春秋运动会和艺术节为契机，充分挖掘城乡学校的体育和艺术特色，依据"强弱互补、强强联合、优势凸显、共同提升"的原则，让城乡孩子同台展示、交流学习。二是共享教育实践基地，共同体联合城乡各方力量，开发社会资源，建立传统文化、革命传统、法制教育、科技教育、国防教育、环境教育等社会实践基地，让城乡学生共享红色教育基地、万亩葡萄基地、蔬菜基地等实践基地，共同走进科技馆、海洋馆、博物馆等文化基地，共同体验和成长。三是共建学生特色活动，共同体依托各校的机器人、剪纸、动漫、戏曲、定向越野等特色，让各校学生共建共享特色活动，共同展示最好的自己。

3. 构建全方位的资源共建共享平台

区域教育资源的有效整合与合理优化，可以实现从量变到质变的改变，促进区域基础教育高位均衡发展。目前，我国正处于改革和发展的时代，原来单一、封闭的传统教育体系正逐渐被多元、开放的现代教育体系代替，这就需要加强区域、学校、社会三方面教育资源的有机整合，构建全方位的资源共建共享平台，形成教育合力。

（1）深挖家庭教育资源，开展家校互动活动

苏联教育家苏霍姆林斯基说过这样一段话："儿童只有在这样的条件下才能实现和谐的全面的发展，就是两个'教育者'——学校和家庭，不仅要一致行动，要向儿童提出同样的要求，而且要志同道合，抱着一致的信念，始终从同样的原则出发，无论在教育的目的、过程还是手段上，都不要发生分歧。"二七区重视发挥家校合力作用，采用各种形式开展家庭与学校之间的互动活动，如学校推广使用"家校通"，家长登录网站，即可知晓孩子在校表现；通过手机短信，可以与孩子的任课教师轻松沟通；老师定期到学生家中家访；学校每月召开家长会，成立家长委员会，举办丰富多彩的亲子活动等。这些都是家校联系的有效形式。城市的家长和孩子还可通过网上家长学校等学习家庭教育的科学方法，运用多元化平台实现家校共育。

另外，二七区还通过"城乡共享家长大讲堂"活动挖掘家长资源，进行家校共育。利用城乡家长的职业特点，如交通警察、医生、建筑师、种粮大户等，发挥家长在种植果树、绣十字绣、养蜂等方面的特长，以茶艺、手工制作、种植方法等丰富城乡学生的"第二课堂"，拓宽学生的眼界，充分发挥城乡家庭教育资源对学生的教育作用。开展"城乡共享亲子活动"，举办跳绳、夹球、踢毽子、做"农家活"等活动，让家长参与到学校教育中来，使家庭教育与学校教育形成合力，使学校教育得到全体家长的支持和参与，促进城乡家校之间的合作交流，构建城乡家庭、学校、社会"三位一体"的教育体系，促进区域城乡教育高位均衡发展。

（2）深挖社会资源，开展青少年校外教育

社会资源对青少年的全面健康成长至关重要。二七区深入挖掘本区域得天独厚的人文资源，尤其是充分开发和利用地域教育资源，如以二七塔为代表的红色资源、以德化街为代表的商业资源、以马寨工业园区为代表的工业资源和以樱桃沟农家乐为代表的农业资源，开展综合实践活动课程和乡情教育。学校充分挖掘乡土文化资源，形成具有浓郁特色的校园文化，以"活的课程"为主导思想，以"魅力侯寨""增辉马寨"为主题，结合当地民风民俗、风景名胜、风味小吃等内容进行积极讨论，并根据孩子们的年龄特点，设计丰富多彩的乡土大课堂，使孩子们能够进一步了解家乡，激发孩子们热爱家乡、热爱祖国的情感，并引导他们在实践中运用

知识，在实践中学习新知、感悟新知。

例如，外国语小学和樱桃沟小学的城乡两校师生在风景优美的樱桃沟景区进行学科拓展学习。学生在英语老师的带领下，学习用英语推介侯寨乡生态旅游文化；数学老师教学生运用绳子、米尺、卷尺等测量工具，探究丈量土地的方法，并运用所学知识去计算面积、周长；在美术老师悉心传授美术绘画技法的基础上，学生采用原生态的具有乡土气息的豆类、花布、蛋壳等材料，搭配鲜艳的色彩，创作精彩纷呈的豆贴画、布贴画、蛋壳画、砂纸画，亲手描绘美丽的家乡——樱桃沟。社区开设"四点半"课堂，为辖区学生提供课业辅导、兴趣培养、个人成长等方面的社会服务，在服务孩子成长的同时解决了双职工家庭的实际困难。近年来，二七区在教育实践中，形成了以学校教育为主阵地、以家庭教育为基础、以社会教育为依托的，相互融合、相互促进、联动共育的新格局。

教育是一个系统工程，只有将学校内部的变革力量与学校外部的社会力量整合起来，深挖区域、学校、社会各方面的教育资源，构建全方位、立体化的资源共建共享格局，形成目标一致、功能互补的教育合力，才能实现最佳的教育效果，促进区域基础教育高位均衡发展。

四、对以教育决策力提升推动区域教育均衡发展的进一步思考

（一）以研究网络促进区域教育高位均衡发展

教育科研是推动教育改革的强大动力，以教育决策力推动区域教育高位均衡发展离不开深入的研究。要借助高等院校、科研机构等单位的专家团队力量，建立研究共同体，确定区域研究框架，形成教师、学校、教育发展共同体、区域联合互动的研究网络。同时，在教育发展共同体内开展课题研究，以"共同体总课题—学校子课题"等课题群共同推动"六名工程"（见图 4 - 11）"三课一评"等建设，促进区域教育品质化、信息化、国际化发展，实现区域教育高位均衡发展。

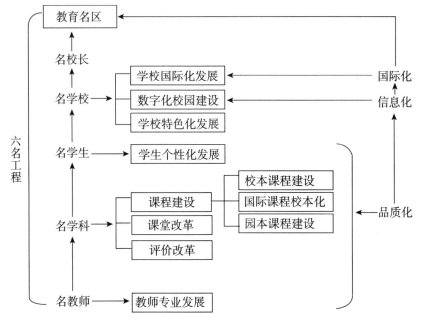

图 4-11　"六名工程"的结构

（二）站在时代前沿推动区域教育高位均衡发展

教育发展与时代发展息息相关，教育发展需要跟上时代发展的步伐。随着数字化、"互联网＋"时代的到来，"品质化、信息化、国际化"发展成为"多彩教育"的发展目标。要厘清"品质化、信息化、国际化"发展的关系，其中"品质化"是主体，是基础和根本，也是教育发展的出发点和归宿，要以质量为根本，提升品质、品牌和品位；"信息化"和"国际化"是两翼，信息化要以融合为理念，逐步实现数字化、网络化和智能化，国际化要以创新为特征，通过交流、碰撞、融合、创新实现教育的国际化发展，最终共同促进教育品质化发展。目前，二七区已在教育改革深化、数字化校园建设、信息技术与课程教学融合、对外合作交流等方面进行了初步尝试和探索。在促进区域教育均衡发展的进程中，需要继续秉承"多彩教育"理念，开展教育领域综合改革，发挥多方力量和智慧，深化品质化、信息化和国际化发展的研究和探索。

（三）深化"教育发展共同体"有效运行机制的研究

"教育发展共同体"有效推动城区学校与农村学校、优质学校与薄弱学校的联动发展，搭建了促进城乡教育高位均衡发展的平台。深化"教育发展共同体"建设，完善"管理联动、教学教研、师资共享、活动共建"四个平台，健全管理机制、运行机制和评价机制，探索完善优秀教育干部及名优教师流动机制，盘活区域优质师资资源，真正发挥教育发展共同体的平台作用，实现教育发展共同体学校的共建共享共赢发展，促进教育共同体学校在教育均衡水平上的提升，将是深化城乡教育高位均衡发展的重点研究方向。

（四）促进保障教育均衡的有效评价督导机制的研究

完善的评价督导机制是促进城乡教育高位均衡发展的有效保障，二七区在教育评价改革方面进行了一些有益探索，但评价督导机制还需要进一步完善，需要建立健全学校考核、教师考核、个体考核、共同体联合考核相结合的评价机制，既注重共同体整体发展，又着眼于每一所学校的自我提升；需要制定督导评估指标体系，采用自查自评、共同体互评、教育主管部门综合评价相结合的方式进行督导评估。后期研究将在继续深化"多彩教育"研究、以有效策略推进城乡教育高位均衡发展研究的基础上，侧重于有效的评价督导机制的创建研究，制定教育均衡的评价标准，开展有效的教育督导工作，从而保障区域教育高位均衡发展的进一步深化。

第五章

以校长领导力提升
探寻学校特色发展

领导力指根据学校办学定位和培养目标，调动教育资源进行学校改革与创新、提升学校品质力的能力。校长领导力在学校层面表现为学校改革与创新的四个内在要素，即目标与价值系统、育人模式系统、制度与管理系统、资源系统，在个体层面表现为战略性谋划能力、资源整合与经营能力和领导者品格。如果说，区域教育决策力意在引领各个学校在改革的总体目标、路径选择、机制创新等方面朝着一个共同的方向努力，那么，提升学校校长领导力则是学校内涵式、特色式发展的内在需求使然。在某种意义上，一所真正发生了变革的学校必然是独一无二的，因为这场变革的根源和力量直接来自于这所学校特有的土壤，而非来自上级或其他学校的需要，如此一来，在区域引领指导下的学校特色发展，为的就是同中求异、异中有同，从而使更多的学校各美其美，美人之美，美美与共，区域大同，而这一切变化深深依赖于学校校长领导力。只有提升学校校长领导力，才有可能实现学校特色发展。

二七区在探寻学校特色发展过程中，依托校长领导力提升，致力于打造学校品牌。二七区采取多种举措，不断促使学校真正立足自身实际，充分考虑学校的地理位置、学校规模、教师队伍现状、城乡学校差异、民俗风情等各种实际情况，通过认真分析和研究，选择适合学校发展的特色项目，因地制宜，挖掘本土特色资源，把学校特色与本土资源有机结合起来，整体推动区域内学校内涵特色发展。

一、校长领导力要解决的核心问题

（一）学校特色发展的基本内涵

我国社会经济发展已经提出了对各类高层次、多样化人才的需求，从根本上决定了学校教育的发展水平和形态，决定了不同地域学校要形成自身发展的重点与特色。"特色"即事物表现的独特的属性、特征和风格。学校特色发展以科学发展观为核心，是一种用于变革、创新的实践活动，在不断回答每一时代提出的重大问题中获得发展的内在生命力。它追求高位均衡，是一个长期的、动态的、辩证的螺旋式上升的发展，为的是实现不同区域、类型、层次学校教育的特色发展和内涵发展。学校如何将满足学生全面而有个性发展的学习需求与社会经济发展对多样化人才的需求有机结合，从而实现学校特色化发展，关系到基础教育未来发展新特征的体现，也是校长们要回答的问题。

学校是统一性和差异性共存的组织，学校在其所处的自然环境和文化传统的基础上建立，不同的自然环境和文化传统造就不同的学校。为应对复杂的社会要求，学校作为办学主体，自身的创造性、能动性需求促使其追求特色发展。学校特色发展正是学校管理者和教育工作者为适应多元化要求，在满足共性需求的同时追求差异性、特色性发展而提出的。

学校特色发展，是在贯彻国家教育方针政策的前提下，在学校遵循教育发展规律，结合外部环境因素和自身实际情况，逐步形成的有别于其他学校或者优于其他学校的独特、优质、高效的办学风格和发展模式。学校特色发展包含以下三层理念。

第一层理念：遵循教育发展规律。学校特色发展需在贯彻国家教育方针政策的前提下，在学校各项工作有条不紊的开展过程中，在不违背学校长远发展目标的条件下进行。在满足这三个条件的前提下，才有可能推进和发展学校特色。如果学校未能贯彻国家教育方针政策，那么即使有所谓的特色发展也必定偏离"轨道"，有悖于教育本质追求；如果学校各项工作不能有条不紊地开展，谈何学校特色发展，特色又有什么意义？好比物质条件是发展精神文明的基础，学校的长远发展目标就是特色发展的基础。如果学校的特色发展不能与学校的长远发展目标结合，这样的特色发展就会像沙漠建楼，必将湮没在学校发展的历史进程中。

第二层理念：外在与内在相结合。学校特色发展要结合外部环境因素和自身实际情况，即所谓顾及传统，量力而行，有所突破。一所学校建立时有其独有的历史文化背景，追求特色发展并不是全盘否定过去，而应是在传统中发掘精华和特色。学校的特色发展一定要符合自身实际情况，脱离实际的特色发展会消耗学校的资源和精力，这只能说是特色，不能说是发展。如农村学校不顾自身实际而追求城市学校的素质教育，即使形成了某种特色，但是也有可能阻碍了学校的发展。

第三层理念：实践的优质产物。学校特色发展的结果是逐步形成有别于其他学校或者优于其他学校的独特、优质、高效的办学风格和发展模式。学校特色发展是实践的产物，是一个循序渐进的过程。学校特色发展就是在参考中寻特色，在比较中促发展。这种比较或有别于其他学校，或优先于其他学校，"别人没有的，我有"这是特色，"别人有的，我更好"

这也是特色，学校特色发展的结果一定是形成了独特、优质、高效的办学风格和发展模式。

（二）二七基础教育学校类型与特点分析

学校特色化的发展建立在预期设计和判断的基础之上，一旦学校发展定位不合理，学校的特色发展就无法开展。因此，追求特色化要基于学校现状，只有对现状分析到位，才能"站在高处看风景"，充分开发和利用有效资源，准确把握学校的发展方向。二七区根据区域差异多样的特点，因地因校制宜，不断进行特色化发展的探索。二七区既有城区又有农村，由于城乡发展定位不同，城市与农村在经济、文化、教育等方面的发展水平也存在诸多差异。因此，学校类型也是多种多样的，归纳起来，主要有五种类型。

第一种类型是传统大校、强校。这些学校规模较大，基础设施齐全，有着深厚的文化积淀。它们立足原有优势，不断丰厚发展内涵，如淮河东路小学、陇西小学、幸福路小学、汝河路小学等，分别形成了"多彩教育""美乐爱教育""幸福教育""和谐教育"等一大批传统、优势品牌，且日益发展壮大。从整体上看，这些学校发展理念清晰，顶层规划完善，基本形成学校品牌。但由于是传统学校，一些老教师还存在着固化的观念，对新的课程理念、教学方式等存在阻抗，因此改革发展有待加强。

这类学校的特点是，办学历史悠久、基础深厚，学校在硬件和软件建设方面都有着得天独厚的优势，教师队伍数量充足、整体素质较高，课程体系完备，课程教学质量位于区教育前列，是优质教育资源的聚集地。同时，这类学校也面临着一系列发展问题。在实现了物质层面的建设任务后，如何实现课程教学、领导管理、师生文化等方面的深层、高位发展，如何在区域层面起到带头引领、聚集辐射作用是学校当前面临的关键问题。

第二种类型是新建学校。如兴华小学的"品质教育"、政通路小学的"个需教育"、春晖小学的"国学教育"、八十二中的"尊重教育"、长江东路小学的"纳悦教育"等如雨后春笋般迅速出现。虽然这些学校建校时间短，但能找准发展定位，逐步调整顶层设计，逐步形成了本校的发展思路和特色。

这类学校的特点是，大多位于新建小区内，学校办学起点较高，校园硬件设施精良，师资队伍配置较合理，社会生源充足，发展势头强劲。同时，这类学校也有自己的特殊问题，首先，需要尽快准确定位学校办学理念，优化管理层和师生、家长的不断磨合过程；其次，由于新旧教师交织、不同教育理念混杂、大部分工作零起点等，良好的教育教学秩序的建立和规范有待进一步完善；最后，随着办学逐步走向正轨，硬件、软件建设面临着新的投入需求和持续发展要求。

第三种类型是小规模学校。这些学校抓特点，创特色，可谓异彩纷呈。如解放路小学的"红色教育"、棉纺路小学的"体验课堂"、航海路小学的"航海文化"、永安街小学的"悦文化"、汉川街小学的"博雅教育"等，它们管理精致，特色明显。

这类学校的特点是，学校规模小，人数少，管理易于精细化，师生人际关系融洽，办学理念比较统一，改革举措比较容易推行，学校特色具有较强的区位特征。同时，这类学校存在的问题是，师资队伍数量整体不足、综合素养不高，学校基础设施建设更新不足，学校辐射社区、家长的文化教育功能较弱，整体办学质量落后于城区大校、强校，又优于农村乡土学校。

第四种类型是乡土学校。这些学校地处农村，立足乡土实际，打造出了富有地域特色的学校品牌。比如幸福路小学南校区的"童真教育"、邱砦小学的"雅和教育"、侯寨一中的"以美育美"、培育小学的"小刻刀"、刘胡垌小学的"翰墨书香"、铁三官庙小学的"多彩课程超市"、尖岗小学的"快乐大课间"、樱桃沟小学的"生态教育"等独树一帜。丰富的乡土资源使乡土文化更加凸显。

这类学校的特点是，同城市相比，具有丰富的农业生态资源和环境。这类学校最大的问题是其属于城乡均衡发展中的农村短板，各方面的教育资源远远落后于城区学校，硬件建设不足，生源质量整体不佳，家长受教育程度不高，社会教育资源与城区学校差距较大。其中，最为突出的问题是师资队伍结构不合理，包括专业结构不合理、年龄结构不合理，同时，教师流动性强、稳定性差，直接影响着农村基础教育的办学质量和水平。

第五种类型是民办学校。它们在各自的区域内也积极创特色、铸品牌，成效显著。如优智实验学校的"大成教育"、先锋外国语学校的"国学特色"等备受好评。民办学校受社会影响力较大，功利性色彩浓厚。

这类学校的特点是，学校硬件设施良好，师资队伍年轻化，学校管理严谨，注重提高学生学业成绩。同时，这类学校存在的问题是，为迎合社会、家长对分数的追求，学校管理较死，学生学业负担较重，学校重视知识与技能的传授，忽视学生全面而有个性的发展，不利于学生的终身学习和持续发展。

（三）二七"多彩教育"在学校层面的体现与渗透

二七区学校类型多样，特点各异，因此发展不能要求统一化、模式化，走个性化、特色化的发展道路无疑是最恰当的选择，这与"多彩教育"的理念也是一脉相承的。随着国家教育体制改革的推进，学校作为办学主体，必须顺应时代发展的潮流，挖掘优势和潜力，形成应对变革的自我更新机制。"多彩教育"是基于二七教育长期变革实践的思想结晶和理论创生。在学校层面上，主要有以下三个特点。

多元化："多"指多元、多维，这主要体现在数量上。通过学校教育教学理念、模式、制度的革新，"多彩教育"从根本上解决了"千校一面"的学校"同质化"问题。从整体来看，由于二七区学校发展的不同，类型多样，数量繁多，呈现出多样化的特点，这是"大多元"；从个体来看，它追求校校皆优质、个个皆品牌、人人皆优秀而又个个不同的多元统一，它期待真正达到"了解每一个、关注每一个、激励每一个、成就每一个"的教育境界，使每一个办学主体和生命个体实现自身全面、多元发展的"小多元"。"多彩教育"不仅关注学生的学业发展水平，更关注身心发展水平、品德发展水平、兴趣特长养成、学业负担状况等综合指标，在尊重生命的基础上让学生养成阳光心态和健康人格，享有多元化、可供选择的课程资源，享受幸福的学习生活，实现全面而有个性的发展，成就最好的自己。"小多元"与"大多元"相结合，使二七教育呈现出精彩之多、特色之多。

特色化："彩"指出彩、精彩，这主要体现在质量上。"多彩教育"倡导教育的各元素、各主体结合自身实际，扬长避短、取长补短、原生原创，在学习借鉴的同时，充分结合实际，为自己量身定制一套发展方案，创出特色，创出生命力。农村学校要彰显浓郁的乡土气息，城区学校要体现高标准的现代化特色。为打造特色学校，每个学校依据办学条件的差异，充分发掘特色，并不断丰富课程教学资源，开发校本课程，使受教育者实现按需选课、按需选学，并形成了品牌化特色的教育课程体系，实现学生从"有学上""上好学"向"按需选学"过渡，追求高水平的均衡，让每个学生都能发挥自己的特长及潜能，做最好的自己。二七区通过积极引导和鼓励学校特色化办学，实现校校有特色、校校有品牌，使二七教育成为一个千姿百态、姹紫嫣红的百花园，让每一个身在其中的孩子都能摘得他最喜欢的花朵，形成"校校有特色、教师有风格、学生有特长"的局面。

开放性："多彩教育"整体的核心特征就是"多元共生、和而不同、优质特色、高位均衡"。在这个理念下，多种教育主体间密切联系、相互依赖、兼容并蓄、和谐共处；各级各类学校相互依存、共生共长。同时，学校由区域内竞争向区域内合作转变，各种教育错位发展，异质发展，互补发展，和谐发展；各种发展性教育资源共享，并通过聚变、裂变、再聚变、再裂变等路径，实现区域内优质教育资源的扩张与教育内涵品位的提升。在教育管理中，二七区努力实现教育民主决策和管理；在教育过程中，积极构建人与人之间的民主和谐关系；在办学与交流中，树立大教育观，借鉴国内外先进教育思想，整合国内外、校内外的教育资源，建立开放的区域资源交流与共享机制，不断拓宽交流合作渠道的教育，全力打造既具地方特色、又富有生命力的教育生态，努力让每所学校办出特色、办出水平，走内涵建设、自主创新、特色发展之路，朝着优质特色、高位均衡目标迈进。

二、提升校长领导力促进学校特色发展的基本设想

（一）以校长课程领导力作为提升校长领导力的中心议题

校长课程领导力的形成与发展取决于校长的包含思想政治素质、教育教学与科研素质、专业知识的素质以及学校行政管理和实践决策能力在内的综合素养。它是按照一定的办学定位、培养目标进行学校课程开发建设，实现学校教育质量全面提升的能力。可见，它具有综合性的特点，是校长领导力的集中体现。课程与教学是学校最核心的活动，是学校实现培养目标、促进学生全面而有个性发展的基本途径和根本保障。其中，课程

是学校育人模式的核心工程，课程的建设和实施水平，直接关系着学校的人才培养质量和办学特色。随着国家课程、地方课程和校本课程三级课程制度的确定，课程改革不仅是当前国家教育现代化发展核心地位的体现，更为学校追求特色办学、提高育人质量创造了条件，这对学校是一种挑战，但更是改革和创新发展的巨大机遇，为校长领导力特别是课程领导力的发挥提供了充分的机会。推进学校课程改革，关键在于能否体现最有活力的校长群体在课程改革中的实践探索和反思，在于能否体现校长在实践中的是非判断能力，在于校长能否采取得力举措实现学校的内涵发展。新课程强调在课程标准下，根据学校和学生的实际情况对课程资源进行整合和开发，使学生得到最大程度的发展，这是一个以学校为主体的重构学校课程的动态过程。其中，校长的角色定位决定了校长必须承担起更多的课程领导责任。

课程改革使得课程支配权发生了变化，它赋予学校合理而充分的课程自主权，极大地调动了学校主动开发和建设课程的积极性，增强了课程对地方和学校的适应性。然而，由于体制、文化、经济等因素的影响和制约，长期以来，社会各界包括校长自身，对校长职责及能力要求的认识存在着较为严重的偏移和不足，对校长岗位的本质要求和中心价值存在片面认识。各种社会因素干扰校长对自身核心能力的认识、校长将自身核心工作边缘化等问题普遍存在，个别校长不同程度地脱离教学一线，不熟悉教学业务，令人担忧。同时，外在力量格外强势也导致学校主体力量弱化。在不少地方，教育行政部门过于强势，决定着学校的一切，掌控着学校的办学大权，包括对人、财、物等许多方面的支配权，决定着学校的发展方向、发展规划、发展措施，导致校长的主体意识淡漠。学校是教育主体，如果学校的主体性被弱化，校长的主体意识也随之弱化，学校必然会缺失核心发展力，那么所谓学校的特色化发展将无从实现。而学校主体意识与校长主体意识首先应该体现在校长的课程领导力中。提高校长的课程领导力，形成以校长为核心的合作团队，是深化课程改革的必然举措。

（二）以学校课程顶层设计为主要途径

课程顶层设计是在顶层的指导和统领下，自上而下地对学校课程的各层次、各环节、各方面和各要素进行统筹规划，经过相互融合和优化组合而产生聚集效应，以最大限度地提升学生学习与发展的质量。它主要有以下三个特征：一是自上而下，即从高端出发，依次向低端展开设计，体现的是顶层决定底层、高端决定低端的设计思路。二是整合统筹，即在顶层和高端的统领下，对学校课程设计的各个层次、环节和要素进行统筹规划，体现的是总体规划和整体设计的理念。三是具体可行，即将居于顶层的理念、目标、思想、方向、思路等不断地向底层的实际操作转化，体现的是系统规划和整体理念的具体化。对于学校课程设计而言，课程的用户是学生，课程是学生心目中的产品，最适合学生学习的课程就是学生心目中理想的产品。学校课程顶层设计，就要从"高位"规划适合学生发展的课程。二七区的课程顶层设计主要分为四步。

第一步：摸清现状，利用优势资源。在学校办学层面形成课程总体设计，必须立足于学校现状，在传承学校发展历史的基础上，摸清已有改革积淀的经验，着眼于学校未来发展，形成课程总体设计的明晰思路。学校需要设计什么样的课程是建立在对校内、校外各种因素的综合分析基础上的，校外因素包括社会的发展需求、所在区域的经济发展水平、家长的希望等，校内因素包括学校自身发展的需要、师资条件、物质条件等。要进行学校课程的顶层设计，首先应做好全方位的调查研究工作，学校可采用问卷调查、访谈等形式广泛采集信息，以期做到对以上方面的准确把握，在此基础上依据正确的课程理念创建学校的特色课程。例如，樱桃沟小学作为一所农村小学，坐落于郑州市著名的生态旅游区——樱桃沟旅游景区，樱桃沟旅游景区的地域优势得天独厚，社区多年来支持教育。作为市科技馆的"试点单位"，学校为学生走出校园，了解科技动态、接受科技教育提供了便利。家长主要从事农林业，特别是樱桃的种植与销售，家长的职业技能也是内容丰富的"小课程"，这些可以作为学校资源的有效补充。学校开发了"我爱樱桃沟""樱桃核贴画""身边的科学""磨砺课程"等一系列的校本课程，充分挖掘了樱桃沟景区的资源。

第二步：重新定位发展目标。学校培养人的目标不仅构成学校特定课程设计的理论方向，更是课程总体方案设计的基础和核心。在把握学校情况的基础之上，应明确学校要发展成一所什么样的学校，要培养什么样的人，要办什么样的教育。学校目标的拟定要遵循以下原则：一是坚持社会主义的办学方向，二是体现本地区教育发展和学校的发展实际，三是有利于引领和促进教师和学生的发展，四是能较好体现家长对孩子成长的愿景，五是可以通过师生的共同努力来实现，六是体现学校的办学理念。例如，"理解教育"是七十四中的立校之魂，具体细化为理解的课堂、理解的德育、理解的管理、理解的科研和理解的文化五个支撑点，学校把理解课堂和养成教育作为发展的双翼，突出"理解、和谐、发展"的核心办学理念，形成了"培养有健全人格、有创新精神、有实践能力、有世界眼光的高素质人才"的培养目标。再如，兴华小学将"品质教育、精彩校园"作为办学理念，在教育教学过程中培养"行善言美、德才兼备"的学生，发展"业务精、能力强、学识博、品位高"的教师；在办学过程中遵循"以人为本"的教育原则，培养提升师生"课程意识"，营造师生齐动、师生互动、生生互动的学习氛围。

第三步：整体规划学校课程体系。通过课程的顶层设计，为学生发展创造更大的成长空间和机会，展现不同类型学校的个性化发展特点。为满足学生多样化的学习发展需求，一门学科既有学科内的拓展，又有学科间的交叉整合，形成一个学科系列，从而体现学科课程内容的层次性。构建具有个性化特色的课程体系结构遵从这样的思路：第一，在课程结构上，学科课程群的构建要立体分层，体现差异。即在纵向维度上，从底层到高层依次是基础层次、拓展层次和提升层次。第二，在课程内容上，部分学科内容要尝试突破模块局限，进行知识点的整合，通过重组、合并与增减，力求减少课时，实现学科教学的优质高效。即在横向维度上，实现各个学科内容的整合。总之，无论什么形式的改革，其着力点在于通过学科课程分层分类的整体设计，真正实现学生的自主选择学习。例如，侯寨一中以合格加特长为校本课程开发的宗旨，注重生活化、个性化，强调学生的参与、体验、实践，让学生在体验中感受学习的乐趣。学校对校本课程进行整体设计，建构学科拓展类、活力艺体类、科技创新类三大类课程，以满足学生的个性发展需要。

第四步：改革课程制度与管理系统。完善的制度与管理是学校课程体系建设与有效实施的保障系统，也是课程顶层设计不可忽视的重要组成部分。传统的班级授课制已经不能满足学生个性化自主发展的需要，如何在制度和管理上给予学生自主选择、自我负责的学习权是学校必须思考和探索的问题。在制定学校课程方案的过程中要研究和确立的制度是：学分制、选课制、走班制等。同时，在尊重学生学习能力和程度的差异的基础之上，学校可以建立学生选课指导制度等。除此之外，学校还要配套相应的经费保障、资源保障等管理系统。例如，淮河东路小学全校采用打破班级、年级界限的方式，按照走班制、按需选学的原则，让学生自主选择喜欢的课程。课程资源由各年级统一调配管理，使每一个学生都能在自己喜欢的领域走得更远。七十四中对学生在每个学习领域的学分都有明确的要求，学生得到 144 个总学分方可毕业。

（三）以"一校一品"为抓手，彰显学校办学特色

学校的特色发展决定学校未来的方向。当特色发展成为学校的品牌，且被社会和人们接受及认可时，学校才能实现健康生存及和谐发展。2010年，二七区教体局印发"六名工程"相关实施方案，其中包括"一校一品"（一个学校一个品牌）建设实施方案。二七区学校校长在课程的顶层设计中明确办学目标，提出创立本校的"品牌"，这为学校的特色发展确立了总目标，也吹响了学校特色发展的号角，更是校长领导力的有效体现。"一校一品"建设的目的是以先进的教育思想和办学理念为先导，按照"整体规划，分步实施，全面启动，示范引导"的要求，围绕"建项目、创特色、树品牌"分步推进"一校一品"建设，并以此为突破口，影响和带动学校的整体发展，进一步丰富学校发展内涵，锻造校园文化，提升学校品位，办人民满意、公众认可的教育，建设"教育名区"。在建设过程中，打造科学有效的制度与管理系统至关重要，也是"一校一品"工程获得成功的关键。

1. 区域层面：行政督导，制度规范，顺序推进

第一，树立先进的办学思想。打造"一校一品"，首先要有独特的办学思想和鲜明的价值追求，并渗透到学校的各个方面、各个环节，形成与之高度吻合的学校文化和精神内涵。

第二，制定科学的实施方案。各个学校在认真学习、广泛征求意见、积极开展调研和充分研讨论证的基础上，依据教育发展趋势认真审视本校办学的特点和优势，制定出科学可行的"一校一品"实施方案。

第三，依托先进的科研引领。教育科研是"一校一品"建设的内在动力。学校应实施"课题带动"，围绕学校教育特色和品牌发展方向确定教育科研的主课题。

第四，开发独特的校本课程。学校课程建设应充分利用本校本地的教

育资源，坚持"面向学校、来自学校、服务学校"，充分体现学校特色和课程内容的先进性。学校要建立与特色项目建设相适应的校本课程体系，构建显性与隐性并行的课程，探索综合实践活动课程。要因地制宜，利用丰富的地域文化资源，以开发校本课程为突破口，以特色教育和特色学校创建为抓手，致力于将特色教育品牌做精、做优。

第五，营造和谐的校园文化。校园文化是一种持续的教育力量，包括精神文化、物质文化、制度文化和活动文化等要素。它来自学校群体，是学校成员智慧、经验、精神、作风的积淀和提炼，优秀的校园文化是学校卓越品牌的灵魂。各校要在二七区"校园文化建设年"活动的基础上，按照全面推进素质教育的要求，以全面建设优良的校风、教风、学风为核心，以推进书香校园、美化校园环境为重点，以丰富多彩、积极向上的校园文化活动为载体，形成厚重的校园文化积淀和清新的校园文化风尚。

第六，培育精良的师资队伍。教师队伍是"一校一品"建设的主体力量。要结合"名师培养工程"，打造一支推进学校教育品牌建设的"名师群体"。校长是"一校一品"建设的第一责任人，要加强学习，提高自身综合素质，以先进的办学理念、扎实的工作作风、务实的治学态度、科学的管理方法和高尚的人格魅力来影响人、团结人、引领人。学校要完善教师培训培养机制，通过学习培训、名师带徒、基本素养大赛等途径，努力在学校内部培养一批名、特、优骨干教师。学校要鼓励和引导广大教师特别是青年教师在不断提高专业技能的基础上，练就一两项专长"绝活"，努力追求适合自身特点的教学风格，形成自己的教学特色，提高特色育人的本领。

第七，构建科学的评价机制。教育评价是"一校一品"建设的导向、激励机制。各校要根据"一校一品"实施规划，使教师评价从标准化走向个性化，每学期确立发展性目标，确定工作任务，提出工作举措，推行自主发展评价。根据《二七区教育体育局推进"一校一品"建设实施方案》，二七区将围绕项目建设、科研成果、校园文化、师资队伍、课程建设、特色发展等内容制定评价办法，组织督导评估，确保"一校一品"建设有序推进。

第八，发挥区域的整体优势。全区要围绕"全面启动、示范引导"的工作思路，以学区为单位，发挥区域优势，整体推进"一校一品"建设。通过组织参观、现场观摩、交流研讨等活动，加强学校之间的相互学习，优势互补，总结提高，示范引导，把"一校一品"建设向纵深推进。

2. 学校层面： 确定方案， 稳步实施， 不懈求索

"一校一品"建设以"学校有特色、教师有专长、学生有特长"为办学境界，围绕"建项目、创特色、树品牌"分步推进。

"建项目"是指学校在现有的基础上，挖掘自身优势，确定特色项目，这是建设的初级阶段。各校在自身基础之上分别制定了本校的"一校一品"建设方案。各校方案均从学校办学理念出发，制定了明确的学校、教师和学生发展目标。各校在"一校一品"创建过程中不断积淀文化、积累智慧，形成自己的"多彩"办学品牌。如二七区淮河东路小学要重点打造"科技、绿色、童趣、书香、开放、数字"等多彩校园，以实现学校的内涵特色发展；二七区汝河路小学则立足于学校的"和美课堂"和"多彩课程"，完善学校"和美人生"的课程体系构建，同时引入现代化的信息技术手段，探索全信息化的评价改革，以深入推进学校"和谐"教育品牌的构建，在传承历史中超越，动态地管理品牌，保持与时代发展同步。

"创特色"是指学校对特色项目的拓展，形成鲜明的办学风格，这是建设的中级阶段。各校结合自身实际和所在区位情况，深挖学校传统与特色，依托特色活动和特色项目，彰显学校办学特色。如航海路小学的航海文化特色，成立了小小航海科学院、太平洋航海模型队和小鲁班建筑模型队。还有外国语小学的双语、双文化特色，铭功路小学的戏曲特色，实验小学的科学苑，艺术小学的少儿艺术团，春晖小学的经典诵读，京广路小学的七色阅读和楹联教学，长江东路小学的科技体育特色，培育小学的剪纸，荆胡小学的腰鼓，尖岗小学的快乐大课间，大学路小学的流动儿童之家，辅读学校的特奥游泳队和轮滑队等。这些特色活动都开展得有声有色。

"树品牌"是指在研究和实践中，形成独特的整体风貌和显著的育人效益，这是建设的高级阶段。传统强校立足原有优势，不断丰厚发展内涵，淮河东路小学的"多彩教育"、陇西小学的"美乐爱教育"、汝河路小学的"和谐教育"、外国语小学的"外语特色"等一大批传统、优势品牌日益发展壮大。新建学校找准定位，发展势头强劲，兴华小学的"品质教育"、政通路小学的"个需教育"、长江东路小学的"纳悦教育"等如雨后春笋般迅速崛起。小规模学校抓特点，创特色，异彩纷呈，解放路小学的"红色教育"、棉纺路小学的"体验课堂"、汉川街小学的"博雅教育"等各具特色。三所中心校立足乡土实际，打造富有地域特色的学校品牌，幸福路小学南校区的"童真教育"、侯寨一中的"以美育美"、樱桃沟小学的"生态教育"等独树一帜。区域内的民办学校也积极创特色、铸品牌，成效显著。如优智实验学校的"大成教育"、先锋外国语学校的"国学特色"等备受好评。建新街幼儿园、实验幼儿园、二七一幼等公办园积极创建品牌，受到了辖区群众的广泛追捧，出现了"一位难求"现象。

创建"一校一品"的过程，是实践现代教育理论的过程，也是学校自我再认识、再提高的过程。各校应根据自身发展的实际，从不同的阶段切入，从学校传统的积淀中寻求适合本校事业发展的新优势，为特色建设准确定位，进而精心打造自身品牌。到 2015 年，全区各学校实现"一校一品"，形成各自鲜明的办学特色，打造二七名校集群。

三、提升校长领导力促进学校特色发展的重要举措

（一）以目标与价值为重心，重塑区域学校发展定位

每所学校都有独特的办学思想和鲜明的价值追求，并将这种办学思想和价值追求渗透到学校的各个方面、各个环节，形成与之高度吻合的学校文化和精神内涵。区域层面的学校发展目标与价值定位，旨在鼓励学校以先进的教育思想和办学理念为先导，丰富学校发展内涵，锻造校园文化，提升学校品位，办出特色，办出水平，解决"千校一面"问题，以满足社会对教育的多元需求。二七区在这方面基本形成了初步的学校教育目标和价值系统。

1. 学校发展目标与价值在区域层面的整体规划

学校发展目标与价值系统的定位离不开区域的整体规划与设计，二七区重视名学校建设，从 2010 年起，先后印发了"一校一品"建设实施方案、二七区教育发展共同体学校发展诊断提升暨"一校一品"建设活动方案、美丽校园创建方案等，从区域层面对学校发展目标与价值进行整体规划，提出了总体目标和要求，为学校特色发展奠定了基础。具体来说，学校要做到以下几点：

第一，坚持以人为本和以校为本的办学理念。以人为本，就是要树立

依靠广大教师办学的思想，把师生作为服务的对象，在深化内部管理体制改革的基础上推行人本化的管理模式，尊重教师个体的专业成长，以教师个体的进步促进学校整体的发展；以校为本，就是要明确自身的主体地位，确立科学的办学目标和清晰的工作思路，发挥学校在树立教育品牌过程中的主体性、能动性、创造性，基于自我发展需要而进行自我反思、挖掘和提升。

第二，科学制定"一校一品"实施方案。一是背景分析。学校要分析自身的传统优势、办学理念，所在区域对学校教育提出的新要求，学校品牌建设与区域经济发展及人才培养存在的差距等。二是具体目标设定。目标的正确性和明晰性都将直接影响学校发展的结果，按照"建项目、创特色、树品牌"要求，分步设定具体的目标，明确达成目标的工作措施、成果的体现方式等。三是可行性论证。学校品牌建设可行性论证主要围绕实现目标所采取的措施展开，包括组织领导、师资现状及其建设、保障机制的建立等。

第三，开展特色项目建设和拓展研究。充分发挥教育科研在特色项目建设中的先导、促进作用，使学校特色项目建设上档次、上水平。加强与外界的学术交流，密切与科研院校、教研部门、教育专家的联系，借助教育专家和教研人员的专业引领，确保学校教育特色和品牌的科学发展方向。

2. 基于学校发展特点的目标与价值系统构建

学校发展要遵循优质性、独特性、稳定性和持久性原则，立足学校发展现状，对学校区位情况、学校发展优势、学校发展劣势以及面临的机遇和挑战进行分析，在长期积淀的基础上，科学规划学校发展，循序渐进，稳步推进品牌建设。二七区根据不同类型学校发展实际，对学校进行有针对性的规划和设计（见表 5-1）。传统强校要立足原有优势，不断丰厚发展内涵，如淮河东路小学、汝河路小学、建新街小学等传统、优势品牌学校。新建学校要找准定位，增强发展势头，如兴华小学。小规模学校要抓特点，创特色，异彩纷呈。三所乡镇中心校要立足乡土实际，打造富有地域特色的学校品牌，如侯寨一中、樱桃沟小学。区域内的民办学校要结合实际，积极创特色、铸品牌。

表 5 – 1　项目校目标与价值系统

校　　名	标　　志	价值系统	目　　标
七十四中		理解教育	核心理念：理解、和谐、发展 校训：诚于做人、恒于求知 校风：德正行雅、务实创新 教风：严爱相济、善诱求新 学风：勤学力行、善思竞进
侯寨一中		以美育美	办学理念：以美育美，为师生幸福人生奠基 育人目标：自主诚信、合作和谐、博学向上、以美笃行 办学愿景：紧紧围绕学校理念，以教师提高为本，立足于教师的成才、成功，引领教师快乐工作，幸福生活；以学生发展为本，尊重学生身心发展特点和教育规律，关注学生的综合发展、个性发展、终身发展，促进学生幸福成长
汝河路小学		和谐教育	办学理念：人本至上、和谐发展 汝小精神：敬业爱生、追求卓越 校风：诚信、知礼、和谐、进取 校训：诚实做人、快乐求知 教风：以情育人、教学相长 学风：自主乐学、体验成功
淮河东路小学		多彩教育	办学理念：满足多元需求、注重个性特色、追求多样和谐、成就多彩人生 学校总体发展目标：构建教育新高地，立足自身挖潜力，打造"科技、书香、绿色、童趣、开放、数字"等多彩校园，铸造"多彩教育"知名品牌，争创全国一流名校

续表

校　名	标　志	价值系统	目　标
建新街小学		行知教育	办学理念：回归教育的原点 办学愿景：为了每一个 学校价值观：崇尚自然、追求独特、回归简单 教育生活方式：做、读、玩
兴华小学		品质教育	办学理念：品质教育，精彩校园 校训：重品求质 办学目标：育品格学生、塑品位教师、办品质学校
樱桃沟小学		生态教育	办学指导思想：多样共生、平衡发展 学校发展理念：简约、低碳、活力、全员参与 文化外显特征：自然、健康、和谐 办学总目标：构建生态教育平台，为孩子幸福人生奠基

以淮河东路小学为例，学校把多彩教育理念贯穿于教育教学全过程，以素质教育为主线，以实现学生的个性特色、全面和谐发展为追求，为终身发展奠基，精铸教育品牌。学校确立了总体发展目标：构建教育新高地，立足自身挖潜力，打造"科技、书香、绿色、童趣、开放、数字"等多彩校园，铸造"多彩教育"知名品牌，争创全国一流名校。在总体发展目标的统领下，以确立学校发展目标为根基，以教师发展目标为托举，最终实现学生发展目标。三个层面的目标形成一个牢固的三角体，互相支撑，互相依存，互相影响，共同提升。

第一，学校发展目标。2015年学校的整体办学实力明显提升，办学特色更加鲜明，社会美誉度再创新高，跻身于河南省知名品牌学校行列。2020年要实现学校的整体办学实力全方位提升，实现优质特色、高位发展，跻身于全国知名品牌学校行列。

第二，教师发展目标。未来 10 年，淮河东路小学将持续建设一支高质量的师资队伍，让教师不仅成为有知识、有学问的人，而且成为有道德、有理想、有专业追求的人；不仅成为高起点的人，而且成为终身学习、不断自我更新的人；不仅成为学科的专家，而且成为教育的专家。

第三，学生发展目标。培养高素质创新人才，促进人的全面持续发展。秉承多彩教育理念，关爱学生生命，启迪学生智慧，拓展学生视野，着力培养学生的生命意识、创新意识、责任意识、全球意识、生态意识，让学生成为一个热爱生命、自主发展、敢于担当、快乐幸福的人，使每一位受教育者丰富多彩的兴趣爱好和个性特长得到充分发展，为学生的一生幸福奠基。

学校的具体目标是打造"科技、书香、绿色、童趣、开放、数字"等多彩校园。

科技校园：学校以科技创新教育为载体，以机器人竞赛活动为平台，以"机器人搭建活动进课堂"为抓手，新建科技体验中心并投入使用，连续每年开展校级科技创新大赛，增强学生的科技创新意识，全面提升学生的科技素养、创新及动手实践能力。连续 14 年蝉联国际、全国机器人竞赛金奖，当选全国十佳科技学校、全国机器人竞赛优秀学校，让科技与创新、智慧与超越成为科技淮东一张亮丽的名片。

书香校园：阅读对少年儿童精神生命的健康成长至关重要，对教师专业发展也生发着巨大的魔力，学校以"建设书香校园"为治校策略，努力积淀校园文化。全员读书、呼之欲出，干部读书、制度推进，菜单阅读、自主开放，探索课型、内涵发展，全班共读、心灵交流，共闻书香、亲子漂流，热心公益、助力阅读，对话作家、根植梦想。一系列书香校园建设举措在淮东这个多彩校园中生根、发芽、开花、结果。如今，从学校管理者到教师，从学生到家长，全员读书的种子已经在二七区淮河东路小学生根发芽。让阅读触手可及，已经成为现实。未来，让阅读改善品质，办有灵魂的教育必将成为助推学校发展的引擎。

绿色校园：以"硬件上档、绿中求美、美中育人"为追求，着力打造绿色学校。美丽的校园，四季常青。高大的皂荚树郁郁葱葱，鲜艳的樱桃花、浓郁的桂花等次第绽放，绿色的广场砖清新雅致，多样的绿色植被满目苍翠，爱绿护绿活动蓬勃开展。全方位的"驻绿"行动，实现了绿色生态校园的目标，学校也因此荣获河南省"绿色学校"的称号。

童趣校园：营造童趣文化氛围，加强童趣文化建设，开展童趣文化活动，让校园中时时响起欢快的嬉戏声、朗朗的读书声。树爷爷讲故事读书角、五彩叠瀑、沙盘游戏……"从玩出发"的多彩特色课程体系为校园增添了无尽童趣。嬉戏小憩、观水赏鱼、运动健身、心理放松……一切都在自然生长，还学生"童年、童真、童趣"，使每个孩子舒展生命、快乐成长。

开放校园：有效整合家庭、学校、社区、社会等教育资源，充分调动全社会力量，履行学校教育职责，开放办学，特色发展。国际文化墙、中原浮雕墙、百科知识袋等让世界文化走进校园；家长开放周、多彩嘉年华、课程志愿者、拓展研修等活动，让家校沟通、融入社会成为可能；红领巾志愿者、拒绝雾霾、保护黄河湿地等综合实践活动，将学校教育融于自然之道。开放校园，培养了具有开放意识、开拓精神的世界小公民。

数字校园：不断优化校园信息化环境，提升学校信息化基础设施水平，通过数字化教室、电子图书室、网络课程、网站建设等现代科技手段，建设数字校园，探索微课程等信息化教学方式，提升教师信息技术应用能力、学科资源建设与开发能力，推进无线网络覆盖建设，让师生伴随着科技的快速发展而展翅翱翔。

（二）以课程重构为核心，构建校本化多彩课程体系

校长课程领导力，表现为学校作为一个社会有机体所呈现的良好生态系统，学校内在各要素是一个和谐、有机的存在和运行状态。学校在课程的决策、实施、评价上，建立起一套有效的民主决策、审议、监控机制，充分尊重、发挥教师的积极性和创造性，唤醒、激发和保护教师拥有的专业自主意识、自主空间和自主能力，进而提升教师在课程开发、实施和评价上的创造性，使教育教学活动促进学生的真正发展，以及教师自己的教学特色和教学风格的形成。各校以校长领导力提升为手段，注重课程建设，加快构建学校特色课程体系，从而真正凸显学校特色文化，提升学校发展品质，打造学校知名品牌。

1. 摸清学校课程建设基础

学校进行课程体系规划与设计时，首先要了解学校已有课程建设的基础，认真结合学校的办学理念、培养目标、师生发展需求、课程资源、师

资条件等进行必要性和可能性分析。

经过对学校已有课程建设基础的总结、反思，发现学校课程体系面临一些共性问题：（1）背景分析不具体。（2）课程结构设计存在的问题最多。如没有结构、结构与培养目标没有关联、结构缺乏梳理等。（3）目标确定的路径不规范，文字描述主体不是学生，内容不简洁。（4）课程评价太笼统或太具体。（5）课程类型区分不清，如拓展类课程与国家课程的区别不清晰。（6）实施不具体，无法知道可行性。（7）各要素一致性检验结果不理想。学校需要立足学校现状进行课程建设的必要性和可行性分析，在原有基础上合理规划、科学实施、有效评价，促进课程应有的育人功能的发挥。

正是校长基于批判性反思的课程领导实践，使课程领导的行为方式经历了一个从经验基础之上的应对到自主、能动与创造的转变过程，即从自在到自为的发展过程。

2. 准确定位校本课程建设目标

课程是学校实现自身教育理想、培养人才的载体和手段。课程建设是促进学校内涵发展、特色发展的重要策略之一。学校课程规划是一所学校为了学校的总体发展而对学校的全部课程进行整体设计与安排的活动和过程，它是学校整体发展规划的重要组成部分。课程是实现学校教育目标的基本途径，因而学校必须合理规划本校课程，课程的建设目标要立足于学校实际，建立在学校的课程传统、已有的课程基础、学校在课程和教师方面的优势与不足、学校的愿景和使命、教师和学生课程需求的基础之上。

校本课程建设目标要结合学校的培养目标和师生发展需求进行确定。以兴华小学和樱桃沟小学为例：

（1）兴华小学

兴华小学地处郑州西南位置，是二七区临近郊区的一所公办城市小学。学校周边新建小区较多，大多数家长为了孩子就近上学购买房子，学生入学人数较多，家庭经济条件相对优越。家长都非常重视孩子的综合素质培养，据调查数据显示，80%的孩子在校外报有书法、舞蹈、器乐、绘画、英语等辅导班。学生整体凸显"活泼好奇、个性张扬"的特点。校本课程实施的前期，学校针对学生的兴趣、爱好进行了问卷调查，经数据归纳、分析，发现学生对国家课程中拓展延伸类的特色课程有强烈需求。此外，学校还建有标准化塑胶跑道、舞蹈练功房、多功能活动室、体验馆等丰富的活动场所，为学生快乐求知、全面发展提供了保障。建校 8 年来，学校已经快速成长为社会知名度较高的一所区级名校，得到了社会和家长的认可。基于学校未来特色发展的需要，学校结合国家基础教育课程改革提出的培养目标，将学校的课程目标确定为：发展学生，发展教师，发展学校。

发展学生，即让学生自主参与校本课程的学习，激发学习兴趣，提升主动学习能力，使每个学生都学有所长，品行端正，品格优秀。

发展教师，即通过校本课程的开发与实施，使教师自主研发课程的能力得到提高，教师与学生共同成长，教师专业水平得到发展，促进教师师德、品位的提升。

发展学校，即学校通过总体课程的实施，提高学校教育教学质量，铸造学校特色品牌，促进学校特色发展。

围绕学校"品质教育、精彩校园"的办学理念，学校积极开发彰显学校特色的校本课程，旨在通过校本课程的实施，培养"行善言美、德才兼备"的学生，端正学生品行，塑造学生品格，提升学生品位，促进学生优质发展，打造品牌学校。

（2）樱桃沟小学

樱桃沟小学地处近年来因生态旅游而闻名郑州市的樱桃沟旅游景区，它 2001 年建成，合并了周边的三所村小。学生主要来源于周边三个社区，4/5 的家长因田地被租种了水土涵养林而告别农业，就近打零工、种植樱桃、做小生意。由于地处农村，儿童长期生活在农村，孩子们纯真、朴实。但农村家长对教育的认知比较片面，对孩子的教育投入没有任何规划，而农村相应的校外教育机构较少，整个教育责任基本由学校承担。孩子们大多习惯不好、视野有限，走出去的机会很少，家长更希望学校开展一些活动，在活动中帮助孩子纠正习惯，丰富见闻。为了使学生能够度过一个幸福快乐的童年，学校结合农村孩子好动、求知欲强等实际特点，逐步形成了适合地域特色的学校"生态教育"文化：以学校教育的生态平衡为研究对象，运用生态学的平衡原理，遵循"道法自然、天人合一"的生命法则，达成教育的"自然、健康、多样、共生"，促进师生身体、心理、品质、精神的健康成长，让师生共同走向"个性、包容、和谐"的精神境界。学校是一个超有机体的生态系统，其中人与物质环境、人与人、自然物质与人文物质之间相互影响，需要实现一种生态平衡。学校期望通过实施生态教育，使学生清楚地获得关于人与环境（包括自然环境和社会环境）的关系，人在自然界和社会中的位置，人对环境的作用，以及环境对人的作用，最大限度地体现"尊重生命、关注发展"的教育价值追求，从而实现个体、社会与自然的协调发展。因此，学校校本课程建设的目标定位为：学生通过必修课和限定选修课的学习，借助校内外资源，在教师指导、小组合作中逐渐提高人文素养、科学素养、自我生存能力等，成为会思考、会学习、习惯好、兴趣广泛的小公民。具体目标为：

①通过校本课程的实施，更多地参与到实践中，亲身体验，养成会分享、会合作、会交往、会动手的良好品质。做一个创新意识浓、实践能力强的人。

②通过校本课程的实施，能够了解一定的自我保护知识，并在生活中运用课程知识，做一个自立的人。

③通过校本课程的实施，了解当地的经济、文化及传承，感受地方经济发展的成就和生活的深刻变化，体会现代生活的幸福感、热爱学校和家乡的情感，做一个感情丰富的人。

3. 重构校本课程体系

课程体系是指在一定的教育价值理念指导下，将课程的各个构成要素加以排列组合，使各个课程要素在动态过程中统一指向课程体系目标的实现。它是培养目标的具体化和依托。课程的校本化实施需要校长充分发挥课程领导力，在课程体系的设计上，要注意以下几点：

第一，均衡设置课程。根据德、智、体、美等全面发展的要求，均衡设置课程，各门课程比例适当，保证课程能面向全体学生，能促进学生全面发展、和谐发展。

第二，注重课程的综合性。注重学生已有生活学习经验，加强学科间的渗透、整合。强化综合实践活动的开展，使学生通过亲身实践，发展收集与处理信息的能力、综合运用知识解决问题的能力以及交流与合作的能力，增强社会责任感，并逐步形成创新精神与实践能力。

第三，注重课程的可选择性。在基础性课程之外，开展形式多样的拓展性课程，让学生依据自己的兴趣、爱好、特长有选择地参与，在活动中发展个性，实现内在的和谐。

第四，基于地域，基于校本，突出特色。学校要善于利用历史、地域等条件，开发和盘活各种教育资源，发展学校的特色，进而开发出具有本校特色的课程。

综上所述，校本课程体系重构要紧紧围绕学校的办学理念和培养目标，满足学生个性化发展需求，创建多样化办学体制，构建相应的不同类型的课程体系。如何建立和完善学校多元、整合的校本课程体系，这是很多学校都要思考的问题。

以汝河路小学为例。二七"多彩教育"理念的核心特征是"多元共生，和而不同"，基于此，学校课程体系的构建在促进学生充分发展的同时，更要赋予课程生命力。学校现在面临着学生人数多、班额大（学生人数最多的班级达到了80人），教师的任务重。针对学校现状，学校把尊重和发现人的价值作为学校和谐发展的基础，致力于构建以"和谐"为核心的学校文化，凸显学校"和谐育人"的办学特色，以"和谐"理念统领校本课程规划，满足学生多元化发展的需要，设置可供学生选择的"多元共生，和而不同"的校本课程。理念提出后，紧接着便是将校本课程付诸实施。但学校发现：闭门造车，脱离教师、学生的校本课程是毫无生命力可言的。随后，学校针对教师、学生、家长、社区人士进行了有关校本课程的问卷调查，汇总调查结果以后，初步制定了学校校本课程的规划思路，并向全体教师进行了详细的阐述，教师们针对校本课程的目标、实施、评价等问题进行分组讨论。学校还多次组织教师、学生、家长代表进行座谈、交流，共同规划校本课程。因为课程规划不是校长的"独角戏"，而是每个老师、学生参与的"集体舞"，老师、学生、家长、社区齐参与，才能赋予课程生命力。学校围绕"和谐"这一理念，通过解读"和顺""和乐""和美"这三个关键词，把学校课程相对地划分为基础性课程、拓展性课程以及研究性课程三个层级体系。学校遵循"和谐文化"引领的基本思路，以"整合"达到"和谐"，即以各方面"整合"的方式达到各方面"和谐"的目的，达到学生全面发展、生命和谐的目的。通过"整合"，让学生从相互联系的角度看待每一门课程，进而以相互联系的角度看待生活世界。学校所形成的课程体系见图5-1。

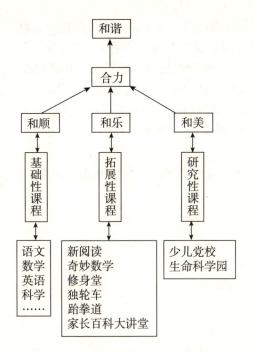

图5−1　汝河路小学"和谐"课程体系

其课程结构整体上呈"倒立套桶型"结构，是一个形式统领内容的立体交叉结构。具体的课程结构如图5−2所示。

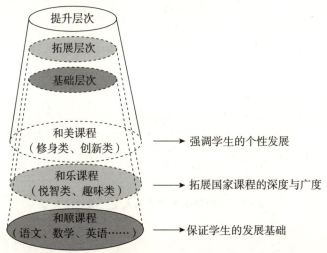

图5−2　汝河路小学"和谐"课程具体结构

学校的课程从横向与纵向两个维度进行建构。在纵向维度上，课程结构分为和顺课程（国家课程与地方课程）、和乐课程（校本课程）、和美课程（校本课程），分别对应的是基础层次、拓展层次和研究层次。在横向维度上，基础层次上的和顺课程包括语文、数学、外语、科学、体育、音乐、美术等学科，拓展层次上的和乐课程包括悦智类和趣味类，研究层次上的和美课程包括修身类和创新类，这两项同时也是对和乐课程的提升。

秉承着"和谐"的教育理念，汝河路小学设置、开发和建构了"和美人生"课程体系（见图5-3）。

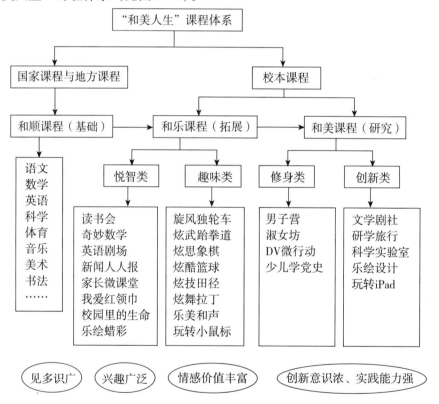

图5-3 汝河路小学"和美人生"课程体系

　　课程结构中的三个层次不是并列的关系，而是一种递进的关系，同时三者之间也有一定的交叉和包容。最下层或最里层为基础层次上的和顺课程。中间层为拓展层次上的和乐课程，分为悦智类和趣味类，达成校本课程具体目标 1 和具体目标 2。最上层或最外层为研究层次上的和美课程，分为修身类和创新类，达成校本课程具体目标 3 和具体目标 4。其要求在逐渐提高，其难度在逐渐增大。例如：读书会（悦智类）的提升课程是文学剧社（创新类），我爱红领巾（悦智类）的提升课程是少儿学党史（修身类），玩转小鼠标（趣味类）的提升课程是玩转 iPad（创新类）……

　　淮河东路小学课程建设遵从以下思路（见图 5-4）：

生命与希望

聪明与智慧　　　　　　　　　　　　　　博大与宽广

快乐与幸福

热情与爱心　　　　　　　　　　　　　　探索与创新

图 5-4　淮河东路小学校本课程培养目标

　　淮河东路小学是一所有着 50 多年办学历史的城市小学，学校硬件设施齐全，教师队伍水平较高，生源较好。但由于是传统学校，在面对新一轮教育变革的浪潮时，还存在固化的观念，那么，如何突破"传统的羁绊"呢？在感悟二七区"多彩教育"内涵的进程中，淮河路小学也在思考：具有本校独特性的多彩是什么？在原有办学特色的基础上如何继承并实现创新？如何让孩子们在校园里玩得更开心、玩得有理由、能玩出水平来？学校在重建校本课程前，重点围绕学校"要培养什么样的人，什么样的课程才是学生所需要的，学校拥有哪些课程资源，可以开设哪些课程，构建什么样的课程体系"等问题进行了深入思考。在此基础上，学校首先提出了"根植多彩教育，成就精彩人生"的学生发展目标，以五个培养目标为特色课程开发的抓手，将生命与希望、聪明与智慧、博大与宽广、热情与爱心、探索与创新、快乐与幸福融于特色课程的开发之中，将目标定位于让学生在多彩的课程体验中感受到童年的多彩、童年的幸福、童年的快乐（见图5-5）。

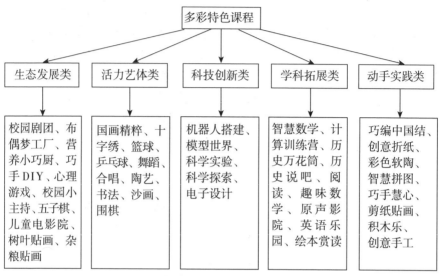

图5-5 淮河东路小学多彩特色课程体系结构

其次，学校基于学生的需求、家长和教师的建议进行分析。在对学生的调查问卷中发现，学校的"我爱机器人""科学探索"等"科技创新类"课程深受学生及家长的青睐。"彩色软陶"等"动手实践类"课程，面向学生的生活世界和社会实践，推进学生对自我、社会和自然之间内在联系的整体认识与体验，也具有很高人气。"布偶梦工厂"等"生态发展类"课程利用校园及周边环境所蕴含的资源，对学生实施生态发展教育也颇受关注。通过反思与论证，学校发现，学生需要的、学校要建构的课程不应只限于知识的、文本的，更应该是体验的、活动的，是师生共同探究新知、学生主动建构的课程，是生活的，是生动的，是能提升人文素养的，是能培养实践创新能力的，这样的课程是从学生出发又回归到学生的生本课程。

最后，学校基于可以利用的课程资源进行探索。学校周边有大型的南福华街社区，近在咫尺的社区资源为学生提供丰富的社会实践资源；相邻的铁路局火车头广场也为学生提供便利的体育竞技场所；郑州大学等高等院校为学校提供了有力的专家依托；众多热心教育公益、具有一技之长的家长为多门校本课程提供充足的师资；学校教师是校本课程资源的主力军；学生中的特长生也是校本课程中不可或缺的组成部分。校内外丰富的资源，为学校的多彩特色校本课程提供了强大的资源保障。于是，学校以课题为抓手，以行动为着力点，形成以校长为核心的、全校师生参与的学校课程建设共同体，多彩特色课程体系应运而生（见表5-2）。

表5-2　淮河东路小学多彩特色课程表

时间 年级	周三下午	周五下午
一、二、三年级	定向越野、篮球、乒乓球、舞蹈、合唱、心理游戏、陶艺、书法、沙画、机器人搭建、电子设计、阅读、科学实验、科学探索、原声影院、英语乐园、英语小导游、围棋、趣味数学、智慧拼图、绘本赏读、巧手慧心、剪纸贴画、积木乐园、创意手工、校园小主持、漫游诗海、五子棋、儿童电影院、树叶贴画、杂粮贴画、彩色软陶	定向越野、篮球、乒乓球、舞蹈、合唱、心理游戏、陶艺、书法、沙画、机器人搭建、电子设计、阅读、科学实验、科学探索、原声影院、英语乐园、英语小导游、围棋、趣味数学
四、五、六年级	定向越野、篮球、乒乓球、舞蹈、合唱、心理游戏、陶艺、书法、沙画、机器人搭建、电子设计、阅读、科学实验、科学探索、原声影院、英语乐园、英语小导游、围棋、智慧数学、巧编中国结、创意折纸、低碳巧手做、爱猜谜语、数字油画、计算训练营、校园剧团、布偶梦工厂、历史万花筒、国画精粹、模型世界、营养小巧厨、历史说吧、篆刻、十字绣、巧手DIY	定向越野、篮球、乒乓球、舞蹈、合唱、心理游戏、陶艺、书法、沙画、机器人搭建、电子设计、阅读、科学实验、科学探索、原声影院、英语乐园、英语小导游、围棋、智慧数学

可以看出，由于二七区发展的不平衡，在学校分层分类推进改革的同时，这些学校充分考虑梯度发展，给学生们自主选择、决断的权力和余地。如果说全面提高学生素质是共性发展要求的话，那么实现学生差异发展就是满足学生个性发展的要求，实现学生有效发展是共性发展和个性发展的统一。学校教育要着眼于学生的不同层次、不同发展程度、不同兴趣取向，实施具有针对性的教育，为每一位学生提供适合的教育。

（三）以校本课程实施与评价为重点，推进学校特色落地

二七区学校根据学校教育资源、学生发展需求等实际情况，充分尊重学生的不同需要，开设校本课程，引导学生根据自己的基础和爱好在学校确定的课程范围内选择项目进行学习，培养学生的爱好和专长，满足学生个性化发展的需要，并兼顾课程的评价。既坚持统一要求，也关注个体差异，实现统一性和个性化发展的有机结合。

1. 选修课程的实施

选修课旨在从学生出发，寻求适合学生的教育，而不是为教育寻找适合的学生。从学生发展角度重新审视和反思教育，为学生提供学习机会并使其获得学习经验；以学生的发展为本，让学生自由自主选择自己的兴趣点，激发其学习兴趣和动机，更好地去学习。二七区学校通过开设多种选修课程来满足学生的发展需要，主要体现在以下几方面。

给予学生自主选择、自我负责的学习权。各校在区域课程建设引导下，紧紧围绕学生发展目标，在进行校本开发之前先对学生的需求、家长和教师的建议进行调查和分析，在此基础上对学校课程进行开发。学校将调查纳入课程开发的常规工作，以此为基础不断拓展和发展学校的校本课程开发。鼓励学生参与设计课程，开设多门课程，以构成学校的校本课程体系，为有特殊需要的学生量身设计课程和选择教师。为尊重学生的学习能力和程度差异，各校针对学生的不同基础，让学生分学段选择课程内容，如建新街小学的创意漫画、电脑绘画课程是一至三年级学生可选的，定格动画、Flash 动画、玩转篮球、小小科学家等几个科目则是主要针对四至六年级学生开设的。同时对某方面有特长的学生，安排教师适时进行个别指导，以尊重不同学生的兴趣和潜质差异。

实行选修制。校本课程的学习基本实行选修与限定选修相结合的制

度，部分学校实行走班制教学，如二七区建新街小学一直将语文学科作为本校的名学科来建设，该学科连续三年被评为二七区的语文名学科团队。因此，该校于 2013 年 9 月将"新阅读"课程作为限定选修课，固定每周四下午的第一节课为全校的"新阅读"课程时间。"创新发展"类的动漫课程，是实现学生发展目标的重要课程，学校结合教育理念和办学特色，将其中的两门课程设置为限定选修课程："创意漫画"为一至三年级的限定选修课程，"定格动画"为四至六年级的限定选修课程，这两门课程均已排入课表。表 5 - 3 是学校学期初提供给学生的选课指南。

表 5 - 3　建新街小学选修课课程表

可选科目 \ 适用年级		一年级	二年级	三年级	四年级	五年级	六年级	选修类别	学习地点
新阅读	新阅读 1	√						限定选修	各班教室
	新阅读 2		√					限定选修	各班教室
	新阅读 3			√				限定选修	各班教室
	新阅读 4				√			限定选修	各班教室
	新阅读 5					√		限定选修	各班教室
	新阅读 6						√	限定选修	各班教室
语言艺术		√	√	√	√	√	√	选修	舞蹈教室
爱溢童年		√	√	√	√	√	√	选修	心理活动室
爱心关怀		√	√	√	√	√	√	选修	音乐教室 1
阳光合声		√	√	√	√	√	√	选修	音乐教室 2
舞之韵		√	√	√	√	√	√	选修	舞蹈教室
创意漫画		√	√	√				限定选修	本班教室
电脑绘画		√	√	√				选修	微机室
定格动画					√	√	√	限定选修	动漫工作室 1
Flash 动画					√	√	√	选修	动漫工作室 2
动漫 DIY		√	√	√	√	√	√	选修	美术活动室 1
百变魔方		√	√	√	√	√	√	选修	美术活动室 2

续表

可选科目＼适用年级	一年级	二年级	三年级	四年级	五年级	六年级	选修类别	学习地点
悠悠高手	√	√	√	√	√	√	选修	大队部
玩转篮球				√	√	√	选修	篮球场
花样跳绳	√	√	√	√		√	选修	小操场
田径酷跑	√	√	√	√		√	选修	田径场
奇趣动植物				√	√	√	选修	新新生态园
安全自护小卫士	√	√	√	√		√	选修	阶梯教室
小小科学家				√	√	√	选修	科学实验室
可选科目合计（门）	15	15	15	17	17	17		

建立学生选课指导制度，鼓励学生制订个人修习计划。各校的校本课程学习鼓励学生根据自己的兴趣爱好报名组班，进行选修课的学习。如二七区汝河路小学规定，选修课的报名实行双向选择，即某校本课程的任课教师可以选学生，学生可以选择任一门校本课程。选修课的学习时间都安排在周一至周五的下午两节课后，实行走班制。报名前，学校向每位学生发放选课表，因该校学生人数多，为了便于调配学生，防止一门课程报名人数太多，要求学生根据自己的兴趣以及上课的时间至少选择三个项目，即第一志愿课程、第二志愿课程、第三志愿课程。学校统一根据学生选课表中的第一志愿进行编排，遇到某一课程第一志愿人数超出的情况，校本课程的任课教师有权利优先选择第一志愿中兴趣浓厚、表现优异的学生。班级名额已满后其他学生按第二志愿编排班级，如果第二志愿已满，以此类推，按第三志愿编排班级。同时学生如果在开课之前想改变学习的课程，可以再向喜欢的课程任课教师提出申请，如果课程人数还未满，便可开始学习。

基于校本课程要求，倡导小班化教学。河南是人口大省，由于历史、地域等因素，存在着大量规模庞大、班级人数众多的"大校""大班"。尤其是近几年，随着二七区城区人口的增长，城区学校的压力越来越大、问题越来越突出。在一些小学和初中学校，大班额现象已成为困扰学校管理和教师教学的一大难题。据调查，二七区有些城区学校的班级学生人数为 70 人左右，部分班级学生人数达 80 人之多。《教育部关于贯彻〈国务院办公厅转发中央编办、教育部、财政部关于制定中小学教职工编制标准意见的通知〉的实施意见》规定：普通中学每班学生 45—50 人，城市小学 40—45 人，农村小学酌减。世界上许多国家已经进入了小班化时代，其根本指导思想是实施个别化教育、发展学生个性、培养创造型人才。表 5-4 列出的若干国家的中小学班额情况可以说明这个特点。

表5-4 不同国家中小学班级人数表

国别	美国	加拿大	意大利	日本	法国	德国	瑞典	中国
小学（平均人数）	24.0	20.0	30.0	30.3	30.0	30.0	25.0	80.0
中学（平均人数）	25.6	24.0	25.0	36.5	40.0	40.0	30.0	78.0

以上资料说明，在世界上经济发达国家和一些发展较快的发展中国家，中小学班额大体在 20—35 人，而我国的中小学班额是它们的两倍以上。而且一些国家三四十年前就开始实行小班化教学和小组教学，可以说在发展个性方面，我们比先进国家要落后 30 年以上。在工业化社会，实行大班化教学是在最短的时间内、大面积培养人才的最经济的方式，这便于教师系统地传授各科知识，使学校有严格的制度来保证教学的正常开展。但这种教学方式缺乏灵活性，难以因材施教，更难以形成学生的探索精神、创造能力和实践能力。我国普通高中课程改革鲜明地提出了"创设有利于引导学生主动学习的课程实施环境，提高学生自主学习、合作交流以及分析和解决问题的能力"的目标，同时明确提出实施选修课的课程制度。校本课程学习通过提倡小班化教学，提倡学生自主研修，以辩论、案例讨论、实际操作等为主要学习方式，它更多地是基于学生的兴趣爱好，发挥学生的主观能动性。因此，倡导小班化教学是符合校本课程要求的。如建新街小学共有 1250 多名学生，选修课实际上只有 13 或 16 门，平均分配下来，每个科目将面临至少有 80 多人选报的情况，这么多人对于以活动为主要学习方式的校本课程来说，是很不合适的，所以该校在开展选课走班时，结合实际情况，将低段和中段学生课程分开实施，具体分为两个时段：周五下午第一节课为低段学生即一至三年级的选课学习时段；第二节课为中段学生即四至六年级的选课学习时段。这样，每个选修班的人

数都能控制在 35—45 人。

2. 校本课程的评价

课程评价既要关注学习结果，又要关注学生在学习过程中的变化和发展；既要关注学生学习水平，又要关注他们在学习活动中表现出来的情感态度。通过评价保护学生的自尊心和自信心。课程评价的主要特点体现在：一是发挥评价对学生的激励作用；二是评价有助于促进学生发展；三是学生既是评价的对象，又是评价者。以淮河东路小学、建新街小学为例。

淮河东路小学校本课程评价

课程评价主要采用"三维多评"的过程性评价与终结性评价相结合的方式。

1. 过程性评价

三维即"学生评价""教师评价""学校评价"，多评即三维评价与家长评价的交叉与综合，对课程实施结果和学生进行评价。采用的评价方法主要有"学生成长记录袋"和"多彩特色课程展示"。

（1）以教师过程性记录为主的评价

每个科目的教师要对学生每节课的出勤情况、学习态度、参与度三方面内容进行全程关注、指导，并做翔实的记录。

（2）以问卷式评价表为主的评价

结合以自评、学生互评、家长评价、教师寄语为主要内容的问卷式评价表，重点关注每个学生的自我生长度。

（3）以学生学习成果展示为主的评价

学校针对每个门类的课程，均在学期中为学生提供以成果展示与评比为主要形式的评价活动。

2. 终结性评价

参照过程性评价中的每项内容的权重，每个学生学期末都能得到自己的课程等级及证书，老师还会对学生学期表现进行总体评价，针对个体指出以后的努力方向。

可以看出，淮河东路小学不再局限于传统的单一式纸笔测验，在课程评价主体上，有学生个体、教师、学生小组、家长等多个主体参与评价；在评价形式上，有观察记录、问卷调查、成果展示等，过程性评价与终结性评价相结合，使学生评价常态化，以评促教，更有利于促进学生的发展。

建新街小学校本课程评价

学校的基础课程和校本课程均由过程性评价和终结性评价组成，重点关注学生的学习过程，重视学生的纵向发展。下面以动漫课程为例，展示学校校本课程的评价方式。

1. 过程性评价

（1）学校和动漫教师对学生的具体参与过程予以全程关注、指导、记录

①教师要对学生每节课的学习情况、参与度、作品等级等做翔实的记录（占学生学期终结性评价的10%）。

②同桌间相互点评作品后，再由教师评定，选出优秀的作品，通过网络教学系统，进行集体点评，按照等级给予不同评分（占学期终结性评价的30%）。

③班级每月作品展出，校级每期作品评比，优秀作品颁发证书（占学期终结性评价的20%）。

④学生可将自己的静态、动态作品放到网络公共平台，以点击率、支持率来申请特别鼓励（占学期终结性评价的10%）。

⑤积极组织学生参加各级各类评比活动，以活动促进学生课程学习和自我提升（占学期终结性评价的10%）。

（2）动漫成长记录袋（占学期终结性评价的20%）

为每位学生建立动漫成长记录袋，成长袋中的内容最能反映出学生自身的进步与发展，最能见证孩子的成长。动漫成长记录袋包括以下几项内容：

①个人简介

②动漫自画像

③动漫知识与动漫经典收集

④自创动漫作品记录

⑤动漫成果展示

⑥问卷式评价表（体现多元评价）（见表5-5）

表5-5　建新街小学"创意动漫"课程评价表

"创意动漫"课程评价表
班级：　　　　姓名：　　　　日期：
我眼中的自己 （请你针对以下方面对自己做出客观评价）

续表

动漫鉴别力	A. 我总能鉴别出动漫的优劣，从不观看劣质动漫作品，也不会让劣质动漫作品影响自己　B. 鉴赏进步神速　C. 一般　D. 一般，但进步明显　E. 还需多努力
动漫欣赏力	A. 我的欣赏力一直很强　B. 欣赏力进步神速　C. 一般　D. 一般，但进步明显　E. 还需多努力
动漫语言理解	A. 一直不错　B. 进步神速　C. 一般　D. 一般，但进步明显　E. 还需多努力
动漫技法掌握	A. 一直很好　B. 进步神速　C. 一般　D. 一般，但进步明显　E. 还需多努力
动漫方法应用	A. 总能灵活应用　B. 进步神速　C. 一般　D. 一般，但进步明显　E. 还需多努力
动漫创作能力	A. 我的创作能力极强　B. 进步神速　C. 一般　D. 一般，但进步明显　E. 还需多努力

本学期你认为自己学得最好的是：

本学期你认为自己最好的动漫作品是：

朋友眼中的我

你的这位好友本学期创作的作品中，你最欣赏的是：

你认为他本学期的表现怎样？你对他有什么建议吗？

同伴：

老师对我说

爸妈对我说

您认为孩子本学期学习动漫后有什么明显的进步和变化？您想对孩子说些什么？

2. 终结性评价

参照过程性评价中的每项分值比重，每个学生学期末都能得到自己的动漫课程成绩，老师还会借助"课程评价表"中"老师对我说"这一项，对学生学期表现进行总体评价，针对个体指出以后的努力方向。

建新街小学对学生日常学习生活中的过程性评价进行量化，使期末的终结性评价变得有据可依、有理可寻，不再仅仅看一次期末考试，而是激励学生在每天的学习中表现最好的自己；利用电子平台来展示学习成果便捷省时，通过点赞、评论还可以加强生生、师生、亲子互动；成长记录袋的使用要求明确，使学生学会进行自我总结、自我反思，记录学习生活的点点滴滴，综合体现学生的发展轨迹。

可以看出，二七区有越来越多的学校意识到对学生进行综合素质评价的重要性。教育注重人的综合素质发展，而不是人的某一方面素质的发展，这是当代教育的基本价值选择。传统的学生评价通常是一种单纯的终结性评价，这有违学生全面发展的原则和教育的发展性原则。对学生实施综合素质评价，有利于学生了解自身发展中的需求，促进学生认识自我、发展自我、完善自我；有利于学校及时了解学生在学习和发展中遇到的问题，并对学生的成长和持续发展进行有效指导。新高考方案的出台，促使学校更加重视对学生综合素质的培养，并在课程的实施中不断探索出符合自己学校特色的评价体系。

（四）以革新管理制度为突破，确保学校发展常态

没有完善的管理制度，任何先进的方法和手段都不能充分发挥作用。为了保障学校特色发展的顺利进行，必须革新学校管理制度，使学校管理规范化。这主要包括以下几个方面：

1. 开展"名校（园）长"培养工程

校长是确立学校发展目标的主导者，也是引领学校发展的主要责任人。学校发展目标的实现需要校长发挥作为学校领导者和学校文化塑造者的作用，校长领导力直接影响学校的办学质量和长远发展。推进学校特色发展就要从校长领导力抓起，从而提升学校办学品质和管理模式，引领学校内涵与外在的协调发展。因此，校长领导力是提高学校办学质量、树立学校特色发展模式的核心竞争力，同时也是学校发展的顶层因素。提升校

长个体领导力至关重要。

区域和学校都围绕校长领导力进行了规划和培养。二七区依托名校长培养工程，由二七区"名校（园）长培养工作室"负责组织协调，力争一年内，通过组织调整、竞争上岗、教育培训等有效方式，将全区各学校、幼儿园的正、副校（园）长培养成具有优良师德修养、先进教育理念、科学办学理念、扎实专业基础，被广大教师认同的合格校（园）长；力争三年内将30%的合格校（园）长培养成具有较强引领和领导能力、学校管理能力，能够驾驭多种教育资源，善于协调公共关系，办学成效突出，被社会广泛认可的优秀校（园）长；五年内培养出10名具有超前教育理念、开阔国际视野、突出科研能力、强烈创新意识，能够发挥引领和示范作用，在郑州市乃至河南省具有较高知名度和影响力的名校（园）长（见表5-6）。

表5-6　名校（园）长梯次培养目标

合格校（园）长	培养范围	全区各级各类学校现任正、副校（园）长、书记
	培养目标	（1）政治素养较高。热爱党的教育事业，坚持党的教育方针，坚持社会主义办学方向，有较强烈的事业心、责任感和奉献精神，品德高尚，公正廉洁，作风民主，团结协作 （2）办学目标明确。坚持正确的办学方向，为学校发展制定科学愿景，遵循教育规律，致力于教师和学生发展，学校受到社会认可 （3）管理能力较突出。精通学校管理，能够调动广大教师的工作积极性，办学质量在学区领先。所在学校获得区教体局及以上荣誉称号 （4）业务水平较强。善于学习，勇于实践，能够指导教师课堂教学，并获得区级以上辅导证书，能够在校内执教示范课或做专题学术讲座，五年内有两篇论文在市以上交流（发表、获奖均可）
优秀校（园）长	培养范围	全区所有合格校（园）长、书记
	培养目标	（1）政治素质过硬。热爱党的教育事业，坚持党的教育方针，坚持社会主义办学方向，有强烈的事业心、责任感和奉献精神，品德高尚，公正廉洁，作风民主，善于团结协作，深受教职工的信赖

续表

优秀校 （园）长	培养目标	（2）办学目标明确。坚持正确的办学方向，有先进的教育思想和办学理念，能够遵循教育发展规律，为学校制定有利于教师和学生发展的有特色的科学规划，对教育教学改革及学校发展有开拓性的思考和创新，所在学校形成明显的办学特色，受到社会广泛肯定 （3）管理能力突出。拥有科学、标准化的管理方法，教育管理实践经验丰富，在教职工中有较高威信，办学质量在全区领先，近五年所在学校获得过区委、区政府及以上荣誉称号（分管工作获得过市级教育行政部门及以上荣誉称号） （4）业务素质精湛。对课堂教学有研究，有建树，至少掌握一门优势学科，能指导教师开展课程改革，近五年指导和培养的青年教师至少有两人获得区级及以上教学、科研奖励。有较强的文字功底和校际沟通交往能力，注重研究教师、研究课程、研究学校管理问题。五年内，能够在全区进行至少一次公开课教学或专题学术报告，在市级优质课评比活动中获一等奖或在市级以上正式教育刊物（增刊、副刊等除外）上发表有研讨价值的教育管理类文章三篇以上（省级一篇以上）
名校 （园）长	培养范围	全区所有优秀校（园）长、书记
	培养目标	（1）政治素养高。热爱党的教育事业，坚持党的教育方针，坚持社会主义办学方向，有强烈的事业心、责任感和奉献精神，品德高尚，公正廉洁，作风民主，善于团结协作，对事业、对师生怀有浓厚的人文关怀，深受教职工信赖和爱戴 （2）办学特色鲜明。有独特的教育理想，有先进的办学理念，深刻把握教育发展的本质规律，全面洞察学生的发展需要，为学校制定有利于教师和学生发展的有鲜明特色的、长远的科学愿景，创造性地实施教育改革和教育教学实践，能充分调动广大教师对教育事业的使命感，对学校发展的使命感，对培养人才的使命感，共同落实学校发展的愿景，使所在学校形成和谐的校园文化，成为学生向往、社会赞誉的品牌学校

续表

名校（园）长	培养目标	（3）学识修养丰厚。文化修养高，知识广博，业务能力拔尖，能指导课程改革，对教育教学有自己独特的见解，能够在市级以上执教示范课或做专题报告，近五年主持过省级以上课题研究一次。近五年在省级以上正式教育刊物（增刊、副刊等除外）上发表有研讨价值的教育管理类文章两篇以上（国家级一篇以上）或有正式教育管理专著出版。近五年所在学校获得市级（人事、教育部门联合表彰）及以上荣誉称号（分管工作获得过省级教育行政部门及以上荣誉称号） （4）发挥辐射带动作用。主动承担培养薄弱学校校（园）长任务，至少结对帮扶一所农村学校，明确结对培养目标和帮扶任务，有效推进我区校（园）长队伍建设和教育均衡发展。在学校内部造就一批名、优骨干教师，打造一支团结奋进的管理团队，形成独具风格的育人氛围

依据名校长培养目标，组建校长工作室，着力提升校长各项领导力，具体包括：科学规划蓝图，加强组织建设，提高校长凝聚力；寻找自身不足，感受读书幸福，提高校长思想力；立足学校实际，确定研究课题，提高校长研究能力；抓住核心工作，打造多元共同体，提升校长教学领导力。与此同时，形成了相应的"三高一自"名校长培养模式。

高培：就是依托国家教育行政学院、北京师范大学、华东师范大学、河南师范大学、郑州教育学院等高等院校，开设高级研修班，在高起点、高平台上进行教育理念提升、教育学术引领。

高导：就是实施导师制培养，采取到教育发达地区参观考察（"走出去"）、邀请国内知名校（园）长进行现场主题培训（"请进来"）的方法，邀请教育名家结对指导，进行基于实践与情境的有效辅导与带动。

高派：就是委托国内名校代培，选派代培校（园）长到全国名校进行挂职锻炼学习。

自修：就是注重激发校（园）长自我发展的内驱力，引导校（园）长开展职业生涯规划，理性思考、分析自身发展，并在此基础上开展实践，由"被动适应"到"自主超越"，增强校（园）长的实践智慧，提升教育教学及学校管理的实践能力。

充分发挥"名校（园）长培养工作室"的作用，积极开展争当"学习型校（园）长"活动，采取集体研修、系统自学、专题研究、个案分析、校（园）长论坛、沙龙等多种形式，为校（园）长学习实践创造条件、指导帮助。

与之相匹配的还有名校长培养的保障措施：

一是加强组织领导。成立二七区"名校（园）长"培养工程领导小组，建立"名校（园）长培养工作室"，具体负责落实我区名校（园）长的培养、任用、评价、管理等工作。

二是严密培养程序。"名校（园）长"培养工程坚持求真务实、一切为教育教学工作服务的原则，紧密结合学校日常管理，坚持标准，强化措施，精心组织，确保培训质量整体提高。

三是建立长效机制。要把"名校（园）长"培养工程列入加快教育改革发展的重要议事日程，建立健全考核机制，通过定期考核、科学评估、动态管理，推进创建活动健康有序开展，形成新的名校（园）长培养长效机制。

2. 引领教师课程专业能力

教师课程能力，是指教师自身拥有并运用于课程活动中、直接影响课程活动实施、决定课程活动成效的能动力量，是在一定的课程任务中表现并得到提高的一项综合能力。专业引领，是指包括教育理论专家、课程改革专家和教研员等专业人员用先进理念、思想方法和先进经验引导和带领一线教师开展教育实践探索，增强教师解决教学问题的能力，从而促进教师专业发展的一种方式。通过在课程上的专业引领，二七区教师在区域层面的专业引领和组织管理上都进行了一系列探索，主要表现在以下几方面。

（1）区域层面的专业引领

强化课程意识，建设专业的课程研发团队。教育行政管理人员、教研员、校长和教师都要强化课程意识。"我国基础教育未来发展新特征研究"的课题实验学校，要发挥好课程建设的引领和示范作用。校长作为课程建设的第一责任人，要切实提高课程领导力，成为课程的决策者、引领者和调控者。学校要成立以校长为核心、以教师为主体的课程研发团队，主动寻找高等院校学者、专职教研人员、家长志愿者作为研发资源的支持力量。

立足学校实际，形成系统的课程规划。研制学校课程规划是课程建设的重中之重。学校要根据自己的办学理念、办学定位和培养目标进行课程的总体设计，对国家课程、地方课程、校本课程进行整体统筹、有机整合，使办学理念、学校特色渗透到课程建设中。

整合课程资源，创生多元特色的课程。课程资源是课程建设的基础。在区域层面，体卫艺、团委等科室要充分发挥职能优势，引导学校开发和整合丰富的课程资源。在教育发展共同体内，要建立课程资源共享平台，实现资源共生，成果共享。各校要把少先队活动、家长会、国防教育、安全教育、环保教育、法制教育、廉政教育等工作内容课程化，结合学校特色，通过规范的课程设计对学生进行有效的教育。

统一课程认识，正确处理国家课程与校本课程的关系。校长要引领教师理解课程设计，共同进行课程建设，在实践探索中统一课程认识，尤其要正确处理国家课程与校本课程的关系。在开齐、开足、开好国家课程的基础上，充分发挥校本课程的调节、补充和拓展功能，不能因校本课程的开发与实施弱化国家课程。

（2）区域层面的组织管理

加强课程建设是一项系统工程，教育行政部门、各教育发展共同体、各学校应各尽其责，确保课程建设工作取得实效。

健全组织，指导课程建设工作有序开展。教体局成立区级课程建设委员会，制订课程建设工作推进计划，整体部署区域内课程建设工作，指导课程建设工作有序开展。

教育科要统筹规划全区学校的课程建设工作，加强对课程建设工作的管理。教研室要充分发挥对课程建设的研究、诊断、指导职能，引领课程建设的内涵发展。其他相关科室要积极参与课程建设工作，做好有关的部署、指导和服务工作。

强化领导，规划引领学校课程建设工作。学校要成立由校长、教师代表、学生乃至家长代表、教育专家等组成的校级课程建设委员会（可兼作校本课程评审委员会），统领国家课程和校本课程建设工作，研制学校课程规划方案，负责审议教师提交的课程纲要，对学生选课进行指导，组织开展课程实施评估等工作。

优化培训，全面提升教师课程能力。区域、中心校、教育发展共同体、学校要开展多方面、多层次的培训活动，选择有针对性的培训内容，将课程意识增强、课程领导力提升作为校长、教师专业发展的核心和学校内涵发展的增长点，有效推进国家课程的校本化实施和校本课程的个性化开发。

加强研究，为课程建设提供专业支持。各学校教研、教科研部门要以课题为抓手，将工作的重心由课堂教学诊断层面提升到课程研究层面，改变过度关注"怎么教"的传统思维，进一步加强"学什么""为什么学""怎么学"和"学得怎么样"的研究。要选取试点，组建研究团队，聚焦课程建设中的问题，深入开展研究，及时总结、提炼和推广经验。

完善制度，保障课程建设工作顺利进行。各学校要建立健全课程建设的审议、监测、评价制度，各教育发展共同体要建立课程资源共享机制和成果推广体系。区教体局要将校长课程领导力作为任期考核的主要指标，将学校课程建设情况纳入督导评估，对学校课程建设给予政策及经费支持，对成效显著的学校、教师予以表彰和奖励。

（五）以多样化教育资源为依托，为学校特色发展润色

教育资源伴随着教育实践，不断积累着、扩展着、丰富着自身精神的和物质的内涵，成为我们今天的教育事业得以生存和发展的基础和土壤。学生的发展需要丰富的资源系统支持，充分的课程资源是丰富学生学习经历、激发学生学习兴趣、增加自主探究学习的有效保障，也是校长领导力的基本要素之一。二七区依托本身的教育资源，抓住特色，为学校的发展提供了丰富的形式。

1. 人力课程资源的创生

（1）教师课程资源的创生

教师作为课程设计开发的直接实施者，对于课程的实施效果有着直接的影响。各校在课程建设过程中特别注重教师资源的创生，使每一位教师都成为课程的直接设计者和实施者。

首先是增加教师的学科知识，不断增加对教师的学科培训，让教师树立课程意识，将校本课程的开发直接列入学校的绩效考核，以鼓励和激励教师积极开发校本课程。区教研室和学校多次聘请课程专家和学科专家对一线教师进行培训和指导，目前区属学校的一线教师可结合自身可利用资源和学校整体校本课程规划思路，自主自愿完成某一门课的建设方案，然后上报校课程审核委员会，经审核同意后才能列入学校校本课程课表。

其次是鼓励教师不断寻求和发现关注点并转化为研究问题。不仅关注跨学科结合点，同时也关注社会热点问题，关注学生身心健康的有关问题。如二七区兴华小学就建立了专门的校本课程研发管理制度，在校本课程研发过程中，学校加强对教师研发校本课程的管理，将课程的研发寓于课题研究之中，对有创意的教师进行研发奖励，充分调动教师参加课程开发的积极性。同时，为教师研发校本课程提供相应时间及资金的保障，保证校本课程的顺利研发。

（2）校外课程资源的利用

除学校教师资源外，很多学校在校本课程的开发过程中还充分利用了校外资源，如家长、专业协会以及热心人士等，不断丰富学校的课程教学资源。如二七区铭功路小学的"走进中国戏曲"课程就聘请了专业老师来给孩子们上课，进行基本功训练，还经常聘请戏曲名家进校园，指导孩子们练习；二七区幸福路小学的"珍爱生命我知道"课程则聘请了离学校很近的河南省妇幼保健院的专职医师担任课程顾问，为孩子们讲解关于生命健康的知识；二七区京广路小学的"我是小小军事家"课程则聘请了部队军官作为每节课的课堂顾问，与老师一起负责每节课的教学；二七区淮河东路小学的书法校本课程则是聘请了学生家长来担任课程顾问。有的家长甚至直接担任教学任务，提升了校本课程教学的专业性。

2. 社会资源的课程化

全区所有学校的校本课程开发都是建立在学习资源分析和社区资源分析基础之上的，各校在开发校本课程的过程中不断加强与社会教育场馆、实践和活动基地的联系，结成联合培养的资源同盟，不断挖掘当地课程资源并形成稳定的资源系列。

比如，二七区解放路小学1950年建校，地处郑州市中心，历史悠久，毗邻红色革命圣地"二七纪念塔"。二七区不仅是闻名中外的"二七大罢工"的策源地，更具有鲜明的红色文化特色。学校充分利用革命圣地的地域优势，努力挖掘当地现有的红色资源，着眼时代发展，积极拓宽教育思路，创新德育形式，建立新的教育平台，秉承红色教育理念，推行红色教育的办学特色。在学校课程总体规划中，学校课程划分为红色根基课程（基础型）、红色萌芽课程（拓展型）、红色历练课程（探究型）。红色根基课程即国家课程（基础型课程），包括语文、数学、外语、科学、品德与社会（生活）、音乐、美术、体育、综合实践活动等。红色萌芽课程

（拓展型）指在完成基础性课程的基础上对国家学科课程的拓展研究，主要包括学科拓展类、学习方法类、学科拓展延伸类、艺术素养拓展类、艺术实践拓展类、活动拓展类等几大类课程，此外，为了实现学生的个性化发展，培养学生综合实践能力，培植学生生活情趣，学校又开设了实践性课程——红色历练课程（实践型），即"红色传承"校本课程，以推进红色课程的校本开发与实施。

3. 学校硬件资源的建设

很多学校都为校本课程的实施提供了大批硬件设施，加强专用教室等设施的建设，合理配置各种教学设备，为学校课程实施提供必要的物质保障。如二七区汝河路小学现有录播室、实验室、计算机室、美术室、党史研究室、研议厅、跆拳道馆、舞蹈教室等，还有 36 个"班班通"教室，其中，学校为了更好地实施"玩转小鼠标"这一校本课程，为计算机室购置了新的计算机，方便学生进行学习。学校的"生命科学园"为"校园里的生命"课程提供研究对象。为丰富科学园里的研究对象，学校对生命科学园里的植物进行移植、扩建，只要是对学生有利的教学、活动资源，学校都予以协调或购买，以保证校本课程顺利开设。

四、对以校长领导力提升探寻学校特色发展的进一步思考

（一）特点深度聚焦形成特色

二七区每所学校由于所处地域不同、发展历史不同、办学资源不同，所以形成了学校的差异化样态。差异化的存在，正是学校多样化、有特色发展的宝贵资源，是学校发展的特点所在。在特色化发展中，每所学校的校长思想和能力不同，每所学校的发展和特色也都不同。校长在履行职责、完成学校特色发展任务时，要对学校进行符合切身实际的规划，这些规划既要符合教育规律，还要能够推动学校的持续发展，促进学校的远景发展。因此，学校特色发展与校长领导力的关系极其密切，要想使学校得到优质、高效的发展，必须走特色发展的道路，必须从校长领导力入手，充分考虑校长领导力这个顶层因素。二七区学校校长充分发挥领导力，把本校的"点状"特点聚焦起来，不再仅仅局限于单一的、局部的发展，而是把特点做大、做亮、做足，通过系统化的深度推进形成学校的品牌特

色，由点到面，层层推进，这既是多彩教育在学校层面的生动诠释，也是教育高位均衡的内在体现。

（二）特色纵深浸漫生成特质

特色是一个学校的亮点，是凝聚了学校办学精髓的亮眼之处，光彩之处，但不可否认的是，特色发展还是点状思维的结果，它将学校带离了同质化、模式化的误区，同时，也容易导致学校停留于点状发展的瓶颈期。要想改变这种徘徊不前的状态，寻求更高更远的发展，需要学校突破旧有思维方式的局限，从点状思维向关系思维转换，将特色的内在底蕴在横向上渗透于各个学科的课程与教学过程中，在纵向上贯穿于师生在校生活、生存、发展的整个阶段，内化在学校教育教学活动的方方面面，进而形成一种学校特有的品位、师生特有的气质、教育特有的品质，使原来的特色浸漫于学校底色之中，化为一幅色彩斑斓、流光溢彩的学校图景，成为一所学校的特质。

第六章

以学生学习力提升
探求学生个性化发展

决策力是对区域教育发展的顶层设计和总体安排，发挥着澄清思想和引领方向的重要作用，领导力更多地是为学校发展规划蓝图和设计路线，是区域决策力通过领导力在学校层面的进一步落实和具体化。不论是提升区域决策力还是提升学校领导力，其最终价值追求都离不开教育究竟要培养什么样的人以及怎样培养人这一教育的永恒主题。当今社会是一个大变革的时代，现代学校也早已不同于工业革命时代标准化教育模式下的学校，在当下的知识经济时代，学校教育需要不断创新人才培养模式，培养学生的批判思维能力、问题解决能力和知识创新的能力，实现学生的个性化、多样化发展，因此，以学生学习力提升探求学生个性化发展就显得尤为重要，也是区域决策力和学校领导力最终得以真正实现的标志。本章主要是结合二七区教育的实际，对学生个性化发展、以学生学习力提升探求学生个性化发展的基本设想、提升学生学习力的重要举措等问题进行研究，通过对二七区学生学习力基本问题的探讨，提升学生学习力，促进学生个性化发展，进而提升学校的整体教育质量。

一、学生学习力要解决的核心问题

提升学生的学习力，促进学生全面而有个性的发展，是我国基础教育发展所追求的目标。二七区在研究学生学习力问题时，也回到学生发展这一问题本身，致力于改进学生的生存方式，提升学生的发展水平，并结合二七区的办学现状，把促进学生全面而有个性的发展定位为学生学习力要解决的核心问题。我们将从学生发展的内涵解读、学习力提升对学生个性化发展的重要性和二七区多彩教育在学生层面的体现三个方面来分析学生学习力要解决的核心问题。

（一）学生发展的内涵解读

1. 学生全面发展的内涵

关注学生的全面发展，既是我国基础教育在自我更新、自我否定之后所做出的明智抉择，也是现行教育调整自身与社会经济、科技发展关系之后的一场革命性的改变。进入新世纪后，我国把学生的全面发展作为教育追求的根本目标，我国《宪法》和《教育法》等法律明确规定了学生的全面发展是指受教育者在德、智、体、美等方面都得到发展。这是社会对学生群体发展提出的要求，目的是让学生的各方面素质得到和谐发展，而不是只侧重一方面或几方面的素质，这里的全面发展也不是使学生的各方面都平均发展和均衡发展，它实际上是指学生的综合素质得到提升，是各方面的有机结合、相得益彰、健康发展。

2. 学生个性发展的内涵

教育的起点是鲜活的学生个体，每个学生都有各自不同的特点，因此在面对学生个体时，教育所追求的目标是关注每个学生的差异，尊重学生的个性特点，实现学生的个性发展，促进学生的健康成长。学生的个性发展是在全面发展基础上有选择的发展，是德、智、体、美、劳等素质在学生个体身上的特殊组合，是个体特殊性的表现，是个体根据自身需要而进行的多样化发展。学生个性发展其实是对个性的解放，使个体所具有的天赋、兴趣、才能和性格特征得到充分、自由的发展，是学生个人自主选择的结果。同时，促进学生的个性发展也是社会发展和科技进步对人才需求多样化、对人才素质要求多元化的客观需要。

3. 全面基础上的个性化发展

学生是一个完整的生命体，同时也是具有多种差异的个体，因此教育的最终追求就是促进学生全面而有个性的发展，使学生实现全面基础上的个性化发展。一方面，全面发展是社会对人才发展的要求，是个性发展的基础，个体发展和实现自身的独特需求和较高层次的需要，必须以发展和实现自身与社会的基本需要为前提和基础；另一方面，个性化发展是学生个人发展的重要目标，是在全面发展基础上的和谐发展，因为每一位学生在先天因素、个性特征、成长环境等方面都存在差异，这也就决定了学生个体之间在发展水平、发展方向和发展速度上的差异，这样的差异突出了学生作为不同个体的独特性和创造性。因此，在学生发展问题上，教育所强调的是在全面发展的同时，对学生进行个性化的培养，实现学生全面发展基础上的个性化发展，最终达到学生整体素质的和谐发展和科学发展。

（二）学习力提升对学生个性化发展的重要性

学习本身就是一个人的生命过程的重要组成部分，是个体不断成长、不断自我完善的历程。裴娣娜教授指出，学习力是学生的生长力，是学生生成和发展过程中所具有的生命能量与活力。学习力概念的提出，是把学生看成了学习的主人，目的在于解放学生的个性，让学生能够自主安排学习，促进个性充分发展。同样地，学习力的提升对学生个性的发展也有十分重要的意义，具体表现在有利于发挥学生的自主性，有利于激发学生的主动性，有利于培养学生的创造性。

1. 有利于发挥学生的自主性

学生学习力的提升，尊重了学生的主体能动性，有利于培养学生学习的自主性。过去课堂上总是出现教师滔滔不绝，对学生进行单向的知识灌输的场景，完全忘记了学生才是学习的主体。新课改以来，学生的地位逐渐得到了提升，学生成为学习的主人，学生学习的自主性得到了重视，具体成效表现在以下两个方面：一方面，学习力的提升，提高了学生的自主学习能力，让学生根据自己的兴趣和需要选择适合自身发展的内容进行学习，在一定程度上有助于学生深入了解自我，找到适合自己发展的道路。另一方面，学习力的提升，使学生能够充分行使自由选择的权利，学会独立思考和独立判断，有利于学生发现自己的闪光点，增强自信，从而树立起对学习的信心，真正热爱学习。

2. 有利于激发学生的主动性

学生学习力的提升，有利于激发学生学习的主动性，让学生以积极的态度对待学习，发挥自己的特长，获得主动发展。首先，在学习过程中，学生根据自己的兴趣爱好和个性，发展自己的特长，进而自主构建适合自己学习的知识体系，从而增强了自信心，产生了对学习的兴趣，有效提升了学习力。其次，学生通过和教师以及其他同学的多向交流和相互合作，在合作学习中享受学习带来的快乐，也能够激发起主动学习的欲望，发展具有自身独特个性的学习力。最后，学生在学习中进行不断的反思，通过对自我的认识、反省和评价，得以形成自我和发展自我，认识到自己的长处与劣势，充分发挥自身的能动力量，调整改造自己的知识结构、心理状态和行为方式，增强主体参与意识，发展主动性。

3. 有利于培养学生的创造性

学生学习力的提升，有助于丰盈学生的想象力，培养学生的创造力，让学生的批判性思维和创造性思维在学习中得到展现。以往的课堂教学大多是老师讲、学生听的一言堂，这样的传统教学模式造成了学生思维的僵化和创造力的枯竭，长此以往，学生就成了死记硬背考试知识点的木头人，而学生学习力的提升，较多地关注了学生想象力和创造性的培养，强调以具体的问题为中心，让学生学会提问、学会思考、学会探索未知、学会解决问题，在探究的过程中获得思维发展，构建知识体系，提升创造力。

（三）二七区"多彩教育"在学生层面的体现与渗透

"多彩教育"是二七区结合本区的办学情况构建的为学生未来发展奠基的基本理念，通过构建多彩的学校教育、家庭教育和社会教育"三位一体"的教育网络，使受教育者获得与其全面成长及个性发展需求相匹配的教育。它在学生层面的体现和渗透主要表现在三个方面：从关注学生群体到关注学生个体、从注重他主学习到注重自主学习、从"一把尺子"到多元学生评价。

1. 从关注学生群体到关注学生个体

传统的班级授课制要求学校对学生进行统一教学，教育教学总是把目光集中在学生群体身上，强调同一性，用同样的标准去培养所有学生，用同样的方法去教育全体学生，这样"目中无人"、只关注"抽象人"而不关注"具体人"的教育忽视了对学生个性的培养，抑制了学生个性的健康发展。多元智能理论认为人的智力是多元的，且个体的智力都是独特的，每个个体都有适合自己发展的智力。教育具有个体差异性，不同个体在不同年龄阶段的发展速度和水平都有不同，并且同一个体身心各方面的发展也存在差异，因此，我们不仅要关注学生发展的共同方面，更要关注学生的个体差异，帮助学生实现多样化发展，促进学生在全面发展基础上实现个性发展就是教育的最终目的。"多彩教育"理念恰恰契合了全面而有个性的发展这一基本理念，"多"是指让学生实现多样发展，"彩"是让学生实现独特发展。在尊重学生的主体发展、真正以学生为本的基础上，多彩教育不仅关注学生的学业发展水平，更关注学生的身心发展水平、品德发展水平、兴趣特长养成、学业负担状况等综合指标，在尊重生命的基础上让学生养成阳光心态和健康人格，注重学生的个体差异和特殊需求，通过了解每一个学生、关注每一个学生、激励每一个学生、成就每一个学生，使每一个独特的生命个体实现自身全面、多元、个性、和谐的发展，成就最好的自己。

2. 从注重他主学习到注重自主学习

纵观以往的课堂教学，教师总是告诉学生现成的知识结论，很少给学生自主发现知识的机会，很少让学生通过思考和探究等过程获得知识，并享受这个过程中的快乐。这样的教学是教师的灌输，这样的学习是学生被动的学习，学生丧失了自主性和能动性。新的课堂教学正逐渐摆脱传统的灌输式教学，提倡尊重学生的主体地位，把学习的主动权真正还给学生，让学生进行自主学习。实现自主学习不仅是学校课程顶层设计的基本价值追求，同时也是学生个性化发展的基本目标指向。秉持着以学生的发展为本、激发学生自主选择学习的教育理念，二七区"多彩教育"在尊重学生生命的基础上，让学生养成阳光心态和健康人格，为学生提供多元化和可供选择的课程资源。除了为学生提供充足的课程之外，教师还针对不同学生的不同特点，有针对性地设计了适合学生的教学方法，用不同的教学方法来激发学生自主学习的主动性和积极性，让学生选择适合自己的学习时间和学习方式等，在充分尊重学生个体差异的基础上让学生充分享受幸福的学习生活，使其主体意识得到张扬，学会主动学习，真正成为课堂的主人，成为有独特个性和鲜活生命的个体。

3. 从 "一把尺子" 到多元学生评价

长期以来，受应试教育的影响，学校倾向于根据学生在考试中取得的成绩来评价学生，落脚在对学生知识和技能的考查上，强化的是学生对书本知识的掌握和应试能力的提高，这种单纯用成绩这"一把尺子"来衡量全体学生的做法不能促进学生综合素质的全面提升，也不能培养学生独特的个性。如今，教育评价的目的已经发生了根本转向，从过去的"选拔适合教育的学生"变为"创造适合学生发展的教育"，关注学生多方面的发展。二七区也充分贯彻了这一评价理念，在为学生设计了尊重每位学生个性、适合每位学生学习的课程和教学后，还开展了多元化的学生评价。在评价目标上，体现新课程改革的总体要求，以学生的发展为核心，指向学生的全面而有个性的发展；在评价内容上，改变过去只重视学生学习成绩的做法，把学生的综合素质评价全面纳入多元评价的范畴中去，重视对学生全方位的评价，避免以学习成绩来片面衡量学生的发展；在评价方式上，一方面，把终结性评价与过程性评价相结合，更加注重在学习过程中对学生进行评价，帮助学生及时发现问题并进行改进，另一方面，把量化评价与质性评价相结合，运用不同的评价方式对学生不同方面的发展进行评价；在评价主体上，多元主体共同参与评价，除了教师之外，学生自己、同学、家长等也参与到评价过程中来，充分发挥不同评价主体的作用，帮助学生全面客观地认识自己；在评价结果的运用上，不只是把学生评价的结果用于鉴定学生的优劣，更多地是用于帮助学生根据评价结果不断调整改进自己的学习，促进学生学习的开展；在评价的组织实施上，二七区各校加强了常态化和规范化的学生评价活动，制定了科学可行的评价制度，确保评价工作落到实处。

二、提升学生学习力探求学生个性化发展的基本设想

学生学习力的提升要落实到学生层面，真正实现学生的个性化发展，需要各学校结合教育实际，进行整体设计和规划。具体包括三个方面：首先，通过调查了解学生学习力的基本情况，立足于学生学习力的发展现状，以便对症下药；其次，针对学生学习力的发展现状，在学科课程和课堂教学层面，探索适合学生发展的课程和教学体系，满足学生个性化的发展需求；最后，通过创设学生评价制度和整合校内外资源，确保学生获得个性化发展的长效。这三个方面相互配合，共同作用，为提升学生学习力探求学生个性化发展奠基。

（一）立足学生学习力发展水平

了解学生学习力的发展水平是提升学习力的首要环节，只有先明确当前学生学习力处在何种水平，还存在哪些方面的优势与不足，才能在此基础上来满足学生个性化的发展需求，进而提升学生学习力探求学生个性化发展。在把握学生学习力发展水平的基础上，一方面要做到充分考虑学校的实际情况，结合自身的教育教学实践和相关学科新课程标准的要求，构建适合学校实际的学习力模型，用这个模型作为参考，来检验学生的学习力水平，进而根据学生学习力水平的实际情况不断调整学习力模型，揭示学习力运行的内在机制，为学生学习力的提升做铺垫；另一方面要开展对学生学习力水平的调查，通过调查了解学生学习力水平的现状，发现学生在学习中的问题，并根据存在的问题去探求对策，有效解决问题，以构建

科学合理的学习力模型，提升学生的学习力。

（二）满足学生个性化发展需求

课程建设和课堂教学是学生学习力落到实处的重要环节，要满足学生的个性化发展需求，需要在课程建设和课堂教学上做出相应的调整，提升学生学习力，让学生真正成为学习的主人。二七区主要从学科课程和课堂教学两方面进行积极探索。多样化学科课程的建设和实施，对学生的个性化发展有十分重要的意义，通过为学生提供可自主选择的、多样性的课程，为学生提供更全面的展示机会，能帮助学生更好地理解所学内容，让学生根据自己的兴趣发展特长，锻炼其多方面的能力，培养其创新精神和实践能力，不断提高其综合素质，使其丰富多彩的兴趣爱好和个性特长得到充分发展，促进其幸福快乐成长，能够真正做最好的自己。探索因材施教的课堂教学，促使教师转变教学观念，尊重学生的个体差异，把课堂真正还给学生，有助于改变学生被动学习的状况，促进学生个性化发展，让学生享受学习，享受生活，逐渐学会学习，解放天性，追逐幸福，收获喜悦。

（三）确保学生个性化发展长效

为了确保学生学习力水平得到提升，需要有一系列的保障措施来保证学生个性化发展的长效，真正把个性化发展落到实处。为了确保学生个性化发展长效，要创设个性化的学生评价制度。传统的学生评价往往以考试分数为主，甚至把分数当成唯一的评价标准，依据分数对学生进行分类排队等，这更多地发挥了评价的鉴定和选拔功能，而忽视了评价促进学生发展的重要作用。为了提升学生的学习力，帮助学生更好地进行学习，学校需要打破用"一把尺子"衡量所有学生的传统做法，扭转只看重结果而忽视过程的评价局面，创设个性化的学生评价制度，充分调动学生的积极性和主动性，以制度来规范学生的日常行为，让学生不断地通过评价发现优势，改进不足，反思自我，调整学习，获得全面而有个性的发展。除此之外，还要充分整合校内外的多方资源，让校外的学习资源和校内的课程资源有机地融为一体，学校、社会、家庭三方通力合作，实现教育资源的有效利用，共同致力于学生全面而有个性的发展，共同为学校的特色发展和学生的个性化发展服务。

三、提升学生学习力探求学生个性化发展的重要举措

二七区从学生的学习需要与现状出发，聚焦教育中的学生，重塑学科学习力模型，系统构建了学科建设指导纲要，避免了课程开发过程中由于重复、混淆、盲目而引起的低质低效，深入打造多彩学科课堂，并革新教学模式，积极探索个性化评价方式，将区域的课程、课堂与评价改革落实到提升学生的学习力、促进学生个性化发展上来。

（一）重塑学科学习力模型

1. 学习力的基本要素结构

"学习力"在英文中被称作"learning power"，其中"power"一词源于"驱动机器或其他系统的能量之源"（the source of energy used to operate a machine or other system）。裴娣娜教授认为学习力是学生的生长力，是学生生成和发展过程中所具有的生命能量与活力。这一理解与学习力的英文表述非常接近，即把学习力看作一个表示能量的动态概念。

（1）总课题组学习力的基本要素结构

总课题组研究认为："学习力"即学生的生长力（活力、能量），区别于学科学习能力，主要包括以下三层次六要素（见图6–1）：

第一层次：人的基本素质
　　　　　知识与经验
　　　　　策略与反思
　　　　　意志与进取
第二层次：对实现人的发展两个基本路径的把握
　　　　　实践与活动
　　　　　协作与交往
第三层次：人发展的最高境界
　　　　　批判与创新

图6–1　学习力的三层次六要素结构

以上三层次六要素还可以用一个立体结构（见图6-2）来表示，其中知识与经验是基础，而实践与活动、协作与交往两个基本路径呈现一种螺旋上升的状态，直接指向人类发展的最高境界——批判与创新。整个过程是一个动态的螺旋上升的过程。

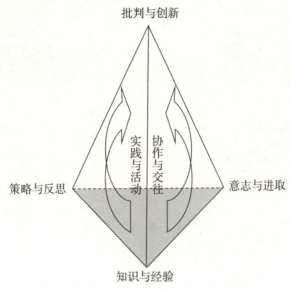

图6-2 学习力的三层次六要素立体结构

（2）二七区学科学习力要素结构

在裴娣娜教授主持的总课题组所给出的三层次六要素的基础上，二七区结合自身的教育教学改革实践特点，对学习力基本结构要素进行了本土化的解构与重建，仍然以学生已有的知识与经验作为区域学习力结构的底部与基础，将人的另外两个基本素质——策略与反思、意志与进取细化为学生在学习过程中的学习动力、学习毅力和学习能力，用合作学习和探究学习两种具体的学习方式代替实现人发展的两个基本路径，最后选择对学生成长最为重要的创造力作为学生批判与创新精神的细化与落实（见图6-3）。

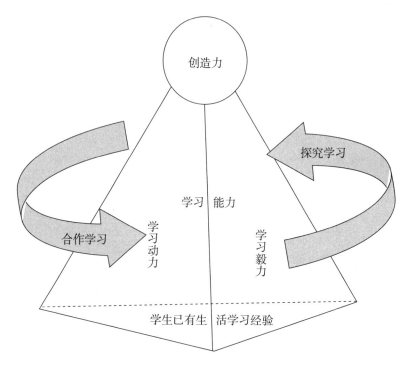

图6-3 二七区学科学习力要素结构

（3）二七区主要学科的学习力模型

二七区构建了以学生的学习动力、学习能力、学习毅力和创造力为主要内容的学习力要素结构，并形成由七所项目校构成的小学语文、小学数学和中学物理三个学科研究小组，各校结合自身的教育教学实践，结合相关学科新课标的要求，建构了学科学习力模型，并结合模型对本校学生的学科学习力进行了调查与分析，从而进一步验证和完善了学科学习力分析模型。

在二七区汝河路小学和建新街小学两所项目实验校的不断实践与探索中，它们结合小学语文新课标的要求，将学生的语文能力主要定位在语言能力上，分别从理解、感悟、积累、运用语言和文化意识五个方面进一步细化学生的语文学习能力。同时两所学校结合学生在语文学习上的基本现状，从教育心理学的角度出发，对语文学习动力和毅力进行了进一步的细化。以总课题组对学习创造力的解读为基础，将学习创造力定位为学生语文学习力的最高发展层次，该层次主要由反思意识、批判思维和想象能力构成(见表6-1)。

表6-1 二七区小学语文学习力要素结构

语文学习力要素 一级维度	语文学习力要素 二级维度
	理解语言
	感悟语言
语文学习能力	积累语言
	运用语言
	文化意识
	兴趣
语文学习动力	需要
	动机
	持续力
语文学习毅力	自信心
	自控力
	反思意识
语文学习创造力	批判思维
	想象能力

《义务教育数学课程标准(2011年版)》为各学段安排了四个方面的内容,即数与代数、图形与几何、统计与概率、综合与实践,并规定:数与代数中主要培养学生的数感和符号意识,发展运算能力,树立模型思想,运算是其中的重要内容;图形与几何要帮助学生建立空间概念,能够根据几何图形想象出所描述的实际物体,同时发展直观与推理能力,将其作为贯穿整个数学学习的思维方式;统计与概率主要是帮助学生建立起数据分析的观念,包括收集数据、统计分析数据,并从数据分析中发现问

题，从而解决问题；综合与实践则主要以问题情境为载体，让学生去自主探索，主动参与，帮助学生积累数学活动经验。

在分析课标内容的基础上，二七区淮河东路小学、兴华小学和樱桃沟小学结合本校学生在数学学习力发展上的基本情况，将学生的数学学习能力定义为运算与推理、作图与想象、统计与分析、解释与应用，同时从本阶段学生的身心发展特点出发，进一步细化了数学的学习动力和学习毅力，并将数学学习质疑力、思考力和生成力作为学生数学学习力发展的更高层次，也就是学习创造力的具体维度（见图6-4）。

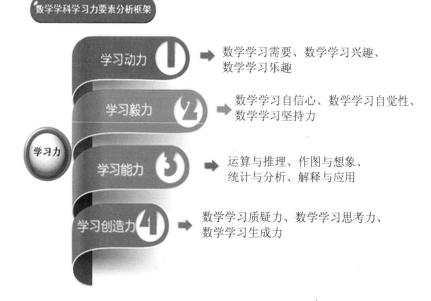

图6-4 二七区小学数学学习力要素结构

物理作为一门自然学科，注重培养学生分析问题、解决问题的能力，强调学生解决问题的灵活性、开放性、创新性，这些特点对于学生学习力的生长和发展意义深远。根据学习力的内容要求及学校的校情和学生学习特点，我们将学习力分为四个维度，分别为学习动力、学习毅力、学习能力和学习创造力（见图6-5）。

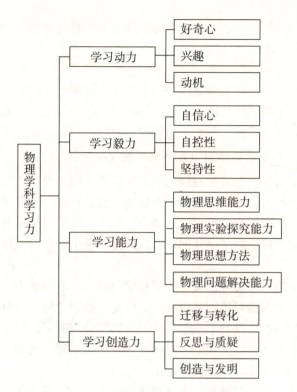

图6-5 二七区中学物理学习力要素结构

学习动力主要细化为好奇心、兴趣和动机三个方面。中学生会对许多自然现象或是物理中的实验现象产生好奇心理,继而产生兴趣,然后会进一步探究和学习,但只有好奇心和兴趣是不够的,学习动机才是推动学生进行学习活动的主要内在原因,是激励、指引学生学习的强大动力。

学习毅力,也叫意志力。学生在有了充分的学习动力之后,都会为自己制订计划和目标,此时,学习自信心就成为目标达成的重要影响因素之一,有了信心之后,就应该要求学生能够为了目标而自觉克服困难。除了充分的自信心和较强的自控力,坚持不懈的精神也不可或缺,三者相辅相成,共同构成物理学科的学习毅力。

物理学习能力主要被细化为物理思维能力、物理实验探究能力、物理思想方法、物理问题解决能力这四个基本要素。物理是一门建立在实验基础上的学科,学生们的实验探究能力是学好物理的关键因素。学生只有学会动手,从实验中学习和感知物理,才能更好地建立物理思维。学生除了学会物理实验操作外，还应该思考实验过程中用到的物理方法，然后将物理的思维能力、实验操作能力以及思想方法运用到实践中，解决实际问题。

在此基础上，结合物理新课标的要求，以及学生物理学习力发展的实际情况，将学生的迁移与转化、反思与质疑、创造与发明等能力作为物理学习力发展的更高层次，将其作为物理学习创造力的基本构成要素。

2. 二七区学生学科学习力发展水平的现状分析

在构建了具有二七区学校特色的主要学科学习力模型之后，研究又对学生的学科学习力进行了深入的调查研究。通过对三门学科学习力要素的分析与构建，以课题为抓手，以行动为着力点，形成以校长为核心的、全校师生参与的学校课程建设共同体，以此提升学生学习力，促进学生的个性化发展。

通过学生问卷和教师访谈，分别从学习能力、学习动力、学习毅力和学习创造力四个方面对不同年级学生的语文、数学和物理学科学习力发展水平现状进行调查，发现学生学科学习力的优势与劣势，找出问题，寻求对策，为自主设计和科学规划学科课程纲要提供基础、明细思路，切实改进中小学课程与教学，真正提升学生学习力。

在此次调查中，共抽取二七区建新街小学、汝河路小学、淮河东路小学、兴华小学、樱桃沟小学、七十四中、侯寨一中等7所学校作为项目实验校。对建新街小学、汝河路小学进行了语文学习力现状调查，发放学生问卷1330份，回收有效问卷1330份，对59位语文教师进行了访谈。对淮河东路小学、兴华小学、樱桃沟小学三所学校进行了数学学习力现状调查，共发放学生问卷1649份，回收有效问卷1649份，同时发放教师问卷26份，回收有效问卷26份。对侯寨一中和七十四中进行了中学物理学习力现状调查，发放八年级、九年级学生问卷200份，回收有效问卷200份，发放高一、高二学生问卷522份，回收有效问卷522份。采用教育学统计分析方法对学生问卷和教师访谈提纲进行了统计分析。依据学习力的三层次六要素，将学习力要素分为学习能力、学习动力、学习毅力和学习创造力四个一级维度，然后根据学科课标的不同要求，在不同学科中划分出不同的二级维度，并以此作为问卷和访谈分析的维度。

对调查结果的初步分析发现：在语文学习力上，随着年级的增高，学生语文学习的各项能力增强。但是在语文学习动力、学习毅力、学习创造力三个方面，年级越高，学生的各项意识和能力越弱。学生的文化意识、自控力、批判思维最弱。在分析班级学生能力现状与教师素养的关系时，发现学生学习力提升与教师素养有直接关系。教育热情、教育理念、教育智慧等方面表现优秀的教师，其班级的学习力整体优于其他班级，和谐的师生关系、优秀的教师个人素养与学生的学习力成正比。

在数学学习力上，随着学生年级的升高，学生的数学学习动力越弱。在学习毅力方面，学生有较强的学好数学的自信心。在学习能力方面，学生数学学习各项能力有强有弱，趋同性明显，其中统计与分析能力、作图与想象能力比较强，而推理、解释和应用能力比较弱。在三个比较弱的能力中，解释能力是最为不足的。学习创造力的优劣明显，在思考力、质疑力、生成力三个方面，学生的思考力相对突出，生成力和质疑力不够。

在物理学习力上，在学习动力方面，多数学生以外部动力为主，内部动力不足。在学习毅力方面，学生的坚持性和自控性较弱。在学习能力方面，学生的实践应用能力有待提高。在学习创造力方面，学生的创造力明显不足，迁移与转化能力不够高，反思与质疑能力相对较弱，创造与发明能力仍需加强。

针对上述调查结果，二七区教研室与学校学科教师共同围绕学生在学科学习力方面的优势、不足、原因以及对策进行深入研究，尝试聚焦语文、数学、物理三个学科，重构学科课程结构与内容，自主研制学科课程纲要。

（二）系统重构学科课程指导体系

1. 学科课程的发展现状

研究主要抽取了小学语文、小学数学和中学物理三个学科进行学科课程重构，对这三个学科的学科性质与定位、学科特征等有了新的认识。

（1）学科性质与定位

新版课标对每一个学科的学科性质都有着明确的规定。

小学语文：语文是最重要的交际工具，是人类文化的重要组成部分。语文课程面向全体学生，遵循语文自身特点和学生学习语文的特点，与学生的生活经验接轨，采用自主、合作、探究学习与有意义接受学习相结合的学习方式，使学生获得基本的语文素养，让学生在识字写字、阅读、习作、口语交际和综合性学习各方面的学习力得到有效提升。

小学数学：数学是关于逻辑上是可能的、纯粹的（即抽去了内容的）形式科学和关于关系系统的科学。数学是一个发展的动态体系，小学数学教育不追求将所有的儿童都培养成为伟大的数学家，而是培养他们最基本的数学素养。数学素养的基本内涵包括懂得数学的价值，对自己的数学能力有自信心，有解决现实数学问题的能力，学会数学交流，以及学会数学的思想方法。

中学物理：物理是一门以实验为基础的学科，实验是物理学发展的科学基础，是检验物理学理论的标准。物理学是一门基础自然科学，它所研究的是物质的基本结构、最普遍的相互作用、最一般的运动规律以及所使用的实验手段和思维方法。随着人类对物质世界认识的深入，物理学一方面带动了科学和技术的发展，另一方面也推动了文化、经济和社会的发展。

（2）学科特征

小学语文：工具性与人文性的统一，是语文课程的基本特征。语文课程的工具性是指语文本身是表情达意、交流思想的工具，是人脑思维的工具，是学习其他学科的工具，是课程所固有的本质属性。同时，语文可以传承文化，可以传达社会价值观，从而维系社会的正常运作。语文课程的人文性，是指语文学习过程是人实现自我成长的过程，是激发人创造力与生命力的过程。

小学数学：数学的研究对象是由人类发明或创造的；数学的创造源于对现实世界和数学世界进行研究的需要；数学的性质是具有客观存在的确定性。

中学物理：物理是一门科学学科，包括概念系统、定性规律、定量规律，有完整的从表象到本质、从个别到一般的抽象概括过程，有丰富的模型，因此，物理学习需要按照科学研究的系统方式去探究事物的本质和规律，是认识论和方法论的统一。与中学其他学科相比，中学物理是一门具有一定科学体系、达到一定科学水准的学科。

（3）目前学科课程的主要优势及问题

目前学科课程的优势主要表现在以下三个方面：

首先，教师资源丰富。全区每年通过招教考试、绿色通道等多种方式引入一大批人才，无论是村小还是城区学校，无论是大规模学校还是乡村教学点，各学校都能够保证开足开齐国家课程。

其次，以课堂形态改革引领学科常规教学。全区各个学校都开展了各种形式的课堂形态改革，探索出了一系列课堂教学形态，从教学主阵地——课堂出发，充分发挥学生作为课堂学习主体的作用，提升学生自主学习能力，把课堂真正还给学生。

最后，自主开发学科学习资源，提升学科实践性。结合学材中实践活动的设置，开发本地区地域资源，开展教学实践活动。学生在实践操作中感知知识，体验知识的实际应用。

目前学科课程中存在的问题主要包括以下三个方面：

首先，教师资源城乡分布不均。从总体上来说，二七区的教师资源比较丰富，能保证开足开齐国家课程，但问题是学校之间存在一定的城乡差异，导致教师资源城乡分布不均，城区学校的教师资源无论从学历、年龄还是职称上来说，都要远远优于乡村学校。

其次，在课堂形态改革中，校际存在差异，整体不够深入。二七区各校都开展了符合本校实际的课堂形态改革，但是由于学校总体办学水平的差异，各校在开展课堂形态改革时也存在优劣之分，一般来说，城区学校的课堂形态改革要比乡村学校进行得更深入。但纵观各校的课堂形态改革，依然进展得不够深入，还仅仅停留在表层阶段，缺乏深层次的思考和进一步的调整。

最后，课程资源开发不足。二七区各校都按照国家要求开发了一定的校本课程，但是在开发校本课程的过程中，学校的重视程度略显不足，教师的参与度不够，在整合校内外资源时对校外资源的利用不到位，不能充分调动起学生学习的积极性和主动性，在课程资源的开发上还存在一定问题。

2. 学科课程构建的基本目标

学科课程构建的核心主题是提升学生学习力，细化到各个学科中就是培养学生的学科学习力，也就是以学生学习力的提升为目的来重新设定各学科的学科建设目标，本研究主要设定了小学语文、小学数学和中学物理这三个学科的建设目标。

小学语文学科的建设目标是：全面提高学生的语文综合素养，培养良好的学习方法，从识字写字、阅读、写作、口语交际和综合性学习入手，不断提高学生的语文学习能力。依照语文教材的编写逻辑，适度拓宽、加深语文学习和运用的领域，重构以"阅读"为龙头的课程体系，建设开放而有活力的课程资源。以提高学习效率为出发点和归宿，累积典型教学案例，着重构建各年段阅读、习作的一般操作范式，从而全面提高语文课程的实施水平。完善面向全体的多元评价机制。增强评价的科学性，使之符合学生发展需要和语文课程特点；增强评价的引领性，摆正评价与教学的关系；增强评价的有效性。

小学数学学科的建设目标是：重视尝试过程，扩大学生学习数学的空间，研究构建学科数字化管理应用系统，完善题库系统，为学生自主学习提供丰富的资源。拓宽数学课程体系，让学生从尝试中发现数学问题，能够通过探究的方式领悟数学与生活的关系，积累数学活动经验，达到知识与经验的融合、协作与交往能力的提升。关注数学思想方法，关注学生对其中所蕴含的数学本质的理解以及在具体情境中的合理应用，让学生感受数学文化，学会数学的思考和表达，充满自信和学会反思，在批判中实现创新。提升教师专业素养，扩大教学绩优教师群体，成就教师职业人生。提升教学质量，扩大"多彩教育"品牌的影响力，形成独具特色的学科建设品牌。

中学物理学科的建设目标是：通过物理与生活的联系使学生提高学习物理的兴趣，增强学习物理的动力，养成良好的物理学科的学习习惯。培养学生自主学习、合作探究、展示提升和解决问题的能力，同时培养学生的学习毅力。全面提升学生的科学素养，使学生形成良好的思维习惯，提高分析问题、推理问题的能力，培养学习力，并会用物理知识解决、解释生活中遇到的物理问题。经历实验探究过程，掌握初步的科学探究方法，会用实验探究的方法解决生活中遇到的问题，培养创造力，将物理思维应用于其他学科并能解决相关问题。在解决物理问题的过程中培养学生独立思考、团结协作的能力。学习终身发展必备的物理基础知识和技能，发展好奇心和求知欲，提高科学素养。

3. 学科课程构建的基本思路

学校层面的学科课程构建主要围绕学科课程结构的分层设计和学科课程内容的纵深拓展这两方面进行。

（1）学科课程结构的分层设计

学科课程结构的分层设计主要是结合自身学校的特点，对国家要求的学科课程进行校本化探索，按照学生的不同水平有针对性地设计课程的过程。在这个过程中，要坚持国家课程改革纲要的基本精神，依据学校自身的性质、特点和条件，将课程计划与课程内容转变为适合本校学生需求的学习经验的创造性实践过程。这个过程包括教材的校本化处理、学校层面的课程整合、教学方法的加工等。

在小学语文的课程设计中，二七区的各校按照学生语文水平的不同，把学生分为基础水平、丰富水平和高级水平，每一水平的学生对语文学习的掌握程度不同，分层设计由浅入深，由易到难，满足了不同水平学生的不同需求，有利于学生选择适合自己学习的内容，实现个性化发展（见表6－2）。

表6－2　小学语文课程结构分层设计

层次 \ 模块	基础水平 面向全体学生	丰富水平 面向部分学生	高级水平 面向优生
识字与写字	参见国家课标	识字数量增多，书写正确规范	书法特长等
阅读	参见国家课标	浓厚兴趣，语感体验强	阅读文体丰富，情感批判意识强
写作	参见国家课标	善于书面表达	有习作专长
口语交际	参见国家课标	应对能力强，有感染力和说服力	面对不同场合和对象，能精彩应对
综合性学习	参见国家课标	提出问题，运用资源解决问题	关心生活，关心社会，组织能力强

在小学数学的课程设计中，二七区各学校设计了基础类课程、拓展类课程和特色类课程。基础类课程是国家课程大纲所要求的内容，适合全体学生学习；拓展类课程是在基础课程之上的拓展与延伸，是拓宽学生数学学习兴趣、增强学生数学学习能力的课程，同样适合全体学生；特色类课程是学校结合自身实际，专门为学有余力的学生设计的促进学生特色发展

的一类课程，有利于学生发展自己的兴趣。数学学科特色类课程是生活中的数学，培养学生运用数学知识解决实际问题的能力（见表6-3）。

表6-3 小学数学课程结构分层设计

项目	基础类课程 数学课	拓展类课程 趣味数学、巧算数学	特色类课程 生活中的数学
面对 群体	全体学生	全体学生	部分学生
课程 特点	注重学科基础知识的传授，推动数学学科基础性、普及性和发展性	注重数学学科趣味知识及运算能力	注重数学知识与生活结合
课程 宗旨	依据国家课程标准，培养全面发展的学生	培养学生数学学习的兴趣，强化学生的学习动力和学习能力	根据学生兴趣与个性需求，促进学生特色发展
课程 内容	国家课程	国家课程的拓展和延伸	结合生活实际，开发的以应用数学、解释数学、提升学生解决实际问题能力为目标的课程
教师 行为	对国家课程标准进行解读，设计与实施数学教学	针对学生数学学习兴趣，开发内容丰富、课型多样的拓展课程	挖掘存在于生活中的数学知识，培养学生运用数学知识解决实际问题的能力
教学 形式	自研反馈、讲授式、讨论式、合作交流	谈话式、实践活动式、合作交流式等	自研反馈式、合作探究式、实践交流式
评价 形式	过程性评价与终结性评价相结合	档案袋评价、过程性评价、终结性评价	过程性评价与终结性评价相结合

在初中物理的课程设计中，学校根据学生学习物理的兴趣，为不同兴趣的学生安排不同的物理学习内容，针对全体学生设有基础课程，针对部分有浓厚兴趣的学生设有特色类课程——物理万花筒，有利于学生根据自

己的情况选择适合自己的课程，满足了学生多样化的发展需求（见表6-4）。

表6-4　初中物理课程结构分层设计

项目	基础类课程 物理课	特色类课程 物理万花筒
面对群体	全体学生	部分学生
课程特点	注重科学探究的学习方式	拓展学生知识面，培养动手操作能力
课程宗旨	全面提高全体学生的科学素养	满足学生的兴趣与个性发展
课程内容	国家课程	拓展知识类，动手操作类型
教师行为	基于标准对教材进行解读，设计与实践	设计课程，引导启发学生进行试验操作
教学形式	自主学习、小组合作、展示提升、当堂检测	小组合作探究实验，讨论分析与物理的联系
评价形式	笔试加全程评价	小实验，操作，论文

在高中物理的课程设计中，学校根据学生学习物理的不同水平和能力，为不同学习水平的学生安排不同的物理学习内容，文科学生和理科学生有所侧重，让处于不同层次的学生都能得到发展，有利于学生的个性化培养（见图6-6）。

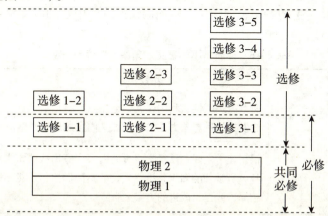

图6-6　高中物理课程结构分层设计

达高中毕业水平的学生：文科学习物理必修1、物理必修2、选修1－1、选修1－2，理科学习物理必修1、物理必修2，选修3－1、选修3－2。

参加高考的学生：理科学生学习物理必修1、物理必修2，选修3－1、选修3－2，增加选修3－4、选修3－5，并增加大学先修课程；参加技能型高考的学生可在必修1、2的基础上选修2－1、2－2、2－3；特长类考生，学校根据具体情况开设相关课程，如"电子制作""无线电测向""物理实验专题""物理专题研修""生活与物理""物理学与体育""物理学史"等，以便进一步提高学生的实验素养，增强学生的创新意识，发展学生的自主学习能力和独立研究能力等。

（2）学科课程内容的纵深拓展

学科课程内容的纵深拓展主要是各学校拓展课程的设计与开发。拓展课程的设计与开发要以辅助提升学生学习力为目的，要与基础课程形成互补，最大限度地弥补基础课程在培养学习能力以外维度上的劣势与不足，在开放的学习方式与丰富的学习活动中，在尊重学生个性发展的多样课程评价下，提升学生学习动力、毅力，激发学生学习创造力。

各学校开发拓展类课程主要经过了制定不同阶段课程目标、编写课程纲要、设计教学方案、课程实施等步骤。

建新街小学的"新阅读"课程是一门不同于语文教材文本学习的，没有硬性作业困扰、没有教学模式限定、没有考试指挥棒压力的"纯"阅读课程。通过教材拓展、学科拓展和生活拓展等多样化的拓展方式，培养学生的阅读能力，全面提高学生语文素养，发展学生的特长和个性，让语文学习不再是学生的负担，使学生在轻松愉快的氛围中达到语文学习的目标（见表6－5）。

表6－5　建新街小学语文"新阅读"课程计划

拓展方向		拓展内容
教材拓展	课文补白	文章有跳跃性，利用课文的空白点进行拓展，这样设计有利于发挥学生想象力，加深对课文内容的理解、感悟
	内容改动	根据让学生回顾已经学习过的内容，应用从课堂中或从他人身上所学到的知识，设想人物的不同做法，设想不同的故事结局，或提出改进的方案

续表

拓展方向		拓展内容
教材拓展	方式变换	变"教教材"为"用教材教",聚焦单元主题,对教材进行"二次开发",达到全部资源最优化利用效果。可以把一个单元作为一个系统,以主题为线索,本着整体观的教学思想,开发和重组相关的教学内容,对一组主题、体裁、题材及语言表达上能寻找到连接点的教学资源进行统整,甚至再开发后进行的一种教学活动形式
学科拓展	本学科	有效开发语文学科拓展校本课程:"读书会""文学剧社"和"经典诵读"等。例如"读书会",我们将课外阅读的基本类型分为读书方法指导课、读书笔记辅导课、读物推荐课、阅读欣赏课、读书汇报课等,定期以阅读为主题进行成果展示
	跨学科	跨学科进行学科整合,形成综合课程,如对音乐、美术与语文等学科进行有效整合
生活拓展	教师	实施研学旅行,走进大自然、走进社区等进行语文综合实践活动
	学生	

淮河东路小学依据学生分层需求开发了错题超市、数学小报、探索数学奥秘、小小数学家、走进图形世界、数学律动等六门数学拓展课程,满足了学生多样化的需求,适合了不同水平学生的数学学习情况。这样的设计丰富了学生的数学体验,提高了学生的数学思考能力,让学生在体验、尝试中学习,使学生形成自己独特灵活的解决问题的能力,让数学文化伴随学习力共生共长(见表6-6)。

表6-6 淮河东路小学数学拓展类课程表

课程类别	课程名称	适合群体
拓展类课程	错题超市	全体学生
	数学小报	全体学生
	数学律动	特殊需求群体

续表

课程类别	课程名称	适合群体
拓展类课程	走进图形世界	特殊需求群体
	探索数学奥秘	对数学感兴趣、学有余力的学生群体
	小小数学家	对数学感兴趣、学有余力的学生群体

郑州市七十四中结合高中生上大学和就业的两种需要，开发了知识拓展类、职业技能类、兴趣特长类和社会实践类等四种物理学科的拓展类课程，让不同的学生学习不同的内容，满足了学生的不同需求，有利于学生增强对物理的学习兴趣，实现个性化发展（见表6-7）。

表6-7 七十四中物理拓展类课程计划表

课程分类	课程群	课　　程	课程适用人群
知识拓展类	大学初级课程	大学初级课程——力学 大学初级课程——电磁学 大学初级课程——热学 大学初级课程——光学和原子物理学	高中理科生，要面向高考等学术性考试，将来从事科学研究和物理专业工作
	学科素养提升	物理学和科学思维 物理与现代军事装备 核物理与能源危机 万有引力和航天 物理学与文化 物理与艺术 English of Physics 物理学史 实验误差分析 物理解题指导 初高中物理衔接 核物理	高中理科生，偏向技能型高考；部分将来从事文理交叉工作的文科生

续表

课程分类	课程群	课　　程	课程适用人群
知识拓展类	学科研究性学习	用 DIS 系统做物理探究实验 趣味物理实验 生活中的物理 装修石材中的放射性调查和研究 物理在家用电器维修中的应用 物理知识在体育竞技中的应用 科学仪器的物理原理 汽车中的传感器应用	综合型人才
职业技能类	地方技术课程	科学玩具的物理原理和创新设计 织袜机的传动结构和维修 织袜机的电路结构和维修	职业类学生
	职业技术课程	物理实验技能和电工技术 物理实验技能和钳工技术 电气自动化和传感器 无线电和现代通信技术	职业类学生
	生活技能课程	家庭影院的声学原理及应用 家庭影院的光学原理及应用 家装中的开关设计和安装	职业类学生
兴趣特长类	光与摄影技艺 声与新闻采访 物理自主招生和竞赛		职业类学生
社会实践类	自行车中的物理探究 河南古桥的力学原理研究 中国武术技法和力学原理		职业类学生

（三）深入打造多彩学科课堂

围绕二七"多彩教育"的核心价值观，即"为每位受教育者提供适合的教育，使每位受教育者实现最大可能的发展"，二七区着力打造"尊重生命、以生为本、基于生活、生态发展"的"多彩课堂"文化。

"多彩课堂"是尊重差异、鼓励特色、释放个性、精彩纷呈的课堂。"多彩课堂"之"多"，是指因人、因材、因境而呈现不同的教学目标、教学方式、教学资源、教学评价；"彩"，是指借助差异生成特色，形成风格，造就精彩。"多彩课堂"是一种多元和谐、动态生成、可持续发展的课堂状态。它呈现出课堂教学的三重境界。第一重境界：固本强基，打好基于标准、以学定教之"底色"，第二重境界：尊重差异，凸显个性张扬、特色鲜明之"亮色"；第三重境界：生态发展，追求轻负高质、生命幸福之"绿色"。

1. 构建特色多样的学科课堂形态

二七区在构建学科课堂形态时，倡导各校结合实际对情景、目标、问题、观察、阅读、思考、讨论、合作、点拨、练习、操作、体验、建构、展示、评价等15种课堂元素进行研究，自主生成具有学校特色、学科特色、学段特色、教师特色的课堂形态。

在实践中，二七区通过思想引领、制度保障、典型示范、活动推进、培训提升，逐步统一了思想，达成了共识，坚定了信心。把课堂还给学生，让学生成为课堂学习的主人；把创造还给师生，让课堂充满智慧的挑战；把发展还给师生，让课堂充满生机与活力。课堂教学改革实施以来，师生、生生的感情更融洽了，师生、生生关系更和谐了，参与学习的学生更多了，学困生信心更足了；在课堂中坚持让学生享受学习、享受生活，学生逐渐学会了学习，学生越来越主动、自觉、自主，学生的人性得以解放，创新能力得到提高，课堂成了师生追逐幸福和收获喜悦的地方。二七区开放而有活力的生态课堂文化，使课堂教学呈现出良好的态势。以下主要列举两个学校构建课堂形态的范例。

（1）建新街小学的"行知"课堂形态

二七区建新街小学在"行知"教育办学特色统领下，秉承陶行知教育思想，基于郑州市道德课堂、二七区"四生"课堂，不断探索"以生为本，注重体验"的"行知"课堂教学形态。它是指教师、学生、学材以及教学环境这四个要素在课堂教学的过程中有正确的定位，让学生成为认知的主体，在教师的引导下，立足于学材，在适宜的教学环境中经过感知、体验、互动、实践，自主构建知识。

2010年，建新街小学提出了"回归教育的原点"的办学理念，认为教育应该回归原点，即将自然的人变成社会的人，使学生成为他自己，教书育人不仅要传授知识，还要陶冶精神。在此办学理念引领之下，学校探索出了以"以生为本，注重体验"为核心理念的"行知"课堂形态，"以生为本"即"教是为了不教"，把时间和空间还给学生，让学生的"说"和"做"实现最大化；"注重体验"即"教育即生活"，让生活走进课堂，让课堂回归生活，使课堂绽放出更大的活力。

"行知"课堂形态体现了学校的办学理念与特色，符合二七多彩课堂文化的核心理念，让教师明确了课堂教学方向，真正坚持学生的主体性，坚持以体验探究式教学为主，追求教学方法多样化，达成真知真行、活知活行、乐知乐行的愿景。

（2）七十四中的"理解"课堂形态

七十四中2003年建校，2005年开始全面开展理解教育实验，以"理解、和谐、发展"为学校的核心办学理念，同时开始打造以"理解课堂"为特色的高效课堂形态。学校连续10年获得"郑州市教育教学先进单位"称号，学校的理解课堂也成为郑州市道德课堂的典型范式之一，学校迅速从一所区新建学校成长为郑州市市级示范性高中的排头兵。

"理解课堂"是师生借助一定的教学条件，在自我理解与相互理解的同时使各自的生命意义得到更好实现的过程。理解学生生命、顺应学生生命主动性发展的天性、保护与唤醒学生主动性是理解课堂的逻辑起点，是理解课堂的灵魂。

"理解课堂"的核心观念是"促进每一位学生的全面发展"，它以理解价值观和生活世界观为基础，以和谐高效的课堂教学为目的，把做人与为学、感情调适与智慧发展有机结合，做到课堂文化"知""情"合一、水乳交融，让课堂成为师生生命成长的地方，从而实现"智慧教师、生命课堂"的期待。

"理解课堂"打破了传统课堂的僵化和束缚，课堂中感情先行，以情诱智、智能富情、情智相长，把课堂教学的过程升华到时空共有、内容共创、意义共生、成功共享的课堂文化的新高度和新境界。

2. 构建以生为本的课堂教学模式

学生学习力的发展对课堂和教师的教学方式都提出了新的要求，促进学生的个性化发展，必须将教师看作学生学习和发展的促进者、教学对话的组织者和合作者，必须以学定教，以多种教学方式还学生成长的时间和空间。以学定教，就是尊重学生、相信学生、依靠学生，把学习的权利还给学生，让课堂充满鲜活的生命力，努力改变学生被动学习甚至厌恶学习的现状，努力帮助学生在课堂上找到学习的快乐，获得成功的体验。

在以上理念基础之上，二七区各个学校充分发挥自主能力，探索出了一系列创新性课型，如建新街小学语文学科的"互动体验行知"课堂教学模式、兴华小学数学学科的"引、研、理、测、评"五字教学法以及侯寨一中的"一学二导三练"课堂教学模式等，并在多种课堂教学模式的基础上对教学方式提出了先教后学、先学后教、少教多学、因材施教、以身示教的整体要求。

（1）建新街小学语文"互动体验行知"课堂教学模式

提倡教师课堂做到"三少"：少一些盲目的提问，少一些喋喋不休的讲授，少一些无用的练习；学生做到"三多"：多一些思考质疑，多一些合作探究，多一些动手体验。强调目标意识的树立：课前师生要明确本节课的学习目标；课中师生心中能装着目标去导和学，观课者能根据目标听和评；课后能针对目标落实情况实施检测。借助课堂观察，学校初步总结出互动体验课堂的教学流程"五步法"："明确目标—自学质疑—互动体验—交流总结—检测评价"（见图6-7），形成了师生互动、生生互动、动手体验、主动建构的新课堂。

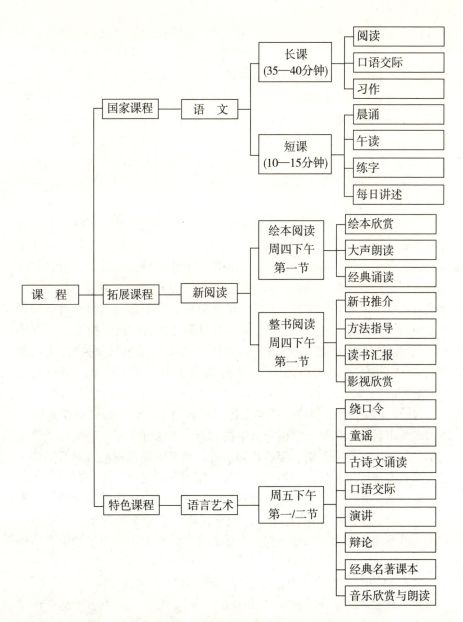

图6-7 建新街小学"互动体验行知"课堂教学模式的流程

　　建新街小学在"互动体验行知"课堂教学模式基础上，提出了语文课堂教学中教学方式变革的主要方向，即把学生的发展放在首位，为学生提供探究和交流的发展空间。教师要树立教师是主导、学生是主体的辩证观点，并为此搭建平台，采用促进学生主体性发展的教学策略，使教学最大限度地满足学生的个体差异，使不同学生的学习力得到不同的发展与提升。学校主要提出了以下三大教学策略：

"产生式"教学策略。即让学生自己确定教学目标，组织教学内容，安排学习顺序等，鼓励学生自己从教学中建构具有个人风格的学习模式。也就是说，鼓励学生自己安排和控制学习活动，允许学生自主设计、实践和改善他们的学习策略，使学生在学习过程中处于主动地处理教学信息的地位，从而激发起学生对学习任务、学习过程、学习策略的积极性，培养学习兴趣，提高学习能力。

"差异性"教学策略。即注重个性发展，承认差异性，因材施教。教师不仅要承认差异，而且要把学生的差异作为一种资源来开发，要在了解、研究学生个体差异的基础上，把握学生的个性特点、特长、爱好，以便找到因材施教的科学依据。如根据学生的特点和差异，请他们担任不同形式与环节的语文课堂"小先生"。思维活跃、善于总结的孩子可以担任课堂中的"识字小先生"，书写工整、学习态度认真的同学担任"写字小先生"，乐于表现、情感充沛的学生担任"读文小先生"，感悟、表达能力强的学生担任"解文小先生"，课外阅读丰富、善于积累的学生担任"拓展小先生"等。

"以学定教"教学策略。教师要把"以教定学"转变为"以学定教"。所谓以学定教就是依据学情确定教学的起点、方法和策略。这里的学情包括学生的知识和能力基础、年段认知水准、课前的预习程度、对新知学习的情绪状态等学习主体的基本情况。而"定教"就是确定教学的起点不会过低或过高，在恰当的起点上选择最优的教学方法，运用高超的教学艺术让每一位学生达到最优化的发展。"以学定教"教学策略的本质在于目中有人，尊重学生，以人为本，以生为本，真正体现教学是为了学生主体的发展。

（2）兴华小学数学"引、研、理、测、评"五字教学法

在小学数学尝试课堂流程（见图6-8）基础上，兴华小学结合尝试课堂的创设情境、尝试操作、尝试练习、反思质疑和展示评价五个环节，依次提出了"引、研、理、测、评"五字教学法。"引"是前提，是教学的开始环节，一个好的引入可以起到"一石激起千层浪"的效果；"研"是核心，是研究新知，让学生获取基本知识和基本技能，教师要尊重学生

的主体地位，让学生参与到独立思考和合作探究的过程中来；"理"是关键，是归纳整理，这个环节学生要在教师的指导下理清思路，归纳重要知识点，培养表达能力，锻炼思维；"测"是保障，是用来检验学生学习目标的达成程度，教师可以采用不同的形式对学生的综合能力进行测试，让学生通过检测发现自己的不足，然后予以不断改进和完善；"评"是发展，把所感、所悟、所思和所得充分表达出来，在评价中进行总结反思，促进发展。值得注意的是，"引"不仅仅是教学的引入，更贯穿于教学的各个环节，强调教师"引导"下的"引、研、理、测、评"，体现了"目标驱动、以学定教、简约高效、多元和谐"的教学原则和追求。

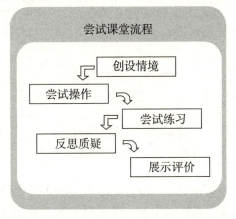

图6-8　兴华小学数学"尝试课堂"的流程

五字教学法体现了"以人为本"的育人观、"以培养能力为主"的教学观、面向全体学生的学生观和课堂内外紧密结合的课堂观，注重学生主体意识的培养、主体能力的发挥和主体人格的塑造，强调学生的自主发展，尤其是学生个性和潜能的有效利用与发展。教师在进行教学设计和实施教学活动时应特别关注的几个环节是：第一，问题的选择，要选择能激发学生兴趣的问题，让学生充分参与到课堂教学中来；第二，问题的展开过程，要能够清晰明确、言简意赅地说明问题，重视学生思维能力的培养；第三，学生参与的方式，教师要尊重学生的主体性，把握每个学生的个性特点，采用多种方法调动学生的积极性，营造良好的课堂氛围；第四，学生的合作交流，教师要鼓励学生在集体中善于表达自己的想法，理解他人，比较借鉴，取长补短，共同进步；第五，活动过程和结果的展示与评价，尤其要注意活动过程的展示与评价，在过程中发现问题，不断改进，促进发展。

（3）侯寨一中"一学二导三练"课堂教学模式

一学指学生自学，二导指生生引导、教师指导，三练指自学练、展示练、提升练，贯穿课堂始终。该模式共有五个环节：目标导航——自主学习——展示导疑——训练提升——总结归纳（见图6-9）。中间三个环节为核心环节，体现出以学生为主体的教学理念。在教学过程中，教师组织学生先自主学习（独学：读书或看书，完成检测；合作探究：通过小组讨论解决独学无法解决的疑难问题），再展示导疑（展示自学成果，也可提出疑难，共同讨论解决），接着训练提升（教师精选练习题，学生独立完成，做到知识的"堂清"），最后是总结归纳（教师引导学生或学生自主总结，使知识条理化、系统化）。

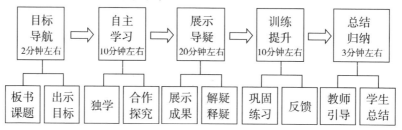

图6-9　侯寨一中"一学二导三练"课堂教学模式的结构

"一学二导三练"课堂教学模式要求教学行为必须在学习目标的驱动下，遵循教育教学、学生认知的基本规律，通过教师引导、主导学生的学习、思考及实践，达成学生自悟自省、学练结合、知行统一的教学效果，实现师生和谐共生、教学相长的最优化教学生态。

在这种教学方式之下，实现了所谓的"双主"互动及学生和教师之间的互动，并通过确立和实施学习目标，实现"教"与"学"的二元统一，将课堂训练作为教学的重要环节，重视训练的独立性、合作性和针对性，把行动、实践、反馈作为教学的重要组成部分。针对学生在自学中暴露出来的问题以及在练习中的错误，教师引导学生讨论，让会的学生教不会的学生，教师只做评定、补充和更正。

（四）积极探索个性化评价改革

二七区进行学业质量评价改革的总体目标是"逐步建立体现素质教育

和课程改革要求，以学生发展为核心，建构科学多元的学业质量评价制度，促进学生全面、健康地成长"。以强化导向、科学规范、因校制宜为原则，区域层面整体推进评价改革。在评价观念上，二七区引导各学校、教师改变评价观念，树立"评价是为了更好的学习"的评价观，强调对学生进行全面而有指导的评价。在评价内容上，更加关注对师生关系、教学方式、学业负担等因素的综合考量，注重考查学校进步的程度及课改推进的过程，通过引进教育部《区域教育质量健康体检项目》，对学生学习动力、学业负担、师生关系等 14 个维度进行检测和评价，建立了区域教育质量监控体系，科学运用监测结果。在评价方式上，将终结性评价和过程性评价相结合，量化评价和质性评价相结合，更加关注课堂教学实效与教师、学生的真实提升，同时推出"大调研、小诊断"的学校评价模式，通过评价反馈单，诊断学校问题并为学校提供建议，使用"增值评价"，以进步的幅度来评价学校努力情况。在学生评价上，改革统考，由全区统一命题考试逐步过渡为教研室审核与指导各校评价。目前已经取消一年级语文和数学、三年级英语统一命题，统考年级尝试采用一张试卷加一张问卷的评价方法。在评价结果运用上，逐步建立"标准→教学→评价→改进"的工作机制，形成以校为本的教育教学质量保障体系。

1. 变统一命题为自主评价

传统期末考试由区域统一命题测试，但是这样的统一命题容易出现两方面的问题：一方面是考前学生作业负担加重，考后学校之间攀比排名，会对促进学生在基础教育阶段的全面发展产生副作用。另一方面是区域统一命题不利于实现各校的特色发展和学生的个性化发展，用"一把尺子"来丈量所有的学生，没有充分考虑到不同学校学生的实际情况。

考虑到统一命题存在的这两方面问题，二七区鼓励各学校结合实际，针对本校存在的突出问题和发展需要，积极探索适宜的学业质量评价方式和工作机制，逐步形成各具特色的学业质量评价模式。2015 年区教体局对小学一、二年级语文和数学以及三年级英语不再进行统一命题，而是鼓励各学校结合实际，自行设计评价方案并实施评价过程，教研室仅发挥指导监督的作用。如二七区汝河路小学三年级英语评价由笔试、口试、平时表现三部分组成，其中口试内容为"单词认读和根据口令做动作"和"情景剧表演"，平时表现由学生自评、小组评价、家长评价、课堂表现与作业综合考评等四部分组成。评价方案对于评价依据、各个部分的权重比例、评价过程的实施步骤、各个评价任务的评测形式和得分标准都有详细严谨的阐述。其他学校在三年级英语评价中对评价任务组成、权重分配、考查形式等的要求可能与汝河路小学不同，这就说明学校获得了探索自主评价的一些权利，有利于学校根据自己的实际情况探索适合自己学校和学生的评价方案，充分发挥了评价对于学校和学生发展的重要作用。

2. 变单一方向为三个维度

以往的学生评价主要考查的是学生在书本知识方面的学习和掌握情况，这样容易导致学生为了考试获得高分而死记硬背，为了应试去学习，不利于学生综合素质和能力的提高。同时这样的考试也不能全面考查学生的综合能力，不利于为未来社会选拔知识与能力兼备的人才。新课程改革要求对学生进行评价时，不能仅仅考查学生对书本知识的掌握情况，因为学习目标不仅仅是牢固掌握书本知识，而是涵盖了"知识与技能""过程与方法"以及"情感态度与价值观"三个维度。因而无论是采取纸笔测试还是其他测试形式，学业评价不仅要涉及所学科目的核心知识和内容，也要重视对情感、态度、价值观、问题解决能力、创新思维等方面的评价，还要渗透对学习习惯、品德行为的考查，弱化识记类知识的测试。

在实践中，二七区的很多学校都将学生平时表现以较大权重纳入期末总评中，平时表现覆盖了课堂表现、班级活动、卫生习惯等多个维度，在期末测试中，也不再单纯考查识记类知识，而是将题目与处理实际问题融合起来，如数学试卷上的应用题大多围绕实际生活中的问题来设计，例如解决校园花盆摆放问题等，再如二七区长江东路小学在一年级语文学科期末评价中，除了对课标中要求掌握的知识点进行测试，对小学生的写字姿势、执笔方法等书写习惯也设计了相应的评测活动。这样从多角度对学生进行评价，能够促进学生的能力得到全面的发展，帮助学生更好地发现自己的优势和存在的问题，进行有针对性的改进，获得全面而有个性的发展。

3. 变纸笔测试为形式多样

当前学生评价中存在的突出问题是学生评价手段的单一化，传统的学校测评形式是以纸笔测试为主，这样能够很好地考查学生对知识的掌握情况，但纸笔测试的弊端是很难考查学生在学习过程中对于学习方法的应用和在学习过程中产生的情感、态度、价值观方面的变化，一些学科（如英语）的课标要求仅用纸笔也很难检测是否达成。这样单一的考试形式很难反映学生的全面发展状况，也不利于学生全面而有个性的发展。

针对纸笔考试中存在的问题，二七区鼓励各学校利用现有资源，创新测评的形式，除了常规的纸笔测试之外，可采用多种质性评价的方式，如课堂观察、情景表演、演讲朗诵等，针对具体科目的不同情况和对学生能力的不同要求，选择合适的评价方式，不再仅仅局限于纸笔测试。如二七区汝河路小学以"游园活动"作为一年级语文和数学期末测评的主要形式，即以学校特设的一间大教室作为"游园"，布置温馨，摆设活泼可爱，测评记录表也采用"星级章"的样式。学生进入游园后，眼前一亮，心情放松，像是在公园里参加游玩项目一样，游园里的辅助测评道具有台历做成的拼读卡、彩色卡纸做成的火车模型、电脑操作的点读游戏、掷骰子等，都是一年级学生喜闻乐见的游戏或者是模型。学生在老师的帮助下，分成小组，通过完成各种任务来参与测评过程，测评结果将作为期末语文、数学学科总评的一部分。这样多种形式的评价让学生也乐于参与到测评过程中来，不再惧怕考试，而是怀着一种认识自我、不断改进的心态，有利于其全面发展和个性成长。

4. 变教师主导为多方参与

以往的学生评价只是教师参与，由教师对学生进行评价，没有同学、学生家长和学生自己的参与，这样的评价是缺乏客观性和全面性的。学生的日常学习活动离不开同伴、家长和教师的交互参与，同伴和家长能从学生的学习过程、学习习惯等方面间接评价学生的学业发展状况，而且学生自己也应该对自我有一个清晰全面的认识，正确认识自己的长处与不足，以便随时进行反省，获得更好的发展。因此，在学生评价中应该改变原有的以教师为主导的方式，由多个主体共同参与，对学生进行全面客观的评价，帮助学生不断提升自我。

二七区各学校在评价方式的探索中，充分做到了改变传统的"教师评学生"的单一方式，融合了学生互评、家长评学生的评价形式。尤其是如今很多家长想融入学生的学习成长过程中，想了解哪些因素影响了影响学生的学业成绩，因而新的评价方式得到了很多家长的认可。家长们可以通过填写学生评价表或观看以活动表演形式呈现的测评过程，在一定程度上参与到学生期末总评中去。如二七区京广路小学在一年级语文期末总评中，设计了一份让家长填写的评价表，问题包括学生在家阅读书籍报刊的情况、与人交流是否能用普通话和使用文明用语情况等，家长填写后交还学校，将作为学生期末总评的部分成绩。再如二七区棉纺路小学在区统一考试中邀请家长来监考，充分调动家长的积极性，让家长参与到学生评价中来，使家庭教育与学校教育有效结合，更好地促进学生的发展。

5. 变结果为主为过程考查

我国以往的学生评价往往只重视考试和分数的作用，把分数看作衡量学生学习成就的唯一标准，家长、社会也总是过于关注学生期末考试试卷上的数字，这样"以分数论英雄"的情况并不罕见，但其带来了很多的问题。一方面，仅仅以学习成绩来判定学生学习的好坏是很片面的，考试并不能全面考查学生的学业发展水平，更不用说考查学生其他方面的能力了；另一方面，过分关注成绩会导致学生只重视书本知识的学习而忽视了其他方面的发展，易产生厌学等心理，不利于学生充分发挥自己的特长，实现全面的个性化的发展。在学生评价改革中，我们摒弃了以往只对学习结果进行考查的做法，把过程性评价也加入其中，把过程性评价和终结性评价相结合，让学生在学习过程中发现问题，逐步改进，不断进步。

在二七区的实践中，各学校倡导不再以期末考试成绩的分数评价学生，而是注重学生日常学习行为的表现，课堂作业、小组活动记录表、小作品、学科相关的社会实践活动等过程性资料都可以作为学业评价的一部分，并根据其相关程度赋予不同的权重。评价结果以等级制呈现，多数学校也不再是"一考定音"，学生如果感觉在测评中没有发挥出正常的水平，可以在规定的时间内提出重考；各学科平时表现优异的学生也可以申请免考。这样可以改变师生临近考试"抱佛脚"的侥幸做法，引导学生、家长、教师注重学习过程，把工夫用在平时，扎实做好常规教学，使学生真正受益。

（五）加强教师分层梯队式发展

在提升学生学习力探求学生个性化发展的过程中，教师是不容忽视的重要因素，一支良好的教师队伍对学生学习力的提升有重大意义，因此提升学生学习力也要求加强师资队伍建设。针对二七区各校的师资队伍现状，本研究认为在加强师资队伍建设上要实现梯队式发展，促进各梯层教师的专业发展，帮助学生更有效地学习，提升学习力和实现个性化发展。

1. 摸清教师队伍现状

为深入了解二七区教师队伍的现状，本研究从各校教师的年龄结构、学历结构、职称结构和学术称号结构等方面对教师队伍的结构作了初步调查和分析。

调查发现：在教师的年龄结构上，各学校大部分学科任课教师的年龄在30—50岁，以中年教师居多。在教师的学历结构上，超过70%的学科教师是本科学历，有小部分是专科学历或研究生学历，其中城区学校和乡村学校的学科教师学历差异较大。如位于城区的兴华小学现有数学专业教师14人，其中本科学历的就多达13人，占总人数的92.86%。而位于乡村的樱桃沟小学现有数学教师9人，学历均为专科或专科以上学历，其中两人是数学专业毕业。在教师职称结构上，约有50%的教师是一级职称，还有一些是二级职称或未定职称，没有一位教师是高级职称。在分析城市学校和乡村学校的情况时，发现城市学校和乡村学校教师的职称没有差别。教师的职称与其年龄有密切联系，呈正相关关系。一般而言，教师的年龄越大，职称越高。在教师的学术称号结构上，各校情况不同，且城乡差异大，城区学校的教师在学术称号上远远要强于乡村学校的教师，乡村学校的教师可能由于能力不足、缺乏经验，在荣誉称号的获得上远不及城区学校。

综上所述，二七区的学科教师队伍整体上呈现以中年教师为主的状况，在学历上大多数教师是本科学历，其中有将近一半的教师是一级教师，在学术称号结构上存在城乡分布不均的问题。

2. 分析教师发展需求

在对二七区教师队伍的结构进行调查之后，本研究结合调查结果，对教师的专业发展需求进行了分析。所有的学科教师均有进行教学研究、不断反思成长的需求。他们认为，作为学科教师，上课只是自己教学的一个主要组成部分，而且经过了多年的积累，自己对于课堂教学已经有了一定的经验，能够把握整个课堂教学的进程。目前在专业发展中存在的最大问题是在教学之后，由于自己的教学反思能力不足，不能有效开展基于教学的研究，对于教学中产生的一些问题不能及时有效地解决。

在开展教师专业发展需求分析时，研究还发现不同年龄阶段、不同职称的教师对专业发展的需求有所不同。刚进校的新教师由于对学校课堂教学的情况不很熟悉，也没有很多经验，他们更希望的是能够有高水平的教师对他们进行指导，帮助他们快速熟悉教学，迅速成长；而参加工作有一定时间并且有一定教学经验的中青年教师则更愿意多参加培训，接受一些新的教育理念，不断提升自己的教育教学能力；对于已经从事教学工作多年、在教学工作中取得一定成绩的名师来说，他们更希望得到开展教育研究方面的指导，希望通过研究不断反思，形成自己独特的教学风格。

3. 实施教师梯队建设

通过对教师专业发展需求的分析，可以发现，处于不同发展阶段的教师对于专业发展有不同的需求。对此，为了提升不同水平教师的专业发展能力，二七区认为应该有重点、有层次地培养教师，而加强教师的梯队建设就是一种切实可行的途径。

二七区在加强教师梯队建设的过程中，以"名师工作室"为载体，组建了城乡教师三级发展梯队（名师工作室主持人、核心成员和发展对象），构建了"三三"名师培养模式，促进各级教师的梯级攀升和名优教师的持续集群发展。二七区开辟人才绿色通道，每年引进15名"高、精、尖"优秀人才，同时，依托名师工作室、名班主任工作室，构建二七区"多彩"名优教师人才库，将现有各级名优教师共1200人次分别纳入教育专家、名师、骨干教师、学科带头人、绿色通道引进人才、博客团队、名师讲学团等不同的人才库，将他们确定为不同层级的名师培养对象；建立了含有334人的最具发展潜质人才库，从中选拔出328名首席教师，为他们确定梯级攀升目标。通过设立"名教师培养工程"先进团队奖励经费，组织"我身边的好老师""感动二七教育人物（团队）"评选，开展美国田纳西州约翰逊大学研究生班学习、哈佛大学教育研究生院"TFU"课程学习、赴澳双语教师培训，鼓励教师坚持撰写反思博客等活动，提升二七区教师的反思能力和专业发展水平。

四、对以学生学习力提升探求学生个性化发展的进一步思考

（一）充分认识学生学习力提升的复杂性

通过对学生学习力提升的不断研究，我们充分认识到学生学习力的提升是一个漫长的极其复杂的过程。这种复杂性主要表现在以下几方面：

首先，学生的学习过程本身就是一个不断认识自我、完善自我的过

程，是学习者通过经验获得的某种长期的永久的行为、知识、技能和理解等方面的变化。这种变化不是一蹴而就的，需要漫长的积累，它是一种生命的历程，由此才能真正形成个体的内在素养。既然学习是一个如此漫长的过程，那么学习力的提升也将会更加艰难。其次，学生学习力的提升受多种因素的制约，这些因素的共同作用影响了学习力的提升。这些因素包括我国长期存在的"苦学"的学习文化观、学校升学压力的竞争、教师教学方式的不当、家长望子成龙的迫切心态等，这些来自社会、学校、教师、家长等方面的因素导致学生对学习的认识不到位，影响了学生学习力的提升。最后，学生学习力的提升必须落到实处，而我们目前的研究主要停留在对学习力内涵和价值等本体层面的理论探讨，在实践层面的探索还远远不够，缺乏学校和教师层面对学生学习力提升的相关个案研究和实证研究。我们要深刻认识这种复杂性，但也不能因此而心生畏惧，止步不前。我们要做的是用积极的心态和科学的方法投身到学生学习力提升的研究中去，真正为学生学习力的提升做出贡献。

（二）实践层面学生学习力的提升有待深化

通过对二七区提升学生学习力探求学生个性化发展的研究，我们发现虽然二七区在实践层面做了很多研究，各学校也积极开展了类似活动，努力把学生学习力的提升真正落实到课堂教学的实际中，但是其中仍然存在不少问题，在实践层面的探索还有待进一步深化。这些问题主要表现在以下两个方面。

一方面是各学校在进行学习力研究时，由于学校研究水平的差异，呈现出城乡研究不均衡的状况。一些城区学校由于学校管理人员的重视，研究人员的素质较高，在实践中能结合学校实际制定出具体可行的提升学生学习力的方法、策略。与之形成对比的是，乡村学校由于研究力量不足，在这方面的探索稍显薄弱，还需要进一步深化。另一方面是各学校在进行提升学生学习力探求学生个性化发展的研究时，仅选取语文、数学、物理三个学科进行研究，研究的范围不够广泛，对于其他学科涉及不够。因此，我们建议学校在结合具体学科进行探索时不再局限于一些主要学科，而应该对学生所要学习的所有学科都进行相关研究，扩大研究范围，保证学生学习力的提升和个性的发展真正得以实现。

第七章

郑州市二七区基础教育高位均衡发展的理性反思

一、以"三力模型"推进区域基础教育高位均衡发展的方法论探讨

方法论，是人们认识世界、改造世界的根本方法。它主要关注人们用什么样的方式、方法来观察事物和处理问题，重点解决"怎么办"的问题。在什么样的方法论思想（尤其是思维方式）指导下形成教育变革的理论、选择和运用变革的策略，对于变革的成败来说关系重大。

关于对以"三力模型"推进区域基础教育高位均衡发展的方法论探讨，其本质在于探讨"三力模型"对社会转型期重大理论与实践问题如何进行答案追寻、意义构建，它体现在课题组对我国基础教育发展战略机遇期内涵的准确把握中，体现在对我国基础教育未来发展的新特征的彰显中，体现在对构建基础教育未来发展理论与实践模型的科学尝试与重大突破中，其目的在于为社会转型期基础教育发展重要战略举措的制定提供理论支撑与实践抓手。

基于对"三力模型"生命力的彰显与诠释，课题组对本研究方法论的探讨主要集中在以下几个方面：对区域基础教育发展核心问题的重新认识；区域教育发展如何做出价值选择；为实现区域教育发展目标，如何提出发展路径；在思考以上问题的过程中，人们的思维方式及研究方法发生了什么样的变化。

（一）对区域教育发展核心问题的重新认识

对区域教育发展核心问题的重新认识，需要在国内与国际教育实践中、在历史与未来教育变革中对当下教育问题具备一种朴素的、诚实的教育敏感性，并以勇气和智慧并存的教育自信对教育热点和难点进行聚焦、提炼、重点突破。

郑州市二七区在裴娣娜教授课题组的引领下，积极进行理论研究和实践探索，取得了一定的成绩，区域教育也逐渐走上了品质化高位均衡发展的道路。随着"我国基础教育未来发展新特征研究"的不断深入，区域教育发展核心问题逐步清晰，促进区域基础教育高位均衡发展的"三力模型"，即区域教育决策力、校长领导力和学生学习力逐步进入研究者的视

野，并成为推进区域基础教育高位均衡发展关键利器。

区域教育决策力即教育主体功能区的战略决策力，这是整个区域管理工作基本的、核心的要素，是为了实现区域基础教育目标而对未来一定时期内相关活动的方向、内容及实施方式进行统筹选择或协调的过程，也可以理解为在行动之前对行动目标与手段的分析、探索、判断与选择。

校长领导力即校长的课程领导力，即在学校范围内用校长的特殊人际影响力去影响校内的每一位教师的课程实施，这种力量旨在激励而非命令，它使校长和教师凝聚成合力共同推动所属团队向着既定目标前进，它是使学校成为一个有机系统的必要前提。

学生学习力即促进学生实现个性化发展的生长力，是学习动力、毅力和能力的综合体现，更是学生完成知识转化，丰富自我、实现自我的基本能力。它的本质是竞争力，即以最快速度、在最短时间内获取新知、运用新知以实现学习目标的核心能力。

"三力模型"是关乎中国基础教育未来发展的战略性总体设计，是基于复杂科学而生成的结构系统，它要求教育领域与社会其他领域的协同攻关，要求教育部门与政府其他部门的共同担当，它是一个理论模型，更是一种实践关怀和路径探究，是社会各项事业、政府各级领导、教育各个环节从被动应对到主动作为，积极推进国家基础教育改革创新的系统工程。

（二）区域教育发展如何做出价值选择

联合国开发计划署发布的《2010 年人类发展报告》在开篇就讲道，"人是国家的真正财富"。教育作为内嵌于国家系统之中的一部分，不可能独立于国家而存在，且必须依赖于人而存在。教育作为有目的地培养人的一种社会活动，是一个人作用于人的过程，因此选取区域教育决策力、校长领导力和学生学习力来构成区域教育发展的"三力"模型有其特有的价值判断与意义彰显。

1. 基于满足社会转型的要求

当今世界正处在大发展、大变革、大调整时期，世界多极化、经济全球化进程加快，科技进步日新月异，对高层次、多样化人才的发展提出了新要求。义务教育的普及，高等教育的大众化、普及化进程加快，使教育的功能和地位发生了巨大变化，现代化、城市化和信息化背景下的青少年成长面临着新的矛盾和问题，如何满足学生全面而有个性发展的需要和经济社会发展对多样化人才的需要，并将两者有机结合，是目前我国基础教育必须回答的问题。因此，区域教育可以通过教育主体功能区的建设，构建一条内涵发展、整体提升的区域教育协调均衡发展模式；通过学校课程建设实践与探索，在实现学校个性化、多样化发展过程中提升校长的课程领导力，从而为学生的个性化发展提供一个自由而全面的平台，推动学生学习力的发展。各级党委、政府依照这一总体部署，切实加强了对教育工作的领导，把落实教育综合改革、实现内涵发展与整体提升作为重要职责，进一步健全保障领导体制和决策机制，分阶段、分步骤组织实施，对确定的各项指标进行和责任分解，纳入市政府各部门、各县（市）、区和教育行政部门综合评价和绩效考核体系，加强对目标实施进展情况的监测，同时，根据客观环境和教育的发展变化，对目标内容进行调整，充分发挥"三力"模型对教育发展的引领、导向和宏观调控作用。

2. 基于应对未来发展的需要

"建立世界一流的学术标准和课程体系，从而培养学生的批判思维能力、问题解决能力和运用知识创新的能力，使他们胜任未来大学学习或职业生涯"，这是美国总统奥巴马在其"顶点冲刺计划"中所提到的美国教育改革的目标。教育培养的人才应该具备未来社会生存的能力，未来基础教育发展要求学生做到"四个学会"：学会生活，即获得数学与科学、经济与技术、社会与文化、家庭与消费等方面的能力；学会学习，即培养获取、辨识、判断和创生信息的基本信息素质；学会工作，即具有效沟通的能力、强烈的社会责任感；学会思考，即具有科学知识、设计与技术、科学探究等实践能力，好奇心、问题意识及提出问题的创造性思维能力。当前教育综合改革的方针政策深入人心，"十三五"教育规划发展逐步完善，国家区域发展战略规划的实施为郑州教育发展搭建了广阔的舞台。中部崛起、郑州都市区建设、航空港战略的实施，对优化郑州教育布局结构、创新人才培养模式和提供社会服务等方面带来了新的机遇。特别是郑州经济的快速增长为教育发展提供了有力的保障。在新的形势下，教育工作的重心应转移到抓管理、抓教学上来，树立高标意识，着眼于教育的均衡发展，由过去的重点办好几所学校转移到办好每一所学校上来，使郑州教育整体步入健康发展的快车道，实现新一轮的跨越式发展。

3. 基于体现教育变革的诉求

一切发展模型的构建都应该建立在现有教育的发展基础之上。二七区位于河南省省会郑州市的西南部，是郑州市的商贸中心、交通枢纽和重要的商品集散地。随着城镇化进程的加快，二七区建成区的面积占全区总面积的1/5，其余4/5为城郊或农村。目前，新城开发建设全速起航，但农村地区在基础设施、公共服务设施等方面仍不够完善，城郊约有1/4的面积转化为城区，城乡差距突出。正是在此城乡二元结构背景下，城乡教育均衡问题相对突出，城乡教育在社区环境、办学资源、师资水平等方面仍然存在很大的差距，在很大程度上影响了区域教育的发展与质量的提升。近年来，二七区通过努力，使城乡学校在硬件设施方面基本实现了外在的低位均衡，全区中小学办学条件均达到省定办学标准，每所学校都成为"学园、花园、乐园"。同时，按照"统一规划、全程管理、资源共享、持续发展"的原则，以"天地网合一"的形式建设覆盖全区教育系统、面向社会开放，具有网上行政、信息发布、远程教育、高速传输功能的网络系统，实现校园教学现代化、办公自动化、通信网络化、资源数字化。但促进城乡高位均衡发展依然是今后相当长一段时期的主要任务。

（三）为实现区域教育发展目标如何提出发展路径

均衡发展是义务教育发展的战略性任务。《教育规划纲要》明确提出："到2020年，全面提高普及水平，全面提高教育质量，基本实现区域内均衡发展，确保适龄儿童少年接受良好义务教育。"从政策上看，义务教育均衡发展的含义包括以下三个方面：一是政府对学校的资源配置，也就是要使县域内义务教育学校的资源配置达到最大限度的均衡，主要考察区域教育决策力如何；二是学校对学生的教育服务，即要实现校与校之间的均衡，这主要考察学校校长领导力如何；三是对弱势群体的补偿，也就是要实现生与生之间的均衡，即每一个学生都能掌握适应未来生活发展的能力，实现其学习力的提升。

在对发展路径的探寻上，课题组主要经历了以下几个步骤。

步骤1：明确定位。

结合丰富、翔实的区域发展资料，课题组对样本区基础教育区域性发展的基本类型、模式、特征进行了科学聚类与严谨分析，对基础教育区域性发展战略及战略性谋划的关键环节和核心要素，以及影响教育主体功能区构建的若干因素进行了合理归因。

据此，课题组明确了为实现区域教育发展目标而必备的战略定位：打造中部地区高位均衡优质特色教育发展示范区，示范、引领、辐射、提升中部地区教育发展，服务、引领经济社会高水平发展。

步骤2：精准目标。

目标的精准源于对现实的深度解读，其关键在于扎根整个教育体系特别是基础教育所处的环境，洞悉环境中孕育的生命力量，基于教育事态，超越教育生活，在教育现实和教育理想的交织碰撞中，建构、升华我国基础教育未来发展基本特征对区域教育发展的全面要求与统筹布局。

课题组以"为每位受教育者提供适合的教育，使每位教育参与者做最好的自己"为核心价值观，打造"多彩教育"区域教育品牌，把二七区打造成全国知名的教育均衡发展示范区、优秀教育人才富集区、教育优质发展样板区、教育改革创新先行区、教育成果人民满意区、服务经济社会发展先进区。

步骤3：丰富举措。

以理论创新带动实践创新，最终实现服务创新，这是课题组自始至终秉承的研究理念。依据明确的定位与精准的目标，课题研究要实现的是基础教育体制从区域到学校最终到学习者个体的多层次、结构性的根本变革，绝不是教育管理层面对教育工作的简单梳理与分层。课题组为实现研究愿景而提出的丰富举措主要有如下几点。

（1）创新教育理念，科学定位发展走向。以"多彩教育"作为区域教育发展理念，以"质量、品牌、服务"为主题，以"六名工程"创建为主要载体，以品质化、信息化、国际化为目标，促进区域教育"多元共生、和而不同、优质特色、高位均衡"发展，努力为学生提供个性的、多元的、适合的教育，使全区教育教学质量不断提高。

（2）构建多彩课程体系，有效提升课程领导力。以"开发多彩的课程，营造多彩的生活，滋养多彩的生命"为课程建设总目标，提出构建"适合每一个学生发展"的和而不同的区域"多彩课程"，强调基于校情、学情开发课程，使师生都能够在"多彩课程"中"做最好的自己"。经过近几年的实践和提升，"多彩教育"的区域发展模式不断完善，被国家基础教育课题研究专家组推荐为值得在全国广泛推介的三个区域教育发展模式之一，并被《中国教育报》《人民教育》等国家级媒体专题推介，具有二七标识的"多彩教育"品牌影响力不断彰显。

（3）打造发展性课堂，有效提升学生学习力。以"有意义的学习、有目标的学习、有效率的学习"为导向，以"课堂形态"构建为主线，以课题研究为路径，致力于构建"尊重生命、以生为本、基于生活、生态发展"的多彩课堂文化，努力"提升学生有效学习的质量"。形成了以学习能力、学习动力、学习毅力为支撑，以创造力为核心，以探究学习、合作学习为路径的学习力框架模型。

（4）开展评价改革，有效引领学生全面发展。以"促进学生发展"为目的，开展中小学学业质量评价改革，在区域层面开展多维度教育质量健康体检，在学校层面创新评价方式方法。评价改革立足于让学生"学会""会学""乐学"，通过改进方式方法，引导学生变被动学习为自主学习，同时让教师秉承职业操守、自我调节、乐教爱教。总的来讲，评价改革的目的在于创设良好的评价平台，把握好评价的分寸，不断改革创新，促使教师全身心投入，学生自主参与，让教者乐教、学生乐学，充分发挥教学评价在教育教学中的积极作用。

（四）人们的思维方式及研究方法发生了怎样的变化

1. 立论始于当下，但视野高于当下

"三力模型"的建立，不仅仅是为了解决目前高考、中考等考试与学生素质发展之间的矛盾，而是着眼于未来，以培养学生全面而有个性的发展为立足点，一切变革都是为了促进学生未来发展能力的提升。同时，大胆改革创新，建立区域教育主体功能区，实行学区制，建立学区长负责制。深化学校课程改革，从指令性的课程范式走向弹性多元课程范式，以校长为第一责任人，提升教师课程创生能力，整合各方力量，建立开放、多元、创生为特征的新课程体系，实现学校的个性化发展。

2. 目标为了发展，但步骤强调持续

无论是区域教育决策力、校长领导力还是学生学习力，课题研究落脚点都在一个"力"上，"力"，本身即为力量、能力，所以本课题的研究成果体现为一种"可再生"能力的发展，为全区义务教育学校提供了很好

的成长机会。通过人的可持续发展实现课题研究的可持续发展，通过国家、地方、校本三级课程体系的合理建构与有效实施，来促进学校的内涵发展、教师的专业发展和学生的个性发展的同步进行。

3. 研究关注学术， 但过程重视共赢

总课题以裴娣娜教授为总负责人，集结了北京师范大学、南京师范大学、东北师范大学等高校的一批教育教学专家。二七区作为总课题的一个实验区，与河南大学教育科学学院紧密联系，河南大学充分发挥作为改革实验"智囊团""智库"的作用。课题研究以区教研室为主，局属各机关协同参与，以各实验校为主阵地，具有一定的学术性和科学性。

同时，课题组从研究实际出发，在全区选取了7所中小学作为实验校进行课题实践研究，7所实验校涵盖城区与农村，小学、初中与高中，由各个学校分别选取其优势学科进行研究，相同学科的不同学校还结成了学科团队，以集中最优力量进行研究。目前实验校的相关研究已经从一门学科拓展到了多门学科，甚至有的学校达到了全学科覆盖，区属其他非实验校也开始借鉴实验校的初期成果，尝试进行改革与研究。

4. 设计讲究科学， 但方法不乏生动

学校校长是课题研究的主要负责人，对学校学科发展进行总体设计和协调，同时从区域和学校两个层面开展研究，以专业方式推进课堂改革。一是打造专业团队。成立以学科教研员、各级学科带头人、名师、骨干教师为主体的学科建设团队，通过"走出去，请进来"的学习培训，拓宽视野，提升认识。重点扶持了30个特色学科建设优秀教研组。引导教师做到"三个一"。树立一种意识：指导教师站在课程的高度认识课堂教学，认真撰写学期课程纲要，开展课程纲要分享活动，引导教师以课程意识审视教学方向。做好一份规划：依据《二七区中小学名学科建设实施方案》，解读课程标准，解析学生学习力，做好学科建设规划。加强一种能力：开展"基于标准的教学"系列研讨活动，组织"多彩课堂"合格标准大讨论，提升教师基于标准实施教学的能力。2012年编写的《名学科建设》一书，详细总结了学科团队建设的一系列思考、实践和收获。二是开展专业研究。坚持思考与行动相结合、教研与科研相结合。创办二七教育《多彩》期刊，借助市教育信息网平台建立"多彩课堂文化"博客圈，引领广大教师开展教学反思，出版并面向全国发行了精品博文集《木铎金声》。

强化主题式、系列化校本教研，通过课堂观察、课例研究、问题会诊等形式，以"问题—设计—行动—反思—提升"为路径，将研究细化到课堂教学的关键节点上。开展"基础教育未来发展新特征研究""'多彩教育'推进区域教育均衡发展的理论与实践研究"两个国家级课题研究，建立"区域—学校—教研组"三级课题研究网络，立足课堂教学实际选择研究方向，做到"人人有课题"。通过系列课题培训、调研交流，以课题研究的品质助推课堂教学改革。

二、以"三力模型"推进区域基础教育高位均衡发展的条件机制

以"三力模型"推进区域基础教育高位均衡发展的条件机制是基于基础教育系统内部区域教育决策力、学校领导力、学生学习力等各条件要素之间相互联系、相互作用、相互制约的联结方式而建构起来的工作体制，应以教育决策机构统一调度并提供的制度、规范、人员、财力、物质等作为条件保障而展开，充分发挥区域基础教育的优化整合功能、能动发展功能和动态育人功能，最终实现区域基础教育高位均衡发展。

（一）建立区域教育决策机制

推进区域基础教育高位均衡发展要建立区域教育行政决策机制，要在区域层面整体规划和设计，要确立"以县为主"的管理体制，做到义务教育事业发展统一规划，学校布局统一调整，教育经费统一安排，师资队伍统一管理；对农村学校和相对薄弱学校实行政策倾斜，城乡一体、共同发展；明确规定学生受教育机会均等；在全区建立"教师交流长效机制"；合理布局义务教育学校；鼓励学校特色办学等。在提高教育质量方面，要求各学校严格执行国家课程计划和标准，做好"课程、课堂、课题、评价"三课一评建设，全面提高教育教学水平；合理控制办学规模，实行标准班额办学；教育质量优质均衡，建立合理的质量监控和评价体系；整体提高学校管理水平，提高学生、家长和社会对学校的满意度，在高层次上保证教育公平和提高教育质量。

区域层面侧重制度和政策的创新及相应的体制机制的健全与完善研究、项目推进策略研究等，如教育主题功能区的构建，办学体制、管理体

制、优质资源辐射模式探索及案例研究，"一人双岗"用人管理机制及考核奖惩保障机制研究等，从区域教育决策力方面努力做到区域教育的高位均衡发展。

学校层面以校长课程领导力建设为主，深化学校课程改革，要求校长带领广大教师从本校实际出发制定培养目标，实现学校教育课程结构与形式的变革，通过课程体系的多元化来实现学校的个性化发展，从根本上解决"千校一面"的学校"同质化"问题，实现校校有特色、校校成品牌，使区域教育实现优质特色化发展。

区域和学校层面同时进行研究，通过多元化、特色化的课程体系及区域资源交流与共享机制，促进学生学习力提升与特长发展；通过对课堂教学范式等教学问题的深入研究，积淀"尊重生命、以生为本、基于生活、生态发展"的课堂文化，探讨促进受教育者全面成长和个性发展的重要途径。

（二）均衡教育资源配置机制

根据弱势补偿原则，从战略高度充分认识教育在转变经济发展方式、提高综合国力和新农村建设中的重要地位和作用，从推进区域教育高位均衡发展的内在要求出发统筹配置教育资源，在政策、制度、公共教育资源配置上向农村、贫困地区和弱势群体倾斜。执行公平公正的社会政策和教育政策，发挥政策对城乡弱势群体的补偿作用和对城乡教育的调控作用。

建立师资均衡配置机制。一是明确政府责任。以教育法律法规为依据，统筹规划，缩小校际差距，使城乡每所中小学办学条件达到"标准化"，管理水平达到"规范化"，为顺利推行教师资源合理流动做好政策准备。二是改革办学评估制度。逐步取消重点学校评选制度，取消重点校、普通校之分，逐步统一义务教育各阶段学校的办学标准。三是发挥职称评聘作用。合理调整义务教育阶段各学校的教师队伍结构。四是发挥绩效工资杠杆作用。区域范围内对义务教育师资实行统一工资标准，视情况根据各地消费水平做出微调，保证更多优质教师资源留在农村。五是加强薄弱校的师资培训。加大资金投入，采取多种措施，促成城乡手拉手、学校结对帮扶，提高薄弱学校、农村学校现有师资水平。

健全教师、干部队伍流动机制。即利用行政手段，促进优秀教师向薄弱学校流动，使城乡之间、学校之间的师资水平真正趋于相对均衡。首先，教师流动要合理，将学校交流的目标任务纳入到年度绩效考核之中，逐步实现教师资源配置的均衡化。其次，建立优质师资辐射机制，通过支教、结对、帮扶等形式，使区域内的优质师资得以扩充，使更多的学校、更多的学生享受到优质的教育。最后，建立教师研训提高机制。建立教师发展中心，鼓励教师参加研修培训，全面提高教师教书育人能力。还要加大校级领导任职和后备干部轮岗交流力度，开展以"校"为主的交流，推进不同办学水平学校之间干部的双向挂职，促进区域基础教育学校间师资水平的相对均衡。

搭建教育资源共享机制。积极探索在区域范围内依托一所或几所办学质量较高的学校，联合周围的若干学校建立教育发展共同体。教育发展共同体有统一领导，在共同体内实现资源共享，尤其是共同体内的教师合理分配、流动，最大限度地保证共同体内的每一所学校的教育资源均衡和共同发展。开展"名师共享"活动，让骨干教师到偏远学校上指导课，帮助薄弱学校教师提高教学水平；开展教改教研活动，以公开课、讲座等多种形式实现教改成果共享、教育信息共享，帮助扶持薄弱学校；借助现代化的信息平台，建立课程资源库，实现优质教育资源共享，借助信息化来缩短城乡之间、强校与弱校之间的办学差距；强化共同体内的教育教学专题研究，以总课题带动各校教育教学水平的共同提高，通过资源共享为每位受教育者提供适合的教育。

（三）优化特色学校发展与均衡评估机制

学校自主变革与发展是区域基础教育高位均衡发展的内在动力，要创新特色学校建设的管理运行机制，推进学校特色建设的自觉性。加强对学校特色建设的过程管理，形成并逐步完善特色建设的体制机制。一是导向机制，引导师生提高对特色发展的认识，把推动学校特色发展化为自己的自觉行动。二是活动机制，组织开展有关活动，以活动为载体，以特色为追求，把兴趣活动、研究性学习等与特色建设活动有机整合起来。三是考核机制，根据学校特色建设的方向建立必要的考核、评估制度。四是激励机制，建立特长教师、特长生的评估和奖励制度，对成绩突出的教师给予名誉和物质奖励，以激发教师和学生创特色的积极性和创造力。

根据区域教育均衡发展需要，秉承发展性评价理念，淡化对学校的等级评估，研究具有积极导向性的区域教育均衡发展监测评估体系和制度，建立区域教育均衡化的监测评估机制，充分发挥评估的激励、发展、约束和规范作用，以检测评估推发展、促均衡。在区域基础教育高位均衡发展过程中，要坚持"以人为本""以校为本"。要正视城乡之间、区域之间、学校之间的客观差距，着眼激发广大教师特别是农村教师积极上进、实现自我价值的心理，改变一直以来用"一把尺子"去衡量所有学校、教师、学生的做法，着力实施"学校发展性督导评价机制"。发展性督导评价标准不再是统一的，每个学校可以联系自身实际和团队期望，自行制定学校三年发展规划的预期目标和实施方案，自行组合建立符合本校实际的督导评价体系。督导者也要转变单向考核的角色，积极发挥指导、参谋、咨询、服务、激励的双向互动作用，帮助学校总结提炼办学成绩和经验，诊断学校发展面临的问题和困难，为学校科学和谐发展提供有价值的反馈信息，与学校共同寻求未来发展的方向，从而不断激发广大教师干事创业、力争上游的热情和信心，不断提升学校尤其是农村学校的办学水平，不断促进区域基础教育规范、特色、优质、均衡发展。

三、以"三力模型"推进区域基础教育高位均衡发展的系统协调

我国城乡免费义务教育的全面实施使孩子受教育机会的基本条件均衡问题——"有学上"的问题基本得到了解决，实现教育高位均衡发展的问题——如何让孩子"上好学"、接受更优质的适合自己发展的教育成为目前亟待解决的重大课题。教育均衡发展的阶段性、文化性决定了走向高位均衡是当前教育改革的应然追求，文化关怀是实现教育高位均衡发展的可能路径和现实选择。

"新中国成立以来的中国教育研究，先后出现了三种研究范式和两次范式转换。首先是政治教育范式向绩效主义范式的转换，其次是绩效主义范式向文化学范式的转换。文化学范式是以人为中心，从文化出发来研究

人、从人出发来研究文化所形成的研究范式。文化学范式正在成为中国教育研究的主导或主流范式。"（张应强，2010）社会发展到一定程度必须重视文化，文化对社会方方面面的影响越来越大。在文化的作用日益凸显的今天，重视文化影响，从文化视角研究、推动教育均衡发展，加快研究范式从绩效主义到文化自觉的转型是教育从基础均衡走向高位均衡的客观诉求，是深化教育均衡研究、推进教育高位均衡发展的必然要求。缩小教育差距、推进教育高位均衡发展需要在增加经费投入的同时，从文化视角重新审视教育均衡问题的实质，认识教育均衡问题的文化制约性，揭示文化对教育均衡的影响及二者之间复杂的互动关系，反思当前教育的文化价值取向，确立以追求公平正义为旨趣的教育均衡文化价值取向，唤起教育者、决策者、研究者、实践者的文化自觉，通过文化转型、文化创新、文化建设全面推进教育均衡理论研究的深化和教育高位均衡实践的发展。

（一）重视家庭教育建设，为教育高位均衡发展奠基

家庭是"人生际遇中的第一所学校"，是人成长的"摇篮"，是教育高位均衡发展的奠基石。家庭对一个人的教育乃至一生发展有着不可忽视的重要影响。父母是人生命旅程中的启蒙老师，家庭教育的实施效果与家长的素质和家庭的教育文化氛围有很大关系，从某种意义上讲，家庭教育是家长与孩子之间相互学习、相互影响的互动过程，家长是家庭文化的创造者和传播者，建设健康、文明、积极的家庭文化环境是家长的重要责任。因此，应高度重视家长教育素质的提升和对孩子的早期教育，家庭成员之间要相互尊重、平等相待，家长要重视孩子的合理意见，注重发现孩子的个性特长。家长要树立积极向上的生活态度，努力创造和丰富家庭教育文化生活，通过开展形式多样、生动活泼的亲子活动来培养孩子的兴趣爱好，营造和谐民主的家庭氛围。政府应把家庭教育纳入国民教育体系，加大家庭教育经费投入，注重家庭教育政策立法，建立健全家庭教育的研究、管理、督导机构、体制机制，成立家长学校、家长委员会等教育培训机构，科学制订家长全员教育培训计划，实施家庭教育系统培训工程，开展文化下乡等系列活动，加快学习型家庭建设。

（二）优化学校内涵建设，为教育高位均衡发展助力

学校是教育的主阵地，是教育实施的重要场所，学校教育是推进教育高位均衡发展的重要载体和力量。决定一所学校质量的最重要因素的是文化、传统等深蕴于人心之物。推进教育高位均衡发展最有效的办法是让每所学校、每个人都成为自己的发展者。加强学校文化建设可以充分发挥每所学校、每个人的优势，使学校和师生都成为各自的创造者和发展者。人是学校文化建设中最重要的因素，以学校文化建设推进教育高位均衡发展的最根本的目的是促进学生全面发展，为其一生发展奠定坚实的知识、能力和人格等方面的基础。校长、教师、学生是学校文化建设和学校教育发展的三大主体，应充分发挥其在学校文化建设中的作用；课程、教学、评价是学校文化建设的三大领域，应从课程文化、教学文化、评价文化等方面加强和完善学校文化建设。学校应根据自身特点和发展实际，充分汲取区域文化资源，通过建立校务委员会，充分调动家长、社会等方面的力量，整合家庭、学校、社会资源，形成教育合力，共同推进学校文化建设。同时，应注重加强区域、城乡、学校之间的互动交流、结对帮扶、优势互补、资源共享，通过全面加强社会教育文化支撑系统建设来深入推进教育高位均衡发展。

（三）推动社会文化建设，为教育高位均衡发展提供有力支持

解决教育均衡发展中的矛盾和问题，需要跳出教育看教育、跳出教育找办法，依托家庭、社会等方面的支持，在良好的社会氛围中谋求教育改革和发展的新局面。只有把每个与教育相关的人都变成教育事业发展的参与者、支持者、建设者，形成个体、群体、家庭、学校、社会教育的合力，教育事业才能赢得最广泛的支持，才能赢得和谐发展的氛围和环境，实现教育高位均衡发展的理想和目标。社会文化对家庭、学校、社会教育有着不可忽视的重要影响，是影响教育高位均衡发展的重要文化因素。社会文化建设应建立沟通协调机制，减少学校和社会文化价值观的冲突，加强区域、城乡社会文化之间的交流合作；建立有利于激励学习者通过多种

学习渠道成才的政策制度和保障机制；重点保证"两馆一站一室"建设到位，健全科学合理的文化建设财政投入体制；实施文化数字化建设工程和文化遗产保护工程。通过"民间艺术之乡""特色文化之乡"的创建和各级非物质文化遗产项目的申报，保护和传承地方传统文化，扶持一批非物质文化遗产成为拳头产品。实施文化品牌战略，培育和扶持一批文化名镇、名村、名院；实施农村文化典型带动工程、农村文化人才培育工程；实施文化惠民工程，充分发挥网络资源优势；实施文化扶贫和文化建设工程，加快推进覆盖城乡的公共教育文化服务体系建设。以省（市）群艺馆、图书馆、博物馆、影剧院等为龙头，以区（县）文化馆、图书馆等为骨干，以乡镇（街道）综合文化站为支撑，以村（社区）多功能文化活动室为基础，构建覆盖城乡的四级公共文化阵地网络，实现城乡公共文化服务均衡发展，形成保障人民群众基本文化权益的公共文化服务体系。加快县级文化馆和图书馆达标建设、乡镇综合文化站标准化建设、村文化活动室基本设施设备配套建设，以及文化信息资源共享、农村电影数字化改革、图书流转体系建设等公益性文化工程建设，丰富农村文化生活，以加快城乡社会文化建设，缩小区域、城乡文化建设差距，深入推进教育高位均衡发展进程。

（四）加强区域生态建设，为教育高位均衡发展营造良好环境

基于不同文化样态对教育均衡发展的影响，考虑到"文化和智慧的价值，是不能简单地以经济、军事实力为标准来衡量的，人类的各种文化中，都可能隐含着很多永恒的、辉煌的、空前绝后的智慧"（费孝通，2005）[130-131]，应秉持"和而不同""各美其美、美人之美、美美与共"的文化态度推进区域生态建设。基于不同文化对教育均衡发展的影响和我国幅员辽阔、区域差别巨大的现实，应秉承"生态视角、区域推进、文化着力、城乡交流、优势互补、资源共享、特色发展、双强共荣"的教育高位均衡发展理念，承认和保持教育文化的多样性，让每一所学校都有自己的闪光点，促进城乡各类学校相互学习、相互促进、异彩纷呈、差异发展。树立地位平等、相互开放、优势互补、共同繁荣的思想，正确处理依托发展与自主创生、主导作用与支持作用、市场机制与政府调控、近期目标与

远景规划之间的辩证关系，注重加强区域、城乡、学校之间的互动交流，促进资源共享、优势互补。关注区域文明影响，加强区域生态建设，整合区域文化资源，推进区域全覆盖和文化产业发展与公共文化服务的均衡提升，使居民共享"文明阳光"。推进区域"城市特色教育文化圈"、区域"城郊特色教育文化圈"、区域"农村特色教育文化圈"的规划建设，优化区域公共文化功能布局。以文化建设教育提升工程和完善公共教育文化服务网络推动教育文化服务质量水平的全面提升，推进区域、城乡、校际文化交融互动、共同提升和特色发展。

四、以"三力模型"推进区域基础教育高位均衡发展的前景展望

教育均衡化是教育现代化的具体体现，是基础教育特别是义务教育的本质要求，更是教育公平的核心内容。近年来，二七区从全局性的战略高度大力推进教育"高位均衡"发展，走出了一条极富二七区特色的教育发展之路，为实现区域教育现代化发展奠定了坚实的基础。在"三力模型"的基础上，区域教育发展会迎来美好的愿景。

（一）升华多彩教育理念，诠释教育新常态

每一位教育工作者对教育事业的认识必须要有前瞻性：既要看到高能级的区域建设带来的空前机遇，又要看到财力快速增长带来的坚实支撑，还要看到产业发展和人才集聚带来的更高要求。在理念上，以品质化、信息化、国际化为目标，以超前的理念、世界的眼光和扎实的工作打造高水平的教育事业；在实践中，以更加高昂的激情、更加求实的作风、更加务实的态度，改进教育评价，提升教学质量，办好每一所学校，教好每一个孩子，为办好人民满意的教育、成就"多彩教育"美丽梦想砥砺奋进，为推进区域经济社会新一轮跨越式发展做出新的更大的贡献！

（二）注重内涵发展，彰显教育高品质

教育内涵式发展的实质是"提升教育核心竞争力"，根本是"提升学

校的核心竞争力"，而校长的领导力是学校核心竞争力的重要支撑。因此，要抓住教育内涵式发展的本质，深化"名校长工程"建设，充分发挥学校引育人才的主体作用，从政策、资金、补贴等方面招聘优秀校长、教育专家，全面深化优质师资校际流动，健全考核机制。同时，把"系统化设计、全过程控制、精细化管理"的理念、思路和举措运用到学校教育管理的方方面面，最大限度地发挥教育载体的使用和管理效益，促进教育内涵提升，打造一批从幼儿园到高中的不同层次的品牌学校和品牌教育项目。

（三）加快信息化建设，共建教育云平台

随着云计算技术、三维打印、可穿戴设备以及各种移动终端的迅猛发展，信息技术已对经济社会发展产生了巨大影响，信息化的教与学模式正在被不断地重新建构，"慕课""翻转课堂"等新的教与学方式的出现，对传统的教育模式和手段提出了严峻挑战，同时也为教育的均衡发展和教育公平的实现提供了难得的机遇。《教育规划纲要》明确指出："要把教育信息化纳入国家信息化发展整体战略，超前部署教育信息网络，要到2020年，基本建成覆盖城乡各级各类学校的数字化教育服务体系，促进教育内容、教育手段和方法的现代化。"教育部发布的《教育信息化十年发展规划（2011—2020年）》从国家发展战略的高度，为我国教育信息化发展提出了明确要求。

信息技术为教师搭建了资源共享的平台，搭建了突破校际界线、时空距离的可随时交流研讨的平台，缩小了校际差异对教师个人成长的影响；信息技术为学生搭建了自主学习的平台，搭建了师生交流、生生交流的平台，使学生的个性化学习成为可能。因此，加快推进区域教育信息化，已成为顺应时代发展潮流、促进区域教育创新与变革、建设现代化教育强区名区的重要途径和必然选择。

（四）拓展国际化视野，注入发展新活力

随着世界多极化和经济全球化进程的加快，世界各国在政治、经济、文化、教育等方面的合作与交流日益频繁，对培养具有国际视野、跨文化

交流能力、全球竞争能力人才提出了更高的要求。《教育规划纲要》明确指出："我国要实施教育对外开放战略，坚持以开放促改革、促发展，提高我国教育的国际化水平。"教育国际化发展已经站在了一个新的历史高点。

实现教育国际化，首先意味着要站在新起点，瞄准新目标，以更强的决心和信心，以更大的魄力和智慧，坚持求进，持续提升，让更多、更优质的教育发展成果惠及辖区群众。其次，要坚持高标准，加快教育现代化建设，通过推进教育现代化，打造区域教育品牌。最后，要促进教育公平，确保教育优质均衡发展，不断开创教育事业的新局面，提升区域教育品牌的综合效应，以更高的站位、更扎实的措施，凝心聚力、攻坚克难，锐意进取、开拓创新，促进区域教育更好、更快地发展。

结　语

　　我国正在加速推进城镇化， 城镇化究竟是什么？ 城镇化不是去乡村化。 如果农村文化消失了， 那么城镇化将是单调的、 无意义的。 乡村是中华民族文化多样性的体现， 推进城镇化建设绝不能以消灭农村、 瓦解农村文明、 牺牲文化遗产为代价。

　　城镇化背景下区域教育均衡的本质是什么？ 应如何推进？ 城镇化背景下的区域教育均衡不是简单地向城市看齐， 不是城乡学校的齐一化， 不是简单的城乡之间、 学校之间、 校长之间、 教师之间的交流， 更不是以稀释优质教育资源去帮扶薄弱学校为代价， 而是在城乡教育基础办学条件实现基本均衡的前提下， 充分考虑区域、 城乡、 学校自身文化特点， 以及学生的个性特长与发展实际， 以区域教育决策力、 学校校长领导力、 学生学习力 （“三力”） 整体提升区域基础教育品质， 实现优质、 特色发展——区域基础教育高位均衡发展。

　　近年来， 郑州市二七区在河南大学专家团队的精心指导下， 全程参与了北京师范大学裴娣娜教授主持的国家社会科学基金教育学重大 （点） 课题 “基础教育未来发展新特征” 的研究， 采取国家级重大课题研究引领、 教育专家全程参与、 “区域—大学—中小学” 联合攻关的方式， 以二七区为个案， 对以 “三力模型” 推动区域基础教育高位均衡发展进行了深入、 系统的研究， 取得了丰富的理论研究成果和很好的实践效果。

　　通过理论研究和实践探索， 我们更深刻地感受到区域基础教育高位均衡发展之于教育公平、 社会公平、 和谐社会建设的重大意义。 同时， 我们也深刻地认识到基础教育高位均衡发展的系统性、 复杂性、 长期性。 实现基础教育高位均衡发展需要政府、 学校、 社会、 教师、 家长、 学生共同努力， 需要更多的经费投入、 更科学合理的资源配置政策的支持， 需要加强不同层面的文化建设， 需要全社会持之以恒的努力。

　　基础教育高位均衡发展意义重大、 任务艰巨， 还有很长的路要走， 需要引起更多研究者、 实践者的关注， 让我们共同努力！

参考文献

爱森斯坦， 2010. 作为变革动因的印刷机：早期近代欧洲的传播与文化变革 ［M］. 何道宽， 译. 北京：北京大学出版社.

艾斯纳， 2008. 教育想象：学校课程设计与评价 ［M］. 李雁冰， 主译. 北京：教育科学出版社：383.

邦克， 2011. 世界是开放的：网络技术如何变革学校 ［M］. 焦建利， 译. 上海：华东师范大学出版社.

鲍传友， 2005. 中国城乡义务教育差距的政策审视 ［J］. 北京师范大学学报 （社会科学版）， （3）：16－24.

鲍东明， 2014. 从 "自在" 到 "自为"：我国校长课程领导实践进展与形态研究 ［J］. 教育研究 （7）：28－36.

布鲁纳， 1982. 教育过程 ［M］. 邵瑞珍， 译. 北京：文化教育出版社.

曹寄奴， 2011. 教育优先发展的理论之源及其价值诠释 ［J］. 理论月刊 （7）：47－51.

陈京军， 李三福， 2012. 我国区域义务教育均衡发展研究的问题分析 ［J］. 湖南科技大学学报 （社会科学版）， （4）： 107－110.

陈琦， 张建伟， 1998. 建构主义学习观要义评析 ［J］. 华东师范大学学报 （教育科学版）， （1）：61－68.

陈学军， 2012. 义务教育优质均衡发展究竟是什么 （节选） ［J］. 教育发展研究 （22）：10－14.

陈宗章， 2010. 文化生态意识与 "学习共同体" 的建构 ［J］. 南京社会科学 （3）：151－155.

褚宏启， 2012. 化解城乡二元结构，推进教育公平 ［N］. 光明日报， 2012－12－12.

褚宏启， 2015. 城镇化进程中的教育变革：新型城镇化需要什么样的教育改革 ［J］. 教育研究 （11）：4－13.

第三战略专题调研组，王湛，董奇，2010. 基础教育发展战略研究 ［J］. 教育研究 （7）：15－19.

丁钢， 2002. 历史与现实之间：中国教育传统的理论探索 ［M］. 北京：教育科学出版社.

杜威， 2001. 民主主义与教育 ［M］. 王承绪， 译. 北京：人民教育出版社.

杜育红， 2000. 教育发展不平衡研究 ［M］. 北京：北京师范大学出版社.

范梅青， 2011. 区域义务教育高位均衡发展的策略研究 ［J］. 基础教育参考

（3）：32 – 35.

范先佐，2014.城镇化背景下县域义务教育发展问题与策略：基于4个省（自治区）部分县市的调研［J］.华中师范大学学报（人文社会科学版），（4）：139 – 146.

范先佐，等，2011.人口流动背景下的义务教育体制改革［M］.北京：中国发展出版社：346.

方中雄，桑锦龙，2015.北京教育发展研究报告（2014年卷）：以改革创新推动首都教育发展［M］.北京：北京出版社.

费孝通，1995.农村、小城镇、区域发展：我的社区研究历程的再回顾［J］.北京大学学报（哲学社会科学版），（2）：4 – 14.

费孝通，2001.江村经济：中国农民的生活［M］.北京：商务印书馆.

费孝通，2005.费孝通在2003：世纪学人遗稿［M］.北京：中国社会科学出版社：130 – 131.

富兰，2004.变革的力量：深度变革［M］.中央教育科学研究所，加拿大多伦多国际学院，译.北京：教育科学出版社.

改革开放30年中国教育改革与发展课题组，2008.教育大国的崛起（1978—2008）［M］.北京：教育科学出版社.

葛飞，2013.郑州市现代职业教育发展规划［J］.河南教育（5）.

顾明远，1989.教育大辞典［M］.上海：上海教育出版社.

顾明远，1998.民族文化传统与教育现代化［M］.北京：北京师范大学出版社.

顾明远，2014.中国教育路在何方［J］.党政干部参考（14）：38 – 39.

郭燕聂，2008.浅议以教育投入结构优化带动农村教育结构优化［J］.今日南国旬刊（12）：53 – 54.

国际21世纪教育委员会，1996.教育：财富蕴藏其中［M］.联合国教科文组织总部中文科，译.北京：教育科学出版社.

国务院参事室，2012.为了孩子健康快乐成长：中国基础教育大家谈［M］.北京：人民教育出版社.

韩庆祥，1992.马克思主义人学思想发微［M］.北京：中国社会科学出版社.

郝文武，2009.实现三维教学目标统一的有效教学方式［J］.教育研究（1）：38 – 39.

赫尔巴特，1989.普通教育学：教育学讲授纲要［M］.李其龙，译.北京：人民教育出版社.

赫梅尔，1983.今日的教育为了明日的世界［M］.王静，译.北京：中国对外翻译出版公司.

赫肖克，等，2009.变革中的教育：全球化进程中亚太地区的领导力、创新和发展［M］.任友群，等译.上海：华东师范大学出版社.

怀特海， 2002.教育的目的 ［M］.徐汝舟，译.北京：生活·读书·新知三联书店.

黄济， 王策三， 1996.现代教育论 ［M］.北京：人民教育出版社.

黄荣怀， 等， 2007.创新与变革：教育信息化的核心价值 ［M］.北京：科学出版社.

季苹， 2009.教什么知识：对教学的知识论基础的认识 ［M］.北京：教育科学出版社.

姜元涛， 等， 2014.特色办学：推进义务教育优质均衡的现实路径 ［J］.教育导刊 （11）.

焦瑶光， 2004.区域教育学 ［M］.兰州：甘肃教育出版社.

金东海， 师玉生， 2009.义务教育均衡发展与贫困地区学生就学资助的关联研究 ［J］.西北师大学报 （社会科学版）， （6）.

金生鈜， 2007.教育：思想与对话 ［M］.北京：教育科学出版社.

靳玉乐， 等， 2011.学校课程领导论：理论研究与实践探索 ［M］.北京：人民教育出版社.

经济合作与发展组织， 2009.面向未来的学校 ［M］.李昕， 曹娟， 译.北京：教育科学出版社.

柯春晖， 2011.城乡统筹发展中的教育政策制定取向和政策制定 ［J］.教育研究 （4）： 15－19.

科特， 1997.变革的力量：领导与管理差异 ［M］.方云军， 张小强， 译.北京：华夏出版社.

拉塞克， 维迪努， 1996.从现在到2000年教育内容发展的全球展望 ［M］.马胜利， 高毅， 丛莉， 等译.北京：教育科学出版社.

劳凯声， 2009.公立学校2000年：问题与变革 ［J］.北京大学教育评论 （7）： 78－105.

李广， 马云鹏， 2012.我国基础教育课程价值取向的特征及其文化阐释 ［J］.东北师大学报 （哲学社会科学版）， （1）.

李明华， 2008.义务教育均衡发展政策选择与制度设计：以浙江省为案例 ［J］.中国教育学刊 （9）.

李强， 等， 2009.城市化进程中的重大社会问题及其对策研究 ［M］.北京：经济科学出版社.

李润洲， 2010.教育本质研究的反思与重构 ［J］.教育研究 （5）： 11－16.

李松林， 2015.中小学校课程建设的顶层设计 ［J］.课程·教材·教法 （6）： 8－12.

李奕， 2006.构建区域教育生态， 促进基础教育内涵发展 ［J］.基础教育参考

（10）：4－8.

李振国，2006.缩小城乡教育差距构建城乡和谐社会探析 ［J］.教育与职业
　（29）：31－33.

厉以贤，2015.论社会进步、经济发展与教育改革 ［J］.中国教育科学（2）：
　3－41.

联合国教科文组织国际教育发展委员会，1996.学会生存：教育世界的今天和明
　天 ［M］.华东师范大学比较教育研究所，译.北京：教育科学出版社.

梁华和，2007.实现区域内义务教育均衡发展的政策建议 ［J］.宁夏教育（1）.

林崇德，1997.论学科能力的建构 ［J］.北京师范大学学报 （社会科学版），
　（1）：5－12.

刘宝生，2008.推进省域义务教育均衡发展的思考与建议 ［J］.教育科学（1）.

刘贵华，王小飞，等，2015.区域综合改革：中国教育改革的转型与突破 ［M］.
　北京：教育科学出版社.

刘善槐，2015.我国城镇义务教育学校布局调整研究 ［J］.教育研究（11）.

刘铁芳，2008.乡村的逃离与回归：乡村教育的人文重建 ［M］.福州：福建教育出
　版社.

刘远碧，邓泽军，2013.近十年来我国城乡义务教育均衡发展研究述评 ［J］.成
　都大学学报 （社会科学版），（4）.

刘志军，2012.走向高位均衡：基础教育改革与发展的应然追求 ［J］.教育研究
　（3）：35－40.

楼世洲，2012.区域教育可持续发展指标体系研究 ［M］.北京：教育科学出版社.

鲁洁，吴康宁，2002.教育社会学 ［M］.北京：人民教育出版社.

罗尔斯，1988.正义论 ［M］.何怀宏，等译.北京：中国社会科学出版社：271.

罗洁，2010a.首都基础教育改革与发展的战略思考(上) ［J］.中小学管理 （9）：
　25－26.

罗洁，2010b.首都基础教育改革与发展的战略思考(下) ［J］.中小学管理
　（10）：50－52.

马尔库塞，2005.单向度的人：发达工业社会意识形态研究 ［M］.刘继，译.上
　海：上海世纪出版集团.

梅逊，1984.西方当代教育理论 ［M］.陆有铨，译.北京：文化教育出版社.

孟建伟，2007.教育与生命：关于教育的生命哲学的思考 ［J］.教育研究（9）.

孟晓冬，2011.区域推进义务教育高位均衡发展研究 ［D］.大连：辽宁师范大学.

莫兰，2002.方法：思想观念 ［M］.秦海鹰，译.北京：北京大学出版社.

诺斯豪斯，2002.领导学：理论与实践 ［M］.2 版.吴荣先，等译.南京：江苏教

育出版社.

裴娣娜， 2004. 主体教育理论研究的范畴及基本问题 ［J］. 教育研究 （6）： 13 – 15.

裴娣娜， 2005. 现代教学论 ［M］. 北京： 人民教育出版社.

彭世华， 2003. 发展区域教育学 ［M］. 北京： 教育科学出版社.

钱玲， 王锐， 2012. 以学校文化引领内涵式义务教育均衡发展 ［J］. 河北大学学报 （哲学社会科学版）， （1）.

钱民辉， 2004. 教育社会学概论 ［M］. 北京： 北京大学出版社.

秦玉友， 孙颖， 2011. 学校布局调整： 追求与限度 ［J］. 教育研究 （6）： 94 – 101.

邱东， 2009. 中国经济体制改革与发展研究 ［M］. 北京： 中国人民大学出版社.

瞿堃， 钟晓燕， 2012. 教育信息化概论 ［M］. 重庆： 西南师范大学出版社.

任朝科， 2014. 文化视域下河北省城乡教育高位均衡实现路径 ［J］. 河北广播电视大学学报 （12）.

任会兵， 2009. 浅谈促进县域内义务教育均衡发展的实施策略 ［J］. 当代教育论坛 （12）： 67 – 69.

盛连喜， 2008. 提高农村教育质量， 凸显内涵发展主题 ［J］. 教育研究 （3）.

石人炳， 2005. 人口变动对教育的影响 ［M］. 北京： 中国经济出版社.

石中英， 2000. 知识转型与教育改革 ［M］. 北京： 教育科学出版社.

石中英， 张夏青， 2008. 30 年教育改革的中国经验 ［J］. 北京师范大学学报 （社会科学版）， （5）.

史宁中， 等， 2014. 新农村建设与城镇化推进中农村教育布局调整研究 ［M］. 北京： 经济科学出版社.

世界银行， 2007. 中国的信息革命： 推动经济和社会转型 ［M］. 北京： 经济科学出版社.

宋乃庆， 等， 2011. 中国基础教育改革与发展 ［M］. 重庆： 西南大学出版社.

谈松华， 王建， 2011. 教育现代化区域发展模式研究 ［M］. 北京： 北京师范大学出版社.

特纳， 2006. 社会学理论的结构 ［M］. 邱泽奇， 张茂元， 译. 北京： 华夏出版社.

藤田英典， 2001. 走出教育改革的误区 ［M］. 张琼华， 许敏， 译. 北京： 人民教育出版社.

田慧生， 李臣之， 潘洪健， 2000. 活动教育引论 ［M］. 北京： 教育科学出版社.

田慧生， 2005. 时代呼唤教育智慧及智慧型教师 ［J］. 教育研究 （2）： 50 – 57.

田慧生， 2015. 我国基础教育课程改革： 回顾与前瞻 ［J］. 中国教育科学 （2）： 83 – 103.

涂尔干， 2006. 教育思想的演进 ［M］. 李康， 译. 上海： 上海人民出版社.

汪维民， 2004.区域基础教育均衡化的理论及实践研究 [J].宁波大学学报 （教育科学版），（8）.

王策三， 2002.教学认识论 （修订本） [M].北京：北京师范大学出版社.

王策三， 刘硕， 2005.留下一点反思的历史记录： 《基础教育改革论》 前言 [J].教育学报 （1）： 6－11.

王道俊， 郭文安， 2005.主体教育论 [M].北京：人民教育出版社.

王定华， 2009.论基础教育的科学发展 [J].教育研究 （2）： 52－57.

王嘉毅， 2007.西北贫困地区农村基础教育发展现状调查与政策建议 [J].北京大学教育评论 （2）： 147－156.

王善迈， 董俊燕， 赵佳音， 2013.义务教育县域内校际均衡发展评价指标体系 [J].教育研究 （2）.

韦冬余， 2015.论施瓦布科学探究教学的基本内涵 [J].全球教育展望 （4）.

维特根斯坦， 1996.逻辑哲学论 [M].韩林合， 译.北京： 商务印书馆.

文喆， 2013.学校发展与校长的教育家成长问题 [J].中国教育学刊 （5）： 1－6.

邬志辉， 2004.教育全球化： 中国的视点与问题 [M].上海：华东师范大学出版社.

邬志辉， 史宁中， 2011.农村学校布局调整的十年走势与政策议题 [J].教育研究 （7）： 22－30.

吴德刚， 2011.中国农村教育综合改革研究 [M].北京：教育科学出版社.

吴宣德， 2003.中国区域教育发展概论 [M].武汉：湖北教育出版社.

吴遵民， 2006.基础教育决策论 [M].上海：华东师范大学出版社.

项贤明， 2013.论生活教育与学校教育的逻辑关系 [J].教育研究 （8）： 4－9.

谢红超， 2010.区域内基础教育均衡发展探讨 [J].中小学校长 （6）.

谢铭德， 周昕， 2006.发挥优质资源作用促进区域性教育均衡发展 [J].湖北教育 （教育教学版），（7）.

谢维和， 2007.教育活动的社会学分析 （修订版） [M].北京：教育科学出版社.

谢小波， 2007.试述区域内基础教育均衡发展背景下的教师政策 [J].浙江师范大学学报 （社会科学版），（1）.

熊和平， 2011.区域内义务教育课程公平的学校文化视角 [J].教育研究 （5）.

徐新民， 2013.办学理念： 学校特色创建的行动指南 [J].教育研究与评论 （中学教育教学版），（1）.

薛二勇， 2013.区域内义务教育均衡发展指标体系的构建： 当前我国深入推进义务教育均衡发展的政策评估指标 [J].北京师范大学学报 （社会科学版），（4）： 21－32.

雅斯贝尔斯， 1991.什么是教育［M］.邹进，译.北京：生活·读书·新知三联书店.

杨东平， 2006.中国教育公平的理想与现实［M］.北京：北京大学出版社.

杨令平， 2012.西北地区县域义务教育均衡发展进程中的政府行为研究［D］.西安：陕西师范大学.

姚姿如， 杨兆山， 2011. "以人为本" 教育理念的意蕴［J］.教育研究（3）：17-20.

叶澜， 2012.重建课堂教学价值观［J］.教育研究（5）：3-7.

叶澜， 2015. "生命·实践" 教育学论纲［M］.上海：华东师范大学出版社.

衣俊卿， 2001.文化哲学［M］.昆明：云南人民出版社.

于发友， 2005.县城义务教育均衡发展研究［D］.济南：山东师范大学.

于建福， 2002.教育均衡发展：一种有待普遍确立的教育理念［J］.教育研究（2）：10-13.

于月萍， 2003.义务教育区域内均衡发展的对策研究［J］.中国教育学刊（3）.

俞家庆， 于建福， 2001.教育：民族复兴的基业［M］.北京：学习出版社.

袁贵仁， 1996.马克思的人学思想［M］.北京：北京师范大学出版社.

袁振国， 2004.教育政策学［M］.南京：江苏教育出版社.

曾鹏飞， 2007.制度创新：省域义务教育均衡发展的关键［N］.光明日报， 2007-11-21.

曾天山， 邓友超， 杨润勇， 等， 2007.义务教育均衡发展是实现教育公平的基石［J］.当代教育论坛（学科教育研究）（1）.

翟博， 2002.教育均衡论：中国基础教育均衡发展实证分析［M］.北京：人民教育出版社.

翟博， 2010.均衡发展：我国义务教育发展的战略选择［J］.教育研究（1）.

翟博， 2011.育人为本：教育思想理念的重大创新［J］.教育研究（1）.

张斌贤， 楼世洲， 2011.当代中国教育学术思想研究（1949—2009）［M］.北京：中国社会科学出版社.

张德祥， 2002.关于义务教育区域内均衡发展的思考［J］.教育评论（4）.

张东娇， 2008.义务教育均衡发展的社会资本障碍及其政府治理［J］.北京师范大学学报（社会科学版），（2）.

张敦福， 2002.区域发展模式的社会学分析［M］.天津：天津人民出版社.

张放平， 2011.区域内义务教育均衡发展的制度瓶颈及其破解［J］.中国教育学刊（6）：1-4.

张乐天， 2004.城乡教育差别的制度归因与缩小差别的政策建议［J］.南京师大

报 （社会科学版）， （3）.

张林山， 2015. 当前户籍制度改革需要进一步关注的几个问题 ［J］. 中国经贸导
　　刊 （7 下）.

张天雪， 2010. 区域教育均衡发展的实践模式、 路径与政策理路 ［J］. 教育发展
　　研究 （8）.

张小林， 2009. 城乡统筹： 挑战与抉择 ［M］. 南京： 南京师范大学出版社.

张应强， 2010. 中国教育研究的范式和范式转换： 兼论教育研究的文化学范式
　　［J］. 理论月刊 （10）： 3 – 10.

张兆猛， 刘保卫， 2010. 区域内义务教育存在差距的原因及对策： 以安徽省义务
　　教育现状为例 ［J］. 牡丹江教育学院学报 （1）.

郑金洲， 瞿葆奎， 2002. 中国教育学百年 ［M］. 北京： 教育科学出版社.

中国大百科全书总编辑委员会， 1985. 中国大百科全书： 教育卷 ［M］. 北京： 中
　　国大百科全书出版社.

中国教科院教育质量标准研究课题组， 袁振国， 苏红， 2013. 教育质量国家标
　　准及其制定 ［J］. 教育研究 （6）： 4 – 16.

中国教育与人力资源问题报告课题组， 2003. 从人口大国迈向人力资源强国
　　［M］. 北京： 高等教育出版社.

钟启泉， 1999. 关于 “学力” 概念的探讨 ［J］. 上海教育科研 （1）： 16 – 19.

周满生， 吕达， 2004. 发达国家教育改革的动向和趋势： 第7集 ［M］. 国家教育
　　发展研究中心， 组译. 北京： 人民教育出版社.

周晓红， 李红艳， 2013. 农村学校布局调整过程中不同利益主体的博弈分析
　　［J］. 教育理论与实践 （5）： 21 – 23.

朱旭东， 蒋贞蕾， 2001. 国家发展与教育发展模式探讨： 教育现代化的视角
　　［J］. 比较教育研究 （1）： 13 – 19.

Newton D P， 2000. Teaching for understanding： what it is and how to do it ［M］. Lon-
　　don： Rouledge.

Ryan A M， 2001. Peer groups as a context for the socialization of adolescents'motivation,
　　engagement and achievement in school ［J］. Educational Psychologist， 35 （2）：
　　101 – 111.

附件：项目成员单位的组成

首席专家：裴娣娜
核心成员：

（1）来自 15 所高校及科研单位：

刘志军　张红霞　王振存（河南大学）；

项贤明（中国人民大学）；

劳凯声　孟繁华　张景斌　林培英　张　菁　吴晗清（首都师范大学）；

鲍东明　郑　葳　郭　华　桑国元　梁　威　綦春霞　刘夏蓓
李春密　王　蔷　俞子恩　王鸣迪（北京师范大学）；

王祖浩（华东师范大学）；

宋乃庆（西南大学）；

李松林（四川师范大学）；

郝京华（南京师范大学）；

邬志辉　秦玉友（东北师范大学）；

杨旭东（中国传媒大学）；

戴忠信（华北电力大学）；

李伟健　周跃良　张维忠　钱旭升　李润洲　李　伟　周国华
周晓燕　潘　涌　王国均　童志斌　朱　哲　杨光伟　唐恒钧
陈碧芬　陈秉初　黄　晓　林新事　蔡志良　郑流爱　李云星
陈伟强　张丽霞　夏洪文　龚　伟（浙江师范大学）；

刘　力（浙江大学）；

孙智昌　郑庆贤　杨　清（中国教育科学研究院）；

王　漫　许　艳（北京教育学院）。

（2）来自 16 个省市教育行政部门：

韩　平　方红峰　任学宝（浙江省）；

李　奕　桑锦龙　杨德军　马　可　李　政　江　峰　黄晓玲（北京市）；

陆云泉　吴颖惠　李艳莹（北京市海淀区）；

肖　汶　王　彪　王月胜　陆志望（北京市朝阳区）；

冯洪荣　周玉玲（北京市东城区）；

李永生　李东梅　白丰莲　刁致力（北京市门头沟区）；

吴海乐　贺　慧（成都市锦江区）；

刘子科　荆　华　孙岩梅　徐文虹　齐　华　石明晶（郑州市二七区）；
李开海　熊　瑛　谢桂华（四川阿坝藏族羌族自治州理县）；
张力鸣（宁波市）；
王幸平（嘉兴市）；
贺晓敏　丁初效　李建忠　鲍国潮　范信子（绍兴市）；
金毅伟（湖州市）；
戴冠福（台州市）；
朱福金（衢州市）；
范寿仁（丽水市）。

（3）中小学校长（来自100所中小学）：

来自北京（21所）：
王殿军　刘沪　郭　涵　尹　超　刘　畅　景小霞　窦桂梅　王　群
袁　靖　田树林　张德庆　曲建华　刘国雄　蒋立红　赵　欣　刘　飞
陈立华　齐振军　祖雪媛　付晓洁　于冬云

来自上海（1所）：
张志敏

来自成都（8所）：
胡文武　何伦忠　阳　波　赵万华　刘　娟　秦　梅　张　璇　蒲春燕

来自郑州二七区（7所）：
李　琳　郭军英　张艳丽　冯　华　张卫东　贾　勇　王任峰

来自浙江省（48所）：
其中，42所省高中课改实验基地校（第二届）成员：
叶翠微　吴金炉　周　斌　申屠永庆　尚　可　邱　锋　周千红　吴国平
李永培　袁湛江　杨亢尔　孙国虎　陆炳荣　卢　明　赵其刚　黄丽君
陆国民　朱建民　周国平　何通海　周生民　傅美华　王新伟　邓加富
张增明　戴一仁　刘定华　孙亦器　潘自强　程卫东　朱　雯　杨　军
张惠民　洪仙瑜　郑志湖　陈才琦　潘建中　李树河　叶文杰　黄发锐
刘习渊　方　军；
6所绍兴市柯桥区项目校成员：
李华琴　魏让尧　章国华　金明东　濮朝阳　傅海炎

来自四川理县（15所）：
高志全　周　强　曾　林　代祝康　王　平　张世龙　张静秋　郭　勇
杨步卫　周德瑞　赵兴文　宛永平　王　建　陈　蓉　王学军

这是一个由15所高校和科研单位、16个教育行政部门、100所中小学的核心骨干组成的跨校际、跨学科的优势互补的学术团队。

后　记

这本书是五年光阴的缩影，更是五年实践的沉淀。

犹记得，2010 年 12 月，国家社会科学基金教育学重大（点）课题"基础教育未来发展新特征"在美丽的南方城市杭州召开了盛大的开题会，受项目首席专家裴娣娜教授邀请，来自全国东、中、西部地区的高校和科研机构、教育行政部门、中小学校的研究者济济一堂，大义正言，洋洋盈耳。我作为子课题"基础教育未来发展存在新形态"的负责人，与河南大学课题组、郑州市二七区教体局及项目学校如约参加了这次开题会。此后，在裴教授带领的总课题组的指导下，郑州市二七区作为中部省份城镇经济类型的典型区域代表，开始了城镇化背景下区域基础教育高位均衡发展的变革性实践与探索。起步与回首之间，不知不觉已经过去了五个春夏秋冬，时至今日，恰逢 2015 年末，也正是课题成果逐渐成形之时，想来，不觉让人欢欣鼓舞！

这本书是在裴娣娜教授的呵护和关爱下从实践土壤里"长"出来的。

本书在选题、构思、定稿等诸多方面都得到了裴教授的悉心指导和帮助，其中既有大刀阔斧式的结构调整，也有剥茧抽丝般的思路梳理。在裴教授的指导下，我们学会了如何与实践对话，如何从问题入手，如何确立研究路径，如何提炼思想等。本书是一个"写"的过程，但更多地是一个"做"的结果，是在长达五年的实践探索过程中，从实践中萌生、滋养、成长而成的，裴教授的呵护和关爱促成了本书成稿，也帮助我们不断成长。

本书从开始写作到最终定稿，历时一年多，是集体劳动的成果和智慧的结晶，各章编写成员同心协力，充分体现了团队的巨大力量。本书由主编刘志军教授总体负责组织编写队伍、拟定编写计划、框定写作思路、统筹内容结构、审定修改书稿等。郑州市二七区教体局刘子科局长负责整体区域推进工作和实验项目开展，同时作为主编之一，他在百忙之中时刻惦念本书的写作进程，并提供了许多无私的帮助。各章编写分工如下：第一、二、三章由王振存、张红霞、王连照、王宏伟、齐华、石明晶、张培等编写，第四、五、六章由张红霞、连红、刘宾花、郭淑琴等编写，研究生刘美辰、靳珂等积极参与了第五、六章的修改，第七章由王振存、王连照、齐华、石明晶等编写。在全书写作及修改过程中，张红霞承担了大量统稿工作，付出了很多精力和心血。此外，荆华副局长深度参与了课题的开展全过程，并多次参与本书的讨论，提出了许多宝贵的意见和建议，吴鹏副局长、孙岩梅副局长为本书的资料收集、协调统筹等提供了大量支持和帮助，他们既是课题的合作者，也是课题的研究者。

感谢二七区项目实验学校的各位校长，他们是汝河路小学张卫东校长、淮河东路小学张艳丽校长、兴华小学贾勇校长、建新街小学冯华校长、樱桃沟小学王任锋校长、郑州市第七十四中学郭军英校长、侯寨一中李琳校长，他们是课题实验在学校落地生根的策划者、实施者和推动者。还要感谢项目实验学校的老师们和同学们，正是因为有了他们坚持不懈的实践探索和努力，才使得本书有了赖以生存的土壤和可以汲取的营养，本书因他们而写，也为他们而写。

感谢教育科学出版社的编辑们，他们态度真诚、认真负责，为本书的出版尽心尽力，谨在此致以诚挚的敬意和谢意！

刘志军

2015 年 12 月